JN313278

国際開発協力の政治過程

国際規範の制度化とアメリカ対外援助政策の変容

小川 裕子

東信堂

目次／国際開発協力の政治過程──国際規範の制度化とアメリカ対外援助政策の変容

序章　国際開発協力の国際政治学的アプローチ……… 3

１．国際政治学的視点の必要性………………………………… 5
（１）国際政治的現象としての国際開発協力……………… 5
（２）国際政治学へのフィードバック……………………… 6

２．国際規範アプローチ………………………………………… 8
（１）レジーム研究の限界…………………………………… 8
（２）国際規範の動態………………………………………… 10
（３）国際開発規範…………………………………………… 12
（４）国際開発規範の「実質的」内面化…………………… 16

３．規範主導国アメリカ………………………………………… 18
（１）外交政策研究…………………………………………… 18
（２）国際開発規範の内面化………………………………… 20

４．制度的粘着性の増大………………………………………… 24
（１）「形式的」内面化から「実質的」内面化へ………… 24
（２）国家行動を変える制度的粘着性の解消……………… 25
（３）制度的粘着性の増大による「実質的」内面化……… 26

５．本書の構成…………………………………………………… 29

第１章　国際開発規範──定義と動態 ……………………… 37

１．国際規範……………………………………………………… 37
（１）国際規範の特性………………………………………… 38
（２）国際規範の動態………………………………………… 40

2．2つの規範起業家 …………………………………………… 42
　（1）市場主義が根を下ろした世銀 ………………………… 43
　（2）技術援助に特化せざるを得なかった国連 …………… 45
　（3）国際開発規範の対極化 ………………………………… 48

3．対極的な国際開発規範の循環的優越 ……………………… 51
　（1）集合的期待の振り子運動的移行 ……………………… 51
　（2）段階的発展を描く動態と4つの国際開発規範 ……… 54

4．国際開発規範の実質的内面化 ……………………………… 60
　（1）指標となる実行程度 …………………………………… 60
　（2）実質的内面化 …………………………………………… 63

5．アメリカと国際開発規範 …………………………………… 68

第2章　規範主導国アメリカ ……………………… 79

1．国際規範に対する矛盾した態度 …………………………… 79
　（1）アメリカ的理念の世界的普及 ………………………… 79
　（2）国際規範の作成・拡散 ………………………………… 82
　（3）国際規範からの逸脱 …………………………………… 83

2．貧困規範に対する例外的な態度 …………………………… 86
　（1）外交の周辺領域としての国際開発協力 ……………… 86
　（2）外交戦略としての開発援助 …………………………… 88
　（3）貧困規範の実質的内面化 ……………………………… 90

3．貧困規範の実行体制の確立 ………………………………… 95
　（1）国内規範との適合性 …………………………………… 95
　（2）社会的圧力 ……………………………………………… 99

（3）国内政治アクター ………………………………………… 103
　（4）実行体制の確立 …………………………………………… 107

第3章　成長規範の拡散と国際開発庁の設立 ………… 113

1．規範候補アイデアの誕生 ……………………………… 113
　（1）国際秩序の再建に欠落した開発援助機関 ……………… 113
　（2）世銀の組織綱領と国連総会決議の規範的な意義 ……… 115

2．アメリカ政党対立が招いた規範の対立 ……………… 117
　（1）国連総会決議のみを活用する民主党政権 ……………… 117
　（2）共和党勢力の勝利による世銀の組織綱領の優越 ……… 121

3．成長規範（資本投下）の制度的粘着性 ……………… 125
　（1）成長規範（資本投下）の内面化と拡散 ………………… 125
　（2）成長規範（資本投下）の制度的粘着性と国際開発庁の設立 … 127

第4章　貧困規範の利用による国際開発庁の再生 … 139

1．新たな規範候補アイデアの誕生 ……………………… 139
　（1）国連と世銀の規範起業家化 ……………………………… 139
　（2）成長規範（資本投下）の衰退と貧困規範（BHN）の誕生 … 142

2．成長規範（資本投下）体制の解体 …………………… 144
　（1）成長規範（資本投下）体制への批判 …………………… 144
　（2）二国間開発援助からの撤退 ……………………………… 149
　（3）多国間開発援助体制の構築への動き …………………… 153
　（4）国際開発庁の廃止決定 …………………………………… 157

3．貧困規範（BHN）の制度的粘着性 …………………… 160

（1）国際開発庁の廃止猶予 ……………………………… 160
　　（2）貧困規範（BHN）を利用する国際開発庁 …………… 163
　　（3）貧困規範の内面化による国際開発庁の再生 ………… 166
　　（4）制度的粘着性を増大させる既得権益集団の創出 …… 170

第5章　G・W・ブッシュ政権を制約する貧困規範 …… 185

1．新たな規範候補アイデアの誕生 ……………………………… 185
　　（1）歩み寄る世銀と国連 ……………………………… 185
　　（2）貧困規範（目標）の誕生 ……………………………… 188
2．G・W・ブッシュ政権による貧困規範（目標）の利用 … 192
　　（1）テロとの戦い方がわからないG・W・ブッシュ政権 ………… 192
　　（2）貧困規範（目標）の利用を歓迎する既得権益集団 ………… 197
3．貧困規範（目標）の実質的内面化へ ……………………………… 203
　　（1）既得権益集団の権益拡大 ……………………………… 203
　　（2）貧困規範（目標）の実行体制に寄せられる期待 ………… 210

終章　国際開発協力研究の発展に向けて ………………… 221

1．制度的粘着性の高い貧困規範（BHN）の確立 ………… 221
2．国際開発協力進展におけるアメリカの功罪 …………… 227
3．国際開発規範の「実質的」内面化と国際規範の拘束性 … 230
4．国際規範の制度化と国際協力の進展 …………………… 232

参考文献目録 ……………………………………………………… 235
あとがき …………………………………………………………… 265
索　引 ……………………………………………………………… 270

図表一覧

図 1-1：国際規範のライフサイクル仮説 …………………………… 40
図 1-2：規範起業家の競合メカニズム ……………………………… 52
図 1-3：国際開発規範の動態 ………………………………………… 59
図 1-4：DAC 諸国の ODA 総額（実質値, 2004 年米ドル）………… 66
図 1-5：DAC 諸国の軍事支出と ODA の対 GDP 比 ……………… 66
図 2-1：アメリカ軍事援助の地域別配分比率 ……………………… 93
図 2-2：アメリカ経済援助の地域別配分比率 ……………………… 93
図 2-3：アメリカ ODA の技術援助比率 …………………………… 94
図 2-4：IBRD 投票権比率 …………………………………………… 97
図 2-5：UNDP 分担金比率 …………………………………………… 98
図 2-6：世界の軍事支出に占める主要国の軍事支出比率 ………… 100
図 2-7：世界名目 GDP に占める主要国の GDP 比率 …………… 101
図 2-8：DAC 諸国 ODA に占める主要国 ODA 比率 ……………… 102
図 2-9：アメリカ対外援助政策決定過程 …………………………… 104
図 2-10：USAID をめぐる政治環境 ………………………………… 106
図 3-1：USAID 機構概要 …………………………………………… 131
図 4-1：アメリカ対外援助要求額・歳出額・削減率 ……………… 146

表 1-1：主要な規範起業家の特色と規範 …………………………… 50
表 1-2：主要 DAC 諸国 ODA 配分上位 5 カ国 …………………… 69
表 1-3：主要 DAC 諸国 ODA 対 GNI 比・総額（単位：百万米ドル、実質値 2003 ＝ 100）…………………………………………… 70
表 1-4：主要 DAC 諸国 ODA 目的別配分比率 …………………… 71
表 2-1：アメリカの軍事支出および ODA の規模 ………………… 87
表 2-2：アメリカ対外援助法の成立 ………………………………… 91
表 2-3：世論調査（対外援助に対して賛成する人の割合）……… 96
表 2-4：世論調査（対外援助予算の削減に対して賛成する人の割合）… 96
表 2-5：世論調査（途上国の生活水準向上支援はアメリカ外交政策

　　　　の非常に重要な目的であると考える人の割合) ……………　96
表 3-1：1950 年国際開発法の規定に相当する法規定の変遷 ………… 128
表 3-2：援助機関の設立状況 …………………………………………… 129
表 3-3：USAID 職員数（1961 年度）………………………………… 131
表 4-1：USAID 職員数の変遷（1961 ～ 1968）…………………… 148
表 4-2：アメリカ対外援助における PVOs の発展動向 ……………… 174
表 5-1：MCA 候補国選定基準 ………………………………………… 205
表 5-2：MCA 適格国の選択指標 ……………………………………… 207
表 5-3：MCA 適格国……………………………………………………… 212
表 5-4：MCC 合意書の締結状況 ……………………………………… 213
表 6-1：国際開発規範と実行体制確立と実行程度……………………… 226

略語一覧

ADB	Asian Development Bank	アジア開発銀行
AfDB	African Development Bank	アフリカ開発銀行
AFL	American Federation of Labor	アメリカ労働総同盟
BHN	Basic Human Needs	人間の基本的ニーズ
CDF	Comprehensive Development Framework	包括的開発のフレームワーク
CEO	Chief Executive Officer	最高経営責任者
CIA	Central Intelligence Agency	中央情報局
CIDA	Canadian International Development Agency	国際開発庁（カナダ）
COC	Chamber of Commerce of the United States	アメリカ商工会議所
CTBT	Comprehensive Nuclear Test Ban Treaty	包括的核実験禁止条約
DA	Development Assistance	開発援助
DAC	Development Assistance Committee	開発援助委員会
DFID	Department for International Development	イギリス国際開発省
DLF	Development Loan Fund	開発融資基金
ECA	Economic Cooperation Administration	経済協力局
ECOSOC	Economic and Social Council	経済社会理事会
EEC	European Economic Community	ヨーロッパ経済共同体
EPTA	Expanded Program of Technical Assistance	拡大技術援助計画
FAO	Food and Agriculture Organization	国連食糧農業機関
FOA	Foreign Operation Administration	対外活動局（アメリカ）
GATT	General Agreement on Tariffs and Trade	関税および貿易に関する一般協定
GDA	Global Development Alliance	世界開発アライアンス
GDP	Gross Domestic Product	国内総生産
GNI	Gross National Income	国民総所得
GNP	Gross National Product	国民総生産
HIV/AIDS	Human Immunodeficiency Virus/Acquired Immune Deficiency Syndrome	ヒト免疫不全ウイルス／天性免疫不全症候群
HDI	Human Development Index	人間開発指標
HIPCs	Heavily Indebted Poor Countries	重債務貧困国
IAEA	International Atomic Energy Agency	国際原子力機関
IBRD	International Bank for Reconstruction and	国際復興開発銀行

		Development	
ICA		International Cooperation Administration	国際協力局（アメリカ）
ICC		International Criminal Court	国際刑事裁判所
IDA		International Development Association	国際開発協会
IDB		Inter-American Development Bank	米州開発銀行
IDB		(US) International Development Bank	アメリカ国際開発銀行
IDC		(US) International Development Council	アメリカ国際開発委員会
IDI		(US) International Development Institute	国際開発機関
IDTs		International Development Targets	国際開発目標
IFC		International Finance Corporation	国際金融公社
ILO		International Labor Organization	国際労働機関
IMF		International Monetary Fund	国際通貨基金
JICA		Japan International Cooperation Agency	国際協力事業団（日本）
LDCs		Least Developed Countries	後発開発途上国
MCA		Millennium Challenge Account	ミレニアム挑戦会計
MCA		Millennium Challenge Act	ミレニアム挑戦法
MCC		Millennium Challenge Corporation	ミレニアム挑戦公社
MDBs		Multilateral Development Banks	多国間開発銀行
MDGs		Millennium Development Goals	ミレニアム開発目標
MSA		Mutual Security Act	相互安全保障法
MSA		Mutual Security Agency	相互安全保障庁（アメリカ）
NAC		National Advisory Council on International Monetary and Financial Policies	国際通貨金融政策に関する国家諮問委員会
NATO		North Atlantic Treaty Organization	北大西洋条約機構
NFTC		National Foreign Trade Council, Inc.	全米外国貿易評議会
NGOs		Non-Governmental Organizations	非政府組織
NSC		National Security Council	国家安全保障会議
NSDM		National Security Decision Memorandum	国家安全保障決議覚書
ODA		Official Development Assistance	政府開発援助
ODA		Overseas Development Administration	海外開発庁（イギリス）
ODC		Overseas Development Council	海外開発評議会
ODM		Overseas Development (Ministry of)	海外開発省（イギリス）
OECD		Organization for Economic Cooperation and Development	経済開発協力機構

OECF	Overseas Economic Cooperation Fund	海外経済協力基金（日本）
OMB	Office of Management and Budget	行政管理予算局
OPG	Operational Program Grants	活動計画助成
OPIC	Overseas Private Investment Corporation	対外民間投資公社
OTCA	Overseas Technical Cooperation Agency	海外技術協力事業団（日本）
PEI	Private Enterprise Initiative	民間セクター推進計画
PNAC	Project for the New American Century	新アメリカの世紀プロジェクト
PRSP	Poverty Reduction Strategy Papers	貧困削減戦略書
PVC	Office of Private Voluntary Cooperation	民間ボランティア協力局
PVOs	Private Voluntary Organizations	民間ボランティア組織
SED	Subcommission on Economic Development	経済開発小委員会
SF	Special Fund	特別基金
SIDA	Swedish International Development Authority	国際開発機構（スウェーデン）
SIPRI	Stockholm Iutemational Peace Research Institute	ストックホルム国際平和研究所
SUNFED	Special United Nations Fund for Economic Development	国連経済開発特別基金
TCA	Technical Cooperation Administration	技術協力局
UNDP	United Nations Development Programme	国連開発計画
UNEDA	United Nations Economic Development Administration	国連経済開発局
UNESCO	United Nations Educational, Scientific and Cultural Organization	国連教育科学文化機関
UNFPA	United Nations Population Fund	国連人口基金
UNICEF	United Nations Children's Fund	国連児童基金
UNOPS	United Nations Office for Project Service	国連プロジェクトサービス機関
USAID	United States Agency for International Development	国際開発庁（アメリカ）
USTR	United States Trade Representative	米国通商代表部
WHO	World Health Organization	世界保健機関
WIDER	World Institute for Development Economics Research	世界開発経済研究所

国際開発協力の政治過程
－国際規範の制度化とアメリカ対外援助政策の変容－

序章　国際開発協力の国際政治学的アプローチ

　第二次世界大戦終結以降、国際開発協力は国際社会の大きな関心を集めてきた。通貨や貿易のようなレジーム形成こそなされなかったものの、これまで国際社会では、国際開発協力に関する無数の研究報告書が作成され、決議が採択され、宣言が出されてきた。国際開発協力に関する政策提言が繰り返される過程で、国際社会は、国際開発協力が共通の目的であるという認識を高め、経済成長および貧困削減アプローチが重要な行動原則であることを確認し、いくつものスローガンが各国の支持を集めるようになった。国際開発協力という目的、そのためのアプローチ、スローガンはすべて、国際開発協力をめぐる「所与のアイデンティティをもつアクターのための適切な行動基準」[1]であり、国際開発協力に関する国際規範（以下、国際開発規範）に相当する。それら国際開発規範は、それぞれ目的規範、成長アプローチ規範（以下、成長規範）と貧困アプローチ規範（以下、貧困規範）、そしてスローガン規範とみなすことができる。しかし、開発援助委員会（DAC）諸国の政府開発援助（ODA）対国民総所得（GNI）比率平均は0.3％に届かず、深刻な貧困問題が存在している国や地域に対するODA配分比率が驚くほど少ないことなどから、これら多数の国際開発規範が、各国の国際開発協力活動を十分進展させてきたとは言いがたい。国家行動を拘束する明示的なルールがない中で、国際開発協力をより一層進展させるには、国際開発規範が各国行動に影響を与える政治過程を明らかにすることが不可欠である。

　本書では、国際開発協力体制を牽引してきた援助超大国アメリカを事例として、国際開発規範が国家行動にどのような影響を与えたのかについて検討

を行う。アメリカは各分野において国際規範の作成に大きな影響力を行使する一方で、国益に反する場合には国際規範からの逸脱を繰り返してきた。にもかかわらず、アメリカは、1980年代後半以降、国内規範との適合性の低い貧困規範（BHN）[2]の実行程度を、次第に増大させるようになった。アメリカの行動変化には、（1）貧困規範を実行する法的根拠となる1973年対外援助法が成立したこと、そして（2）成長規範（資本投下）[3]の実行組織として設立された国際開発庁（USAID）が、貧困規範の実行組織として新しく生まれ変わったこと、が重要な役割を果たしていたと考えられる。具体的には、1973年対外援助法と再生したUSAID[4]が、貧困規範の実行に対する人々の期待を高め、貧困規範の実行から権益を得ようとするアクターを増大させ、貧困規範の実行体制が制度的粘着性を強めたことで、貧困規範の実行程度の増大につながったことを意味する。本書はこの仮説の検討を通じて、国際開発規範が国家行動にどのような影響を与え、国際開発協力を進展させたのかを明らかにすることを目的とする。

　そこで、本章は、本研究の意義と具体的な検討方法について述べることにしたい。第1節では、国際開発協力の検討においてなぜ国際政治学的視点が必要なのか、その結果、国際政治学にどんな貢献が期待できるのかについて述べる。第2節では、国際政治学的観点から分析するにあたり、なぜ国際規範を用いて国際開発協力を分析するのか、そして国際規範研究として分析を行うために、具体的にどのような方法をとるのかについて述べる。第3節では、事例としてのアメリカの特徴とアメリカを考察対象にすることの意義を述べる。第4節では、国際開発規範の国家行動への影響を検討するにあたり、なぜ重要な要因として国内制度に注目するのか、国内制度が国家行動に影響を与えるメカニズムとはどのようなものかについて述べる。そして第5節では、本書の構成を説明するものとする。

1．国際政治学的視点の必要性

（1）国際政治的現象としての国際開発協力

　国際開発協力に関する研究は、これまで主に開発経済学の分野で行われてきた。開発経済学は、途上国の経済成長や貧困削減のためには、どのようなプロジェクトやプログラムが適当か、どのような実施方法を選択することが望ましいのかといった、理論的・実証的研究を進めてきた。開発経済学における開発計画や実施方法に関する知見の重要性は疑いようもないが、開発経済学は、国際開発協力の中心的主体である国家が、実際の政治過程においてどのように国際開発協力を展開してきたのかを論じない。

　国際開発協力の必要性が頻繁に叫ばれる状況とは裏腹に、国家の国際開発協力に対する姿勢は決して積極的なものとはいえない。2001年の国連開発計画（UNDP）統計データによると、1年間に費やされる政府開発援助（ODA）総額は約560億ドルであり、ミレニアム開発目標（MDGs）を満たすには、さらに年間400〜600億ドルの増額が必要になるという。これは、2001年のODA水準を倍増することであり、ODA対国民総生産（GNP）比を約0.5％に引き上げることである。ODA対GNP比0.5％とは、1970年に国連総会で合意されたODA対GNP比0.7％目標よりもかなり低い水準である。にもかかわらず、DAC22カ国[5]中、17カ国が0.5％以下であり、そのうち11カ国は0.3％以下である[6]。2002年のDAC諸国の軍事予算対GDP比が1.7％であることと対比させるなら、いかにODAの規模が小さいかがわかる[7]。

　その上、国際社会全体でのODA配分状況は、非効率かつ不適切なものとなっている。コリアーとダラー（P. Collier and D.Dollar）によると、貧困削減基準を用いると、国際社会のODA配分が効率的に行われているとはいえず[8]、アクラム（T. Akram）は、ODAは途上国のBHN充足の必要性とはほぼ無関係に配分されており、途上国の貧困層にODAは届いていないことを明らかにした[9]。アレジナとダラー（A. lesina and D. Dollar）は、ODA配分が被援助国のニーズよりもむしろ、援助国の戦略的考慮に従っていることを、統計的手法を用いて明らかにした。アメリカの二国間援助総額の3分の1がエジプトと

イスラエルに集中し、フランスの二国間援助の大部分が旧植民地諸国に配分され、日本の二国間援助は国連での投票行動と高い正の相関関係を示すものとなっている。またこれら諸国の援助配分は戦略的利益と非常に高い正の相関関係を示す一方で、被援助国の貧困状況や民主主義の進展度やよい政策パフォーマンスとは弱い正の相関関係しかもっていないことをも明らかにした[10]。

開発経済学は、このような各国のODA配分状況に関する説明ができないのである。国際開発協力の中心的主体である国家はまた、国際政治における中心的主体でもあり、国際政治的文脈の中で、外交政策として国際開発協力を展開してきた。それゆえ、国家の国際開発協力に対する消極的な態度やODAの非効率・不適切な配分状況も、国家の外交政策の文脈でのみ理解することができる。本書は、国際政治学的視点から、国家が外交政策としていかに国際開発協力政策を形成し、展開してきたのかを検討することによって、国際開発協力の進展過程およびメカニズムを明らかにすることを目指す。開発経済学的視点からは分析対象外となってきた、国家が国際開発協力をいかに進展させていくかという政治的メカニズムの解明は、国際開発協力を進展させる一助になりうるものである。

（2）国際政治学へのフィードバック

国際政治学的観点から、国際開発協力の進展過程を検討することはまた、国際政治学における国際協力研究の発展にも貢献しうる。

国際政治学は、国際協力をもたらす政治過程やメカニズムの解明を重要なテーマの一つとしてきた。国際政治学においては、基本的には国家が国益を追求する主体であり、自主的に国際協力に取り組むことは難しいと考えられている。そのため、国際協力をもたらすためには、各国に適切な行動を教える、適切な行動に利益を見出させる、あるいは適切な行動を強制するなどの国際的な協力枠組みの必要性が認識されてきた[11]。そして各分野で誕生し発展してきた国際的な協力枠組みの、国家間協力をもたらす政治過程やメカニズムや効果について研究が進められてきたのである。

中でも、1970年代以降、国際政治学で注目を集めてきたのは、レジーム

である。レジームには様々な定義があるが、その最大公約数的なクラズナー（S. D. Krasner）の定義によると、レジームとは「ある特定の争点領域において、アクターの期待が収斂する一連の原則、規範、ルール、意思決定手続き」[12]とされる[13]。その後、レジーム論の論点が、当初のレジームの存続理由から、レジームの国家行動に対する影響に移行するようになると、レジームは「国家間で交渉され、明示的な規則をもつ制度」と再定義され、レジームに代わって国際制度が用いられることが多くなる[14]。そして貿易や通貨などの分野を始めとして、国家行動を拘束する明示的なルールを特定し、それらの各国行動への影響を実証的に検討する傾向が見られるようになった。

このようなレジーム研究の隆盛とその研究動向は、国際協力の進展に関する実証研究を促進した反面、国際協力が進展する多様な経路を想定することを困難にした。レジームは、特定の争点領域ごとに国家間で形成される、問題解決のためのルールや手続きであり、そのことは、その争点領域の問題発生原因が特定され、正しいとされる解決方法が見つかって初めて、国家行動を拘束する明示的なルール、すなわちレジームが形成されることを意味する。言い換えれば、正しいとされる問題解決方法が見つからない場合には、レジームが形成されず、問題解決に向けた国際協力の端緒さえも開かれない可能性が高くなる[15]。

確かに、正しいとされる問題解決策を早急に見つけ、各国がその問題解決策をとるよう強い拘束力をもつルールを作成することができるならば、問題解決に向けた大きな進展が期待できる。しかし実際には、なぜ問題が発生したのか、何が課題となるべきなのかさえわからない場合や、問題解決に向けた見解の対立が見られる場合が多い。各分野における様々な種類の問題解決に向けた国際協力を進展させるためには、レジーム論のように問題解決策が発見された後の国際協力の進展についてのみならず、問題解決策を見つけるまでの協力の過程や、正しいとされる問題解決策がない中での各国の独自の取り組みとその相互作用など、様々な国際協力の進展過程とメカニズムを明らかにすることが求められる。それによって、国際社会は国際協力を進展させるための処方箋をより多く持ち合わすことが期待できるのである。

国際開発分野において国際協力が進展する過程を分析することは、まさにその目的に適うものである。国際開発協力は、長い時間をかけて、低水準のまま、緩やかに進展してきた。その過程では、様々な開発主体が、国際開発協力の優先課題や方法をめぐり、次々にアイデアを考案し、各国はそれを実行に移し、その効果に対する失望が広がると、また次の新しい方法が考案され、各国はそれを実行に移し……、という試行錯誤が繰り返されてきた。今日から振り返ってみると、開発主体が考案してきたアイデアはすべて、国際開発協力の優先課題や方法に関する「暫定的理解」にすぎないものである。しかし、これら各時期の暫定的理解こそが、各国に影響を与え、国際開発協力を漸進的に進展させてきたのである。つまり、国際開発分野では、一方で開発主体が問題解決方法を模索しながら、他方で、問題解決方法に関する暫定的理解が、各国に国際協力を促してきたと考えられる。正しいとされる問題解決策が得られないまま、試行錯誤を繰り返し、たとえ緩やかであっても国際開発協力が進展してきた過程を描くことは、レジーム論が取り上げてこなかった新たな国際協力進展の道筋を示すことになるのである。そして、長期にわたる緩やかな国際開発協力の進展をもたらした政治過程とメカニズムを解明することによって、国際開発協力をより一層進展させる。そして、他分野への応用可能性を探ることで、国際政治学における国際協力研究の発展を目指すものである。

2. 国際規範アプローチ

(1) レジーム研究の限界

 暫定的理解としての国際開発協力に関する行動原則は、明示的なルールでもなく、条約のような形態もとっていない。暫定的理解は、国家行動を拘束するに至らず、各国は個々に外交政策として国際開発協力を行うにすぎないのである。ラギー (J. G. Ruggie) は、1970年に国連によって提唱されたGNP1％目標さえ、大半の主要援助国が達成していないことを根拠に、対外援助レジームには、国家行動を規制するメカニズムが不在であり、「擬似レジーム

（quasi-regime）」にすぎないといった[16]。

　にもかかわらず、援助国の行動に何らかの共通の行動パターンが観察されることから、援助国に共通の行動をとらせる何らかの超国家的な協力枠組みの存在が推定される。アクラムは、対外援助総額、1人当たり対外援助額、対外援助のGNI比率などの指標において、援助国の行動に共通の傾向が見られる事実から、対外援助レジームの存在を推定する[17]。ラムズデイン（D. H. Lumsdaine）は、DAC諸国の対外援助データを統計的に分析し、1970年代以降、DAC諸国の対外援助動向において、①対GNP比における対外援助の増大、②特別かつ排他的な関係に拘束されない援助の増大、③国際機関を通じた援助の増大、④譲歩的な条件下での援助の供与、援助国における調達条件の減少、⑤貧困国への援助の増大、という共通傾向を引き起こしたのは、DAC諸国のモラルであり、それら諸国間には対外援助レジームが存在しているという[18]。

　つまり、ラギーがいうように、いわゆるレジームに相当する明示的なルールは不在であっても、各国に影響を与え、共通の行動パターンを生み出す何らかの超国家的枠組みが存在していることになる。このことは、たとえその超国家的枠組みが、国際開発協力に関する「正解」としての行動原則ではなく、暫定的な理解にすぎなかったとしても、その超国家的枠組みには、国家行動に影響を与える存在としての役割が認められるということになるのである。

　では具体的に、国家行動に影響を与える超国家的枠組みとは何を指すのか。アクラムとラムズデインは、被説明変数としての国家行動から、それを結果として生じさせる説明変数としての対外援助レジームの存在を推定するにとどまり、具体的にその超国家的枠組みが何かを特定しようとはしない。

　フック（S. W. Hook）とウッド（R. E. Wood）は、その超国家的枠組みとして、いまや国際社会では国際開発協力の必要性が当然視されていることを指摘したうえで、これまでに提唱されてきた多数の国際開発協力に関する価値や原則を挙げる。彼らは、対外援助の最小限の条件、対外援助の市場志向の程度、対外援助が果たすべき役割、ODAのGNP0.7％比率、ひも付き援助の割

合、贈与比率、贈与と低利融資の比率など、国際社会が生み出してきた多数の国際開発協力に関する価値や原則を包括的に並べている[19]。しかし国際開発協力に関する多数の価値や原則は、個々に内容が異なり、影響も異なるはずであり、多数の原則を束ねることも適当とはいえず、また多数の原則の束と国家行動の因果関係を論証することもできないのである。

そこで、稲田は、明示的なルールの抽出を試みている。まず国際開発援助レジームを、クラズナーの包括的な定義を持ち出して、「ある問題領域における秩序および規範やルールの体系」と広義に捉え、国家行動に影響を与える明示的なルールと、非明示的な漠然とした規範などを総括したものに区分する。そして国際開発援助レジームの一部である明示的なルールを、「構造調整／貧困削減戦略レジーム」というサブ・レジームとする。このサブ・レジームこそが、国家行動への影響を論じることができる、いわゆるレジームに相当するものとして扱われる[20]。しかし、「構造調整／貧困削減戦略レジーム」は、それが登場した80年代以降の国家行動への影響を論じることはできるが、それ以前に存在していた何らかの国際的協力枠組みが、国家行動に影響を与えてきたことを論じることはできない。その上、それ以前の枠組みが国家行動に与えてきた影響の累積的効果が、現在の「構造調整／貧困削減戦略レジーム」に与える影響を、考慮に入れることができなくなってしまう。稲田の試みは、超国家的枠組みと国家行動の因果関係を特定しようとすると、短期的分析という形を取らざるを得ないということを示しているのである。

要するに、長い期間をかけ緩やかに国際開発協力を進展させてきた超国家的枠組みを、レジーム概念によって捉え、国家行動との因果関係を検討するのは非常に難しいのである。というのも、国家行動に影響を与える超国家的枠組み自体が、長い期間に変遷をとげるため、明示的かつ不変的ルールを想定するレジーム概念によって捉えることはできないからなのである。

(2) 国際規範の動態

そこで本研究は、国家行動に影響を与える超国家的枠組みの長期的な変遷

過程を、国際規範の動態として描くことができるのではないかと考える。

　詳しくは後述するが、国際規範概念を生み出したコンストラクティビストによると、国際規範とは、「所与のアイデンティティをもつアクターのための適切な行動基準」[21]と定義される。国際社会は国際社会の構成員である国家に対し、国際社会の秩序を維持する価値や行動原則を理解し実践することを期待する。そして国家は国際社会の期待する価値や行動原則を理解し、実践することによって、国際社会を維持することになる。国際社会の秩序原理を体現する国際規範が、国際社会の構成員である国家に浸透する過程は、国家が「社会化」(socialization) される過程であるという[22]。と同時に、この社会化の過程は、国際規範の地位の変動の過程としてもみなすことができる。国際機関などの規範起業家（norm entrepreneur）によって作成されたアイデア（正確には、「国際規範候補アイデア（国際規範としての地位をまだ確立していない）」）が、規範主導国といわれる大国によって支持、あるいは遵守されるのを契機に、多くの国家によって遵守されるようになることで、国際規範としての地位を得て、「当たり前さ」(a taken-for-granted quality)を獲得していく。つまり、社会化の過程を描くということは、適切な行為基準というアイデアに対する期待が高まっていく、あるいは、適切な行為基準というアイデアが集合的なアイデアになっていく変動過程を描くことなのである。国際規範の変動過程すなわち動態は、国際社会の構成員である国家の集合的な期待の変動過程であり、その期待の大きさに従って国際規範の地位も変動するのである。国際規範に従う国家が増えるにつれ、国際規範の当たり前さは高まる。逆に、既存の国際規範に対する疑義が生じると、新たな国際規範が誕生し、既存の国際規範を代替するようになる。その国際規範の変遷を決定づけるものこそ、国際社会を構成する諸国家の集合的な期待の変遷である。

　国際開発協力に関する暫定的理解の長期的変遷過程は、まさにこのような集合的な期待の変遷過程としての国際規範の動態に重ね合わせることができる。国際開発協力に関しては、他の多くの分野のように正解といわれる行動原則はなく、今日に至るまで、様々な国際機関が各段階の暫定的理解に基づいて、より適切な行動原則を次々と提起している。諸国家の代表によって

運営される国際機関が提起する行動原則は、国際開発協力に関して、所与のアイデンティティをもつアクターのための適切な行動基準、すなわち国際開発協力に関する国際規範（以下、国際開発規範あるいは国際開発規範候補アイデア）であるとみなすことができる。これらの多数の国際開発規範候補アイデアの中で、規範主導国によって支持されるものは、その支持を契機に多くの国が支持を表明するようになり、国際開発規範候補アイデアから国際開発規範へと転じる。しかし、やがてその国際開発規範に対する失望が広がると、また新たな国際開発規範候補アイデアが登場し、規範主導国がその新たな国際開発規範候補アイデアに対する支持を表明するのを契機に、多くの国が相次いで支持を表明し、その国際開発規範候補アイデアは新たな国際開発規範へと転じる。国際開発規範候補アイデアが国際開発規範に転じていく過程、そして国際開発規範が時代ごとに変遷していく過程は、諸国家の国際開発規範に対する支持や期待の変遷過程に他ならず、コンストラクティビストの国際規範論に通じるものといえよう。

それゆえ、本書は、国際開発協力に関する暫定的理解の長期的変遷過程を、国際規範の動態として描き出すことを試みる。

（3）国際開発規範

本書は、国際規範の議論にならい、まず、主要な規範起業家の性格と活動に着目することで、国際開発規範の動態を把握することにする。それは、主要な規範起業家である国際機関が、相次いで国際開発規範候補となるアイデアを生み出し、その中のいくつかのものが、各時代において幅広い合意を得て、その時々の国際開発規範になるという、国際開発規範の動態に大きな影響を与えてきたからである。また、複数存在する規範起業家は、それぞれの性格を投影したアイデアを提起するが、多数のアイデアはそれぞれ全く異なるものではなく、重複も見られ、影響力にも差がある。その中でも特徴的で影響力のあるアイデアを生み出す主要な規範起業家に着目することで、全体の国際開発規範の動態を的確に把握できると考えられる。

では複数存在する規範起業家の中から、どのアクターを主要な規範起業

家として選ぶべきか。国際開発協力活動に関する望ましいアイデアを作成し、報告書や決議や宣言という形で、国際社会に提言するのは、世界銀行、国連およびその諸機関、DACなどである。フックやウッドはDACの役割に注目しているが、このDACの政策提言の大半は、世銀や国連諸機関が作成したアイデアを基盤に加工したものであり、DACは規範を新しくつくり出す規範起業家というよりもむしろ規範加工者[23]といえよう。しかも本研究は、第二次世界大戦後から今日までの長期間の国際開発協力の進展状況を分析対象とするため、1961年に設立されたDACに注目するのは適当ではない。そこで、本研究は、主要な規範起業家として、世銀および国連(とその諸機関)に着目する。

　世銀も国連もともに、戦後国際秩序再建のために、アメリカの影響下で創設されたが、両機関は、アメリカからの影響の受け方の違いにより、その活動目的も性格も異なることになった。世銀はアメリカ政財界の影響下に創設、運営されるようになったため、アメリカ政財界に浸透する市場主義を掲げることになった。その結果、世銀は対外民間投資促進を目的とし、経済成長を優先する開発協力の原則を活動指針とするようになったのである。これに対し、国際社会の平和と繁栄を目的として設立された国連は、国際開発協力活動に乗り出すにあたり、アメリカに財政支援を要請するも却下された。そのため国連は大規模な資金援助を行うことはできず、小規模な技術援助に特化せざるを得なくなり、貧困削減を優先する開発協力の原則を活動指針とするようになった。こうして、世銀と国連は、国際開発協力の推進に不可欠な経済成長と貧困削減のどちらか一方に特化する形で活動を展開するようになり、両者の活動方針や提唱するアイデアは対極的なものとして捉えられるようになった。

　対極的な性格をもつ規範起業家となった世銀と国連は、国際経済格差是正や貧困削減のための国際協力促進という目的を共有した上で、それぞれ経済成長を優先すべきであるというアプローチと貧困削減を優先すべきであるというアプローチを掲げ、それぞれのアプローチに依拠する具体的な行動原則であるスローガンを作成してきた。このことは、世銀と国連が、「目的規範」、

「アプローチ規範」(成長アプローチ規範(以下、成長規範)と貧困アプローチ規範(以下、貧困規範))、そしてスローガン規範を提唱してきたことを意味する。

　国際開発協力の推進に不可欠な経済成長と貧困削減が、2つのアプローチとして分離され、対極的に位置づけられたことは、国際開発規範に独特の動態を生むことになった。成長規範か貧困規範のどちらか一方のみに依拠する国際開発協力は、本来相互補完的な役割を果たすもう一方のアプローチを欠き、失敗することになる。援助大国アメリカを始め、各援助国は開発援助の効果を上げられず、各国内では開発援助に対する批判が高まり、開発援助の見直しが叫ばれる。援助大国アメリカによるアプローチ規範への支持の衰退が各国に伝染する現象は、援助大国アメリカが規範の地位を決定づける規範主導国の役割を担っていたことを意味する[24]。そして、国際社会における集合的期待は、振り子のように、一方のアプローチ規範から他方のアプローチ規範へと一気に移行する。そしてまた規範主導国が新たなアプローチ規範に基づく開発援助を開始するのを皮切りに、各援助国もこれに追随し、国際社会全体で新たなアプローチ規範に基づく開発援助に対する期待が高まる。しかし、新たなアプローチ規範のみに依拠する開発援助もまた失敗することになり、再び国際社会における集合的期待はまた以前のアプローチ規範へと移っていく。このように対極的に位置づけられた成長規範と貧困規範は、循環的に優越することになる。

　成長規範と貧困規範の循環的優越を引き起こす、あるいは象徴するのが、世銀と国連が作成するスローガン規範である。競合関係におかれた世銀と国連は、自らのアプローチ規範の優位性を決定づけるために、国際開発協力経験の蓄積状況や学問の発展を踏まえながら、その時代に求められる課題に答える形で、より魅力的なスローガン規範を次々に作成しようとした。魅力的なスローガン規範は、人々の心を引きつけ、それが依拠するアプローチ規範に対する価値を高めることにつながるからである。そのため各時期に優位性を保つアプローチ規範と、同時期に人々の心を引きつけるスローガン規範とは、存在期間が重複し、一体となって国家行動に影響を与える。このことから、各時期に優位性を保つアプローチ規範と、その時期を代表するスローガ

ン規範を束ねて、各時期の国際開発規範とすることができる。

　実際これまでに、優越性を確立したアプローチ規範とその時代を象徴するスローガン規範を束ねた、4つの国際開発規範が登場してきた。それぞれの国際開発規範には、それらの存在している期間の中で、当たり前さの水準に変動がみられ、国家行動に与える影響力は一定であったとはいえない。しかし、大雑把に見て、これら4つの国際開発規範は、それが存在していた時期、国家行動にそれなりの影響を与えてきたと考えることができる。そのため、四つの国際開発規範を、各時期の国家行動の変化を検討するための分析概念として扱うことにする。

　では具体的に、分析概念となる4つの国際開発規範とは何を指すのか。1940年代後半以降は、資本投下というスローガンとともに成長規範（＝成長規範（資本投下））が、1960年代後半以降は、人間の基本的ニーズ(BHN)をスローガンとする貧困規範（＝貧困規範(BHN)）が、1970年代後半以降は、構造調整をスローガンとして成長規範（＝成長規範（構造調整））が、1990年代後半以降は、「開発の最終目標としての貧困削減（以下、目標）」をスローガンとして、貧困規範（＝貧困規範（目標））[25]が、各時代の国際開発規範となる。

　これら4つの国際開発規範の変遷過程こそが、国際開発規範の動態をなしていると考えられる。新しい魅力的なスローガン規範が生み出されることで、それが依拠するアプローチ規範は他方に優越し、そのアプローチ規範とスローガン規範は一つのライフサイクルを開始する。そして次のより魅力的なスローガン規範が生み出されることで、そのライフサイクルは終わりを迎え、次に優越したアプローチ規範とスローガン規範が新たなライフサイクルを開始する。総体としての国際開発規範の動態は、このようなアプローチ規範とスローガン規範からなる国際開発規範の4回のライフサイクルとしても見ることができる。と同時に、国際開発規範が修正を加えられながら、段階的に発展し続けている状況としても見ることができるのである。

　このように、国際開発規範を「複合規範[26]」とし、国際開発規範の動態を規範起業家間の競合過程として捉えることで、各時期の国際開発規範の連続性と時代性を同時に考慮し、国家行動にどのような影響を与えてきたのかを

検討することが可能になる。規範起業家の提唱するアプローチ規範は、長期的に連続性が見られる一方で、規範起業家がその時代ごとにつくり出すスローガン規範はその時代に特有なものである。そのため過去との連続性とその時代の特殊性を表すべく、アプローチ規範とスローガン規範を併記し、各時期の国際開発規範とした。それによって、国家に対する、ある時点での国際開発規範の影響と、その時点より以前の国際開発規範の影響の双方を考慮し、累積的な変化を検討することを可能にする分析概念になると考えられるからである。

（4）国際開発規範の「実質的」内面化

では、各時期の国際開発規範が国家行動に与えた影響を検討し、国際開発協力が進展する政治過程を明らかにするにはどうしたらいいのだろうか。

そもそも規範という概念は、社会学における「社会化」(socialization)の議論において用いられてきた概念である。社会化とは「個人が成長していく過程で社会に存在する価値、規範、秩序、意識が学習されること。社会から見た場合、個人への教育の過程であり、社会へ個人を統合していく過程である」と定義される[27]。つまり、社会化とは、個人が社会規範を心の中に埋め込む、すなわち「内面化」(internalization)あるいは「内部化」し、社会規範に従って行動するようになることで、社会秩序が維持される過程である。社会化の過程における規範は、社会の秩序原理すなわち「特定の社会において採用される行為の評価基準[28]」を体現し、個人と社会を媒介する役割を果たしているのである。

この社会学に起源をもつ規範概念が、近年国際政治学によって取り入れられ、国家行動分析に適用されたことで、国際政治学特有の規範についての議論が生み出されることになった。国際政治学は、国家を社会学における個人に相当するものとして、国際社会を社会に相当するものとして捉える。そのため、社会学が想定したある特定の社会における規範は、国際政治学では国際社会における規範、すなわち国際規範ということになる[29]。そして社会学同様に、国際政治学においても国家が国際規範を体得する、すなわち国家が

「社会化」されることで、国際社会の秩序が維持されると考える。また社会学と同様に、国際政治学は、社会化の最終段階では、国家が国際規範を完全に内面化し、国家は国際規範の遵守をルーチン化すると考える。そのとき国内では国際規範の法制度化がなされていることが多い。それゆえ、国際政治学では、国家による国際規範遵守のルーチン化をもたらす国際規範の法制度化という事実から、国際規範が国家に内面化された、あるいは内部化されたことを推察する。国際政治学は、国家が国際規範を内面化していると考えられる法制度化の政治過程を検討することで、国際秩序が保たれるメカニズムを明らかにすることになるという立場をとるのである。

しかし、多くの国際規範の内面化が実効性を伴うのに対し、国際開発規範は法制度化されたとしても実効性を伴わない「形式的」内面化に陥りやすい。国際開発規範は、数値目標を伴わず、条約の形態をとらない。また各国の負担や義務についての明確な規定もなく、単なる望ましい行動原則にしかすぎないのである。それゆえ、国家が国際開発規範を法制度化しただけでは、国家が十分に国際開発規範を実行しているとは到底言えない状況を生み出し得る[30]。それを裏づけるように、各国は国際開発規範を比較的容易にかつ頻繁に法制度化してきたにもかかわらず、国際開発規範をほとんど実行せず、形式的に内面化するにとどまっている。国際開発規範は、本来、国際開発協力を進展させることになる国家行動を導くのに十分な体裁を整えている規範であるとはいえないのである。

国際開発協力をより一層進展させていくためには、何よりも国家が国際開発規範の実行程度を増大させていくことが不可欠となる。国家が国際開発規範の実行程度を増大させることになる法制度化、すなわち「実質的」内面化が目指されなければならないのである。それゆえ、国際開発協力の進展する政治過程を明らかにするためには、国際開発規範の実行程度を増大させることになる国際規範の法制度化の過程の検討が求められることになる。

具体的に、国際開発規範の実行程度の増大とは、予算の増大を指す。数値目標を伴わない国際開発規範は、たとえ法制度化されても、その国の裁量で国際開発規範の実行に対する予算割当てがなされることになる。そのため、

国際開発規範の内容にもよるが、その国際開発規範を十分実行していると考えられる規模の予算が割りあてられない限り、国際開発規範の法制度化は形式的なものにとどまらざるを得ないからである。それゆえ、国際開発規範の実行程度の増大につながる国際規範の法制度化は、十分な予算割当てがなされる法制度化を意味する。十分な予算割当てがなされた国際開発規範の法制度化の政治過程とメカニズムを検討することで、国家が国際開発規範の実行程度を増大させ、国際開発協力を進展させる政治過程とメカニズムを明らかにすることになると考えられるのである。

　実行程度の増大をもたらす「実質的」内面化を検討することの意義は、国際開発規範に限定されるものではない。国際規範に関する議論が発展するにつれ、様々な分野の取り組みが、国際規範という視点から分析されるようになった。そのため、国際開発規範の他にも、多くの分野において、数値目標や具体的な行動原則の形をとらないなど、問題解決に向けた協力行動を国家に促すのに十分な体裁をとらない国際規範が生まれることになる。国家がそういった国際規範の遵守をルーチン化する法制度化、すなわち内面化をしたとしても、実質的に問題解決に向けた協力行動をとっているわけではないのである。実効性を伴わない「形式的」内面化に陥る可能性があるのは、国際開発規範に限らない。「実質的」内面化は、他分野においても、その問題解決に向けた協力行動の促進に効果を発揮しうることが考えられる。今後、各分野での国際協力の進展に、国際規範の議論が応用される場合、「実質的」内面化という新たな論点は、国際規範分析の応用可能性を広げ、国際規範研究への貢献が期待できるのである。

3．規範主導国アメリカ

（1）外交政策研究

　本書は、国際開発協力が進展する政治過程およびメカニズムを明らかにするにあたり、援助超大国のアメリカを事例として、国際開発規範の国家への影響を検討することにしたい。アメリカの動向は各国の国際開発協力に大き

な影響を与えるため、アメリカの国際開発協力政策、すなわち対外援助政策を検討することは、国際開発援助共同体の動向を解明する上でも重要な示唆を与えうる。またアメリカの対外援助政策に関する実証研究は驚くほど少ないため、アメリカ対外援助政策に実証的に検討を加えること自体に重要な意義があると考えられるからである。

これまでアメリカ対外援助政策は、もっぱら外交政策研究として検討が加えられてきた。理念を掲げながら、着実に国益を追求するアメリカ外交政策の中で、対外援助政策はどのような役割を担ってきたのか、ということが最大の論点であった。その論点をめぐり、2つの対立する評価が並存することになったと考えられる。

その一つは、アメリカ対外援助政策は、国家安全保障政策の一環であったというものである[31]。マッキンレーとリトル（R. D. Mckinlay and R. Little）は、「超大国としての政治的・安全保障的関心がアメリカ対外援助政策によって追求される中心的利益である」という[32]。レイ（B. Lai）によると、冷戦後のアメリカ対外援助政策においても安全保障の重要性は変わらず[33]、ターノフとノウェルズ（C. Tarnoff and L. Nowels）は、2001年9月11日以後は、対外援助はより戦略的な重要性を強め、しばしば対テロ戦争という観点から、行われるようになったと論じる[34]。

そしてもう一つは、アメリカ対外援助政策は、世界各地に民主主義を普及する手段であった、というものである。パッケナム（R. A. Packenham）はアメリカの自由主義的伝統こそが、アメリカ対外援助政策の原動力であり、対外援助を通じて途上国に民主的政治発展を促すことを目指したという[35]。パッケナムが政府の戦略として人道主義的理念に訴えたというのに対し、ラタン（V. W. Ruttan）はアメリカ国内の人道的関心を強くもつ集団が、アメリカ政府の戦略的な援助政策を変えていったという。ラタンは、1970年代以降、人道的関心を強くもつ被援助国志向の集団の影響力が強まったことにより、アメリカはBHN導入に象徴される貧困削減プログラムと多国間援助を増大させてきた、すなわち対外援助政策を人道主義化させてきたという[36]。

アメリカ対外援助政策にはこのように、真っ向から対立する見解が存在し

ているが、それはアメリカ外交政策が理念と国益を両輪として展開してきたことによるものである。アメリカは、アメリカ的信条に基づき、アメリカの国益に適う、第二次世界大戦後の国際秩序再構築に取り組んだ。アメリカは、その秩序形成の一部として、対外援助政策を開始するようになったため、対外援助政策にはアメリカ的信条が掲げられ、その普及が目指される一方で、国益を追求する手段としての役割も担わされたのである。

しかし実際のところ、アメリカ対外援助政策は国際開発協力の進展にどのような貢献をしてきたのだろうか。またどのような課題を生み出してきたのだろうか。確かに、アメリカ外交政策上の文脈における位置づけも重要であるが、それ以上に、今日的な国際社会の課題である、国際開発協力の進展という文脈における位置づけは重要な論点となるものである。アメリカが今日の国際開発協力体制の発展に、大いなる貢献をしてきたことは疑いようもない事実である。しかしその一方で、いまだに国際経済格差は是正されず、途上国が抱える貧困問題は深刻なままである。いったい何が問題解決を阻んできたのであろうか。国際開発協力体制に対するアメリカの影響が大きいからこそ、アメリカがどのような影響を与えてきたのか、その影響がどのように国際開発協力のあり方を決め、どんな問題を生じさせたのかを見極めることが重要な意味をもつ。国際開発協力の望ましいあり方を探り、協力をより一層進展させていくためには、アメリカの果たしてきた役割を、印象論ではなく、実証的に明らかにすることが重要な意味をもつのである。

（2）国際開発規範の内面化

さらに、アメリカ対外援助政策を、国際開発規範との関係でみると、興味深い事実が浮かび上がる。第二次世界大戦後、アメリカは国際秩序再建の過程で、自らが様々な国際規範候補アイデアを掲げるという、規範起業家としての役割を果たしてきた。と同時に、アメリカは、国際機関などが作成する規範候補アイデアに対して支持を表明することで、国際社会の言論を主導し、多くの国に規範の遵守を促すという、規範主導国としての役割も担ってきた[37]。

しかし、アメリカは規範起業家や規範主導国の役割を果たしながらも、国益に適わない場合には、それら国際規範を遵守あるいは実行しないという行動パターンをとってきた。近年のG・W・ブッシュ政権の単独主義的行動は過剰なものゆえ注目を集めるが、アメリカはこれまでも頻繁に様々な国際規範からの逸脱行為を繰り返してきたのである。しかし、このアメリカが例外的に実行するようになったのが、国際開発規範なのである。

前節でみたように、これまでに優越した、成長規範（資本投下）、貧困規範（BHN）、成長規範（構造調整）、貧困規範（目標）のうち、アメリカは、成長規範（資本投下）、貧困規範（BHN）、貧困規範（目標）の３つを４回にわたって法制度化すなわち内面化した。成長規範（資本投下）は、1950年国際開発法と技術協力局（TCA）として法制度化され、その後再び1961年対外援助法と国際開発庁（アメリカ，USAID）として法制度化された。貧困規範（BHN）は、1973年対外援助法と再生USAIDとして法制度化された。成長規範（構造調整）が優越したときこそ、同規範を法制度化しなかったが、貧困規範（目標）が優越すると、また2003年ミレニアム挑戦法（MCA）とミレニアム挑戦公社（MCC）として貧困規範（目標）を法制度化した。

しかし、このようにアメリカは、数度にわたり、国際開発規範を法制度化、すなわち内面化しながら、長い間それら内面化した国際開発規範を十分実行することはなかった。これは、国際開発規範が具体的な行動原則や数値目標を備えず、単なる努力目標にとどまり、内面化が比較的容易であったからである。また国内外に向けてアメリカ政府の良好なパフォーマンスを示すために、国際開発規範を実行する気もないまま、国際開発規範を内面化するインセンティブが働いていたと考えられるからである。その上、たとえアメリカが内面化した国際開発規範を実行していないことを、国際社会から痛烈に非難されたとしても、それはアメリカにとって大きな社会的圧力とはなりえないのである。

しかしながら、アメリカは、次第に貧困規範（BHN）を実行する程度を顕著に増大させるようになる。1970年代後半以降、成長規範（構造調整）が優越したにもかかわらず、成長規範（構造調整）は内面化されることもなく、

1980年代半ば以降になると、貧困規範（BHN）を実行したことを示す技術援助比率[38]も増大し始め、今日、その傾向はさらに強まってきた。アメリカが貧困削減に積極的になったことは、冷戦終結後のアメリカの対外援助政策の新たな方向性を示すものといわれる。しかし、これは、2001年の同時多発テロを背景としながらも、1980年代半ば以降に始まった貧困規範（BHN）の実行程度の増大傾向の延長線上に発生したものであると考えられる。確かに、いまだにアメリカ対外援助政策における最優先課題は、アメリカとその同盟国の安全保障であり、安全保障的関心が強く反映された国別、地域別援助配分となっている。しかし以前のような安全保障一辺倒の対外援助実施状況と比べた場合、これらの現象に表れている貧困規範（BHN）の実行程度の増大は、大きな変化ということができる。

　つまり、アメリカは、当初、他の国際規範と同様、国際開発規範を立法化、制度化しながらも、予算を割りあてず、安全保障的関心を最優先するなど、事実上、国際開発規範からも逸脱してきたのである。それが1980年代後半から貧困規範（BHN）を実行する程度を徐々に増大させるようになり、2003年には実効性を伴うMCAが立法化され、2004年にはその実行機関としてMCCが設立されるに至った。アメリカは、長い期間をかけて、例外的に貧困規範（BHN）を実行するようになったのである。

　このようにアメリカが貧困規範（BHN）を実行するようになったことを、既存の国際規範研究は十分説明できない。既存の国際規範研究は、国家による国際規範の遵守を導く要因として、国内規範との適合性、社会的圧力、国内政治アクターの３つを挙げている。しかしこれら３つの要因とも、アメリカには当てはまらないのである。

　まず、国内規範との適合性に関しては、貧困規範（BHN）はアメリカ国内規範と適合性が低いため当てはまらない。アメリカ国民は国内の貧困者に対する公的扶助と同様、途上国国民に対する開発支援を支持しない。貧者への救済はあくまでも慈善行為として行われるべきであり、税金を投じて公的事業として行うべきではないという市場主義的志向が強く、対外援助政策に対する世論の支持率も低い。このことからアメリカ国内規範と適合性の低い貧

困規範（BHN）は、アメリカが実行しやすい国際規範ではないのである。

　次に、アメリカは超大国であり、社会的圧力が効くとは考えにくい。既存研究によると、国際社会での評判や信頼の失墜を恐れる国家に対し、その可能性を示唆したり、実際に社会的評価を低下させたりするような社会的圧力がかけられると、その国家は国際規範を遵守するようになるという。しかし国際開発協力分野においても、アメリカはやはり超大国であり、他の援助国からの社会的圧力は効きにくい。確かに、1960年代後半から今日までの間、アメリカの相対的な援助力が低下する傾向が見られた。しかしアメリカの相対的な援助力が低下する長期的な過程において、優越規範として台頭した成長規範（構造調整）の実行程度を増大するようにはならず、その代わりに貧困規範（BHN）の実行程度が増大するようになったことを、社会的圧力の相対的増大という観点からは説明することができない。

　そして、国際規範に共鳴あるいは利用する非政府組織（NGOs）などのアクターが、政府に圧力をかけることによって、政府が国際規範を実行するようになるという既存研究の説明も、1973年対外援助法の成立時期の前後には、アメリカ国内に強力な貧困規範（BHN）を支持するアクターが不在のため妥当しない。アメリカの最大の対外援助管轄・実施機関であるUSAIDは、その政府内における地位は相対的に低く、政府の中で大きな発言力をもっているわけではなかった[39]。また、戦後から80年代前半は、草の根援助を行う民間ボランティア組織（PVOs[40]）にとって冬の時代であった。戦後、政府の方針により、PVOsは数を減らされ、政府の強い統制下に置かれた。1973年対外援助法の成立前後、PVOsの数は戦前の4分の1以下であり、その政治力は弱かった。また政府とPVOsは仕事の依頼人と請負人の関係にあり、請負人は依頼人の機嫌を損ねることなどしたくない。当時のPVOsが、政府の方針を覆そうとする意志および政治力をもっていたとは考えにくい。

　つまり、社会的圧力の効かない超大国アメリカが、貧困規範（BHN）を支持する強力な国内政治アクター不在の中、国内規範と適合性の低い貧困規範（BHN）の実行程度を増大させるようになった過程やメカニズムを、既存研究は説明できないのである。このアメリカの行動変化を説明するためには、

国際規範が国内政治にどのような影響を与えたのか、その影響を受けた国内政治がどのように国家行動を変化させたのかを、実証的に明らかにすることが求められるのである。

また、超大国アメリカが、例外的に、国際規範を実行するようになった要因を明らかにすることは、国際規範の実行を期待できない国に国際規範を実行させるためにも、またアメリカによる他の国際規範の逸脱行為に修正を迫るためにも、示唆を与えてくれるものとなるのである。

4．制度的粘着性の増大

（1）「形式的」内面化から「実質的」内面化へ

では、社会的圧力が効かない超大国アメリカが、国内規範との適合性の低い貧困規範（BHN）を、強力な国内政治アクターが存在しない中、その実行程度を増大するようになったのはなぜか。

当初、アメリカは国際開発規範を内面化しながらも、ほぼ実行しないといった、国際開発規範に対する態度をとっていたが、貧困規範（BHN）の実行程度増大は、この態度を変えたことを意味する。1940年代後半以降、優越していた成長規範（資本投下）は、1950年国際開発法とTCAの成立という形で内面化されたものの、その実行程度はごくわずかなものであった。またその後、1961年対外援助法とUSAIDの成立という形で、再び成長規範（資本投下）が内面化されたが、その実行程度は十分増大するまでに至らない。実際、同規範が内面化された直後には、一時的に成長規範（資本投下）の実行程度が増大するものの、対外援助の効果が表れず、次第に予算は大幅に削減され、成長規範（資本投下）の実行程度は減少していったのだ。しかし、アメリカが1973年対外援助法の成立とUSAIDの再生という形で、貧困規範（BHN）を内面化すると、技術援助の比率の増大が示すように、貧困規範（BHN）の実行程度は次第に増大していく。その後、成長規範（構造調整）が優越しても、アメリカは根本的な法改正という形で、成長規範（構造調整）を内面化せず、成長規範（構造調整）の実行程度は小さいまま、貧困規範（BHN）

の実行程度を増大し続けた。そして貧困規範（目標）が優越すると、2003年MCAとMCCの成立という形で、貧困規範（目標）を内面化し、貧困規範（目標）の実行程度を増大させた[41]。

つまり、成長規範（資本投下）が内面化されたときには、アメリカは成長規範（資本投下）の実行程度を増大させなかったにもかかわらず、貧困規範（BHN）が内面化されてから、貧困規範の実行程度を継続的に増大してきたことがわかる。これは、貧困規範（BHN）の内面化を契機に、「規範の実行を十分伴わない規範の内面化」から「規範の実行を十分伴う規範の内面化」へとアメリカの行動が変化した、すなわち、「形式的」内面化から「実質的」内面化への移行が起こった、と捉えることができるのである。このように国家行動を変化させた貧困規範（BHN）の内面化は、それ以前の成長規範（資本投下）の内面化とどう違うのであろうか。

（2）国家行動を変える制度的粘着性の解消

本書において、内面化とは国際開発規範を実行することをルーチン化する法律の成立および組織の設立を意味する。すなわち国際開発規範を実行することを定めた法律やその組織の成立は、国家行動を一定化する法律や組織、すなわち制度の確立ということである。それゆえ、通常、国家行動が変化するということは、制度変化によりもたらされると考えられる。これに対し、国家行動が変化したにもかかわらず、貧困規範（BHN）の内面化に相当する1973年対外援助法と再生USAIDは、今日までその性格を抜本的に変えられることなく、存続してきた。なぜ1973年対外援助法と再生USAIDは長期にわたり存続が可能になったのか。またなぜ国家行動を変化させられたのか。

これまで、国家行動を規定する制度が存続する中で、国家行動が変化するということは想定されてこなかった。そこであえて、本研究の事例の対極に位置することになる、戸矢による国家行動を変化させた顕著な制度変化の事例を取り上げ、制度変化がスムーズに起こる政治メカニズムを参照することにする。それとの対比を通じて、なぜ制度が存続したのか、また制度が変わらないにもかかわらず、国家行動を変化させられたのか、を検討することに

したい。

　戸矢は、制度を「世の中の仕組みに関する、唯一ではないところの、共有され、安定した、要約された予想」であると定義する。そして、制度は、客観的には、アクターの戦略的行動により生じた均衡であり、主観的には、アクターに集団的に共有された均衡の要約された表現であり、客観的世界と主観的世界の双方からのフィードバックに基づいて形成され、維持される[42]。この均衡としての制度は、安定性をもたらすのみならず、その均衡から利益を得るアクターを生み、彼らは既得権益集団となり、制度変化を阻止するために、いったん成立すると「粘着性」をもつ[43]。しかし世の中の仕組みに関する新しい集団認識が登場することによって、この粘着性は消滅し、制度は変化する。そのプロセスは、制度が現実世界に適応しなくなる時点から始動する。その時点において、政策の失敗やスキャンダルが発生し、アクターの制度に対する信頼性は動揺し、代替的な行動戦略を練り直すようになる。そして彼らの中の成功戦略についての集団的学習過程が展開し、それが世の中の仕組みに関する新しい集団認識を生じさせ、制度変化をもたらすという[44]。戸矢による「ルールについての共有予想」という制度の定義は、制度の粘着性がなぜ消滅するのかを、アクターの認識と利益の点から説明することを可能にする。戸矢の理解に従うなら、制度変化とは「ルールについての共有予想」の変化であり、その予想の変化によって制度変化が引き起こされ、その結果として国家行動が変化することになるのである。つまり、戸矢は、制度的粘着性が解消されることによって制度変化が起こり、国家行動が変化すると考えるのである。

（3）制度的粘着性の増大による「実質的」内面化

　戸矢の事例とは対照的に、本書の事例では、国家行動を変化させると考えられる制度変化そのものが起こっていない。むしろ制度が粘着性を解消するどころか、長期にわたり存続している。1973年対外援助法は、1961年対外援助法に大きな修正を加えた法律であるが、それ以降今日に至るまで、大きな修正を加えられることなく、対外援助基本法として存続している。1961年

に成長規範（資本投下）を実行するための組織として設立されたUSAIDもまた、1973年対外援助法成立時に、貧困規範（BHN）の実行組織として再生され、今日に至るまで、その骨格を変えることなく存続している。にもかかわらず、アメリカは貧困規範（BHN）の実行程度は増大させており、アメリカの国家行動は変化した。つまり、制度変化が起こっていないにもかかわらず、あるいは制度が存続したために、国家行動が変化したということになる。

　戸矢の議論に依拠するのなら、本書が検討対象とする制度―貧困規範（BHN）の実行をルーチン化する、1973年対外援助法と再生USAID―の存続は、どのように解釈できるのだろうか。1973年対外援助法と再生USAIDは、制度変化の背景的要因となった環境変化にさらされなかったわけではない。むしろ1973年対外援助法と再生USAIDは、頻繁に環境の変化にさらされてきた。国際開発規範の動態は、アプローチ規範とスローガン規範を束ねた4つの優越した国際開発規範のライフサイクルとして描くことができる。その優越規範の変化のたびに、新たな優越規範を実行する体制を整えるために、制度は変化を要請されることになった。しかし1973年対外援助法と再生USAIDは、抜本的な制度改革を施されることもなく存続する。かといって、それらは、環境変化に相当する、異なる優越規範の変化に柔軟に対応したわけでもなく、対外援助の実施をめぐる共有予想の変化が起こらなかったわけでもない。その後、時代遅れや機能不全などを理由に、1973年対外援助法の抜本的改正やUSAIDの廃止がたびたび検討されてきたことは、アクターによる共有予想が変化していたことを裏づけるものである。

　しかし、本事例では、制度変化を引き起こす、環境変化も共有予想の変化も起こったにもかかわらず、アクターの行動変化が起こらなかった。それは、アクターが、制度が環境の変化に対応していないと認識しながらも、制度の存続を志向したと捉えることができる。制度をめぐる環境が変化し、その環境変化に柔軟に対応しない制度であるという認識がアクターの間に共有されながらも、アクターが制度の存続を望んだのはなぜか。アクターが既存の制度から多くの権益を得ていたと考えるのが自然ではないだろうか。アクターは既得権益を維持するために、制度の存続を望み、その制度がアクターに権

益を与えてくれることを知った他のアクターが、さらにその権益を求めて制度存続に加勢する。その結果、制度の粘着性は高まり、制度の存続、発展がもたらされるのではないか。そして貧困規範（BHN）の実行体制が粘着性を増し、存続、発展した結果として、貧困規範（BHN）の実行程度を増大させるというように、国家行動が変化したことも容易に理解できるのではないだろうか。

では、なぜ成長規範（資本投下）を実行するための1961年対外援助法とUSAIDには、それら制度の存続を望むアクターが多く生み出されず、貧困規範（BHN）実行のための1973年対外援助法と再生USAIDの方が、それらの維持を望むアクターを多く生み出すことができたのか。考えられる一つめの理由は、1973年対外援助法と再生USAIDにより、アメリカが貧困規範（BHN）を確実に実行していくのだという高い期待を、アクターに与えることができたということである。1961年対外援助法とUSAIDは、成長規範（資本投下）を実行するために成立したが、冷戦戦略の手段としての国際開発協力という性格は明らかであった。それに対し、1973年対外援助法と再生USAIDは、貧困規範（BHN）が確実に実行されるよう、地域別予算編成から目的別予算編成に変更するなどの様々な規定を設け、政治的判断が入り込む余地が削減された[45]。

そして考えられるもう1つの理由は、1973年対外援助法と再生USAIDが貧困規範（BHN）を実行するのに、多くのアクターの参加を必要としたということである。1960年代末から、USAIDは大幅な人員削減を断行され、規模を縮小された。そのため、1973年対外援助法はUSAIDの国際開発協力活動に際して、PVOsを積極的に活用する規定を盛り込んだ。その結果、USAID自体の規模縮小に反比例するように、USAIDに登録し、その活動を担うPVOsの数はうなぎのぼりに増大した。それによって、貧困規範（BHN）の実行により生まれる権益を、USAIDの外部の多くのアクターに分け与えることになったのである。

つまり、1973年対外援助法と再生USAIDは、貧困規範（BHN）が確実に実行されるという高い期待をアクターにもたせる制度であるとともに、貧困規

範（BHN）の実行から得られる権益を、USAIDの外部の多くのアクターにも分け与える制度であったということができる。このことは、1973年対外援助法と再生USAIDが、人々の期待を収斂させる象徴として機能していたことを意味する。1973年対外援助法と再生USAIDは、貧困規範（BHN）が実行されることに対するアクターの期待値を高め、権益を求めて実行に参加するアクターは増大し、やがて貧困規範（BHN）を実行する体制が確立した。この貧困規範（BHN）の実行体制に参加するアクターが増大することで、実行体制は発展し、粘着性を増す。政府はその実行体制の存在を無視しえず、貧困規範（BHN）の実行程度を増大するようになった。優越的な国際開発規範が交代しても、その状況は変わらず、1973年対外援助法と再生したUSAIDが、環境変化に対応していないと広く認識されるようになっても、権益を求めて貧困規範（BHN）の実行体制に参加するアクターは増え続けた。アメリカ政府はその実行体制の存在感の大きさに配慮する形で、貧困規範（BHN）の実行程度をさらに増大させるに至ったと考えられるのである。つまり、制度的粘着性が増したことによって、「形式的」内面化から「実質的」内面化へと国家行動が変化したと考えられるのである。

5．本書の構成

　本書は、アメリカが多くのアクターの期待を集めることができる、1973年対外援助法と再生USAIDを成立させたことによって、粘着性の高い貧困規範（BHN）の実行体制を確立し、その結果、貧困規範（BHN）の実行程度を増大させることになったという仮説を実証するものである。
　この仮説を実証するにあたり、本書は、以下の構成をとる。
　第1章では、分析概念である国際開発規範とはどのようなものかについて述べる。
　第2章では、規範主導国アメリカが貧困規範（BHN）の実行程度を増大させたことを事例として取り上げる意味について述べる。
　第3章では、アメリカが成長規範（資本投下）の実行体制を確立するまで

の政治過程と、成長規範（資本投下）の実行程度を検討する。

　第4章では、アメリカが成長規範（資本投下）の実行体制を解体し、その後に貧困規範（BHN）の実行体制を確立するまでの政治過程と、貧困規範（BHN）の実行程度を検討する。

　第5章では、アメリカが疲弊した貧困規範（BHN）の実行体制の存続を許しながら、貧困規範（目標）の実行体制を確立するまでの過程、そして貧困規範（目標）の実行程度を検討する。

　そして終章では、論点ごとに検討結果をまとめ、本論の貢献点と今後の課題を述べて、議論を締めくくるものとする。

注

1　Katzenstein, Peter J., "Introduction: Alternative Perspectives on National Security," in Katzenstein, Peter J., ed., *The Culture of National Security: Norm and Identity in World Politics*, New York; Columbia University Press, 1996, p.5.; Finnemore, Martha, *National Interests in International Society*, Ithaca&London ; Cornell University Press, 1996, p.22; Klotz, Audie, *Norms in International Relations: The Struggle against Apartheid*, Ithaca & London; Cornell University Press, 1995, p.14; Checkel, Jeffrey T., "Norms, Institutions, and National Identity in Contemporary Europe," *International Studies Quarterly*, No.43, 1999, p.83.

2　貧困規範（BHN）は、1960年代後半以降優越したアプローチ規範（スローガン規範）。本研究における国際開発規範の表記については、詳しくは本章第2節で後述する。

3　成長規範（資本投下）は、1940年代後半以降優越したアプローチ規範（スローガン規範）。本研究における国際開発規範の表記については、詳しくは本章第2節で後述する。

4　再生USAIDとは、1973年対外援助法の成立を期に、成長規範（資本投下）の実行組織から貧困規範（BHN）実行組織へと編成された1973年以降のUSAIDのことを指す。詳しくは第4章で後述するが、USAIDは、ニクソン政権による一連の成長規範（資本投下）実行体制の解体作業の中でその廃止を免れ、貧困規範（BHN）の実行組織として役割を定義し直し、新たな機能を備えて、再出発しようとしていたことから、再生USAIDと呼ぶことにした。

5　2002年のDAC諸国ODA総額は582億米ドル、非DAC諸国ODA総額は32億米ドルであり、DAC諸国は国際社会における主要援助主体となっている。DAC, *Development Co-operation*, 2004, Statistical Annex, Table 2, Table 33.

6 2002年に提唱されたODA倍増論は、2005年現在もなお提唱され続けている。UNDP, *Human Development Report 2002*, p.30; The World Bank, *Global Monitoring Report*, 2005, p. xix, 11.

7 SIPRIは各国の軍事予算の規模を対GDP比で表し、DACは各国のODA予算の規模を対GNP比で表してきた。そのため正確な比較とはいえないが、概要を示すものとして比較を試みている。SIPRI, *SIPRI Yearbook*, 2004, table 10A.4.

8 Collier, P. and David Dollar, "Aid Allocation and Poverty Reduction," *European Economic Review* 46, 2002, pp.1475-1500.

9 Akram, Tanweer, "The International Foreign Aid Regime: Who Gets Foreign Aid and How Much?" *Applied Economics*, 35, 2003, pp.1351-1356.

10 Alesina, Albert and David Dollar,"Who Gives Foreign Aid to Whom and Why?"*Journal of Economic Growth*, Vol. 5, No. 1, March 2000, pp. 33-64. その他、対外援助の地域配分に援助国の戦略性が表れていることを指摘する代表的なものには、Schraeder, Peter J. Steven W. Hook, and Bruce Taylor, "Clarifying the Foreign Aid Puzzle: A Comparison of American, Japanese, French, and Swedish Aid Flows," *World Politics* 50, January 1998, pp. 294-323、西垣昭他『開発援助の経済学-「共生の世界」と日本のODA-第三版』、有斐閣、2003年、第六章、などがある。

11 河野勝「国内政治からの分析-日本の温室効果ガス削減の事例-」渡辺昭夫・土山實男編著『グローバル・ガヴァナンス-政府なき秩序の模索-』東京大学出版会、2001年、264-265頁。

12 Krasner, Stephen D., *International Regimes*, Ithaca; Cornell University Press, 1983, p.1.

13 国際レジームの定義は一様ではない。プチャラとホプキンスのように、「国際レジームは主観的な概念であり、認識できるパターン化された行為があるところにはどこにでも存在する」という立場から、ヤングのように、「国際レジームは、期待が収斂する行為や慣行の認識されたパターン」とし、あくまでも、アクターの行為の点でレジームの存在を確認する立場まで幅広い。ゆえにレジームの定義により、その存在の確認方法は変わる。Puchala, Donald J. and Raymond F. Hopkins, "International Regimes: Lessons from Inductive Analysis," *International Organization*, Vol.36, No.2, Spring, 1982, pp.246-247; Young, Oran R., "Regime Dynamics: The Rise and Fall of International Regimes," *International Organization*, Vol.36, No.2, Spring, 1982, pp.277-279.

14 古城佳子「国際制度」久米郁夫他著『政治学』、2005年、289頁。

15 レジーム論者は、当然のことながら、様々なレジームの形成過程の存在を想定しており、科学的知識の発達を主要因として形成される、地球環境レジームなどの一部のレジームは、科学的知識の発展に従ってレジームも発展するこ

とを述べている。Haas, Ernst B., "Why Collaborate? : Issue-Linkage and International Regimes," *World Politics*, Vol.32, No. 3, April, 1980, pp.357-405; Haas, Ernst B., et al., *Scientists and World Order*, Berkeley; University of California Press, 1977; 山本吉宣「国際レジーム論－政府なき統治を求めて－」『国際法外交雑誌』第95巻、第1号、1996年4月、26頁。

16　Ruggie, John G., "Political Structure and Change in the International Economic Order: The North-South Dimension," in John G. Ruggie ed., *The Antinomies of Interdependence : National Welfare and the International Division of Labor*, New York ; Columbia University Press, 1983, pp.435-436; 稲田十一「国際開発援助体制とグローバル化－構造調整／貧困削減戦略レジームの展開」藤原帰一他編『国際政治講座』第三巻、東京大学出版会、2004年、145頁。

17　Akram, *op.cit*.

18　ラムズデインがモラルというとき、それは国際規範ではなく、国内規範である。Lumsdaine, David H., *Moral Vision in International Politics: The Foreign Aid Regime, 1949-1989*, Princeton, N J; Princeton University Press, 1993, p.230.

19　Hook, Steven W., *National Interest and Foreign Aid*, Boulder & London; Lynne Rienner Publishers, 1995, pp.20-21; Wood, Robert E., "Rethinking Economic Aid," in Steven W. Hook, ed., *Foreign Aid Toward the Millennium*, Boulder & London; Lynne Rienner Publishers, 1996, pp. 22-26.

20　稲田は、国際開発援助レジームの内部のみならず、その隣接領域にもサブ・レジームの存在を想定している。稲田、前掲書、148頁、150-151頁、170頁。

21　注1参照。

22　Alderson, Kai, "Making Sense of State Socialization," *Review of International Studies*, Vol.27, No.3, pp.415-433; Checkel, Jeffrey T., "International Institutions and Socialization in Europe: Introduction and Framework," *International Organization*, No.59, Fall 2005, p. 804.

23　栗栖は、複数の規範起業家の存在を指摘し、それらの役割の違いに応じて、「規範原作者」、「翻案者」、「編集者」という呼称を用いている。栗栖薫子「人間安全保障「規範」の形成とグローバル・ガヴァナンス－規範複合化の視点から－」『国際政治』第143号、2005年、79-80頁。

24　アメリカは様々な国際規範を作成していたことから、概して規範起業家の役割を果たしていたと考えられる。しかし、国際開発規範の場合、世銀と国連（とその専門機関）が規範候補アイデアを作成し、アメリカがそのアイデアを立法化することで、そのアイデアが国際社会に拡散し、規範としての地位を得るという現象がみられた。そのため、アメリカは規範起業家と規範主導国の役割を果た

していたのではないかと考えられる。にもかかわらず、本書で、アメリカを規範主導国と捉えるのは、以下の理由による。第一に、1960年代後半以降、世銀と国連が対米自律性を高めたからである。世銀と国連の創設当初こそ、アメリカの国内規範が、世銀の組織綱領や国連総会決議などに投影されていたといえる。しかしながら、世銀と国連はその発展に伴い、専門家からなる研究会を組織し、独自に規範候補アイデアを作成するようになった。アメリカの国内規範を投影させる形で、世銀や国連が創設されたことは間違いないが、いつまでも両機関の専門家が作成する具体的な行動原則を、アメリカの国内規範と同じであるとはみなしがたい。第二に、世銀と国連の性格の違いを考慮する必要があるからである。世銀のエコノミストには、アメリカ財務省と関係の深い要人が就任することが多く、世銀の作成する規範候補アイデアとアメリカ財務省の市場主義哲学とはほぼ合致すると考えられる。これに対し、国連は途上国を含む世界各国から専門家を集め、途上国のニーズに応える形で規範候補アイデアを作成する。そのため、国連が作成する規範候補アイデアは、アメリカの国内規範とは合致しないのである。つまり、世銀と国連の創設当初こそ、アメリカは規範起業家と規範主導国の両方の役割を果たしていたが、60年代以降、特に国連が作成する規範候補アイデアに関しては、アメリカはもはや規範起業家の役割を果たすことはなく、規範主導国の役割に徹することになったのである。本書は、第二次世界大戦後から今日までの約60年間を検討対象とするため、その間のより長い時間、アメリカが規範主導国の役割を果たしたことを重視して、アメリカを規範主導国と位置づけた。

25　貧困規範(目標)では、開発の最終目標として貧困削減が位置づけられ、両アプローチ規範はその目標のもとに補完的に統合されている。そのため、貧困規範が若干優位にあるといえるが、両アプローチ規範は均衡状態にあるといえる。秋山孝允他著・速水佑次郎監修『開発戦略と世界銀行－50年の歩みと展望－』知泉書館、2003年、137 141頁；石川滋「貧困削減か成長促進か－国際的な援助政策の見直しと途上国－」『日本学士院紀要』第56巻、2号、2002年1月、1-2頁。

26　複合規範の考え方は以下を参考にした。栗栖、前掲書、三浦聡「複合規範の分散革新－オープンソースとしての企業の社会的責任(CSR)－」『国際政治』第143号、2005年、92-105頁。

27　池谷知明「社会化」猪口孝など編著『政治学事典』弘文堂、2000年、450頁。

28　山田高敬「規範」猪口孝など編著『政治学事典』弘文堂、2000年、229-230頁。

29　国際政治学における国際規範の中には、もともと地域社会の規範や国内社会の規範、あるいは個人や組織のアイデアであったものが、国際社会に拡散し、国

際規範になったものもある。

30　同様の議論は、地球環境問題に関するレジーム研究においても見られるものである。地球環境問題に関しては、地球環境を維持するために望ましくない行為を禁止するというだけでは、すでに破壊された環境を復元することは不可能であるし、地球環境を復元するための形式ばかりの協力行為も、問題解決にはならない。そのため、これらの分野では、協力に関する一般合意となる枠組み条約と、数値目標などを掲げた実効的な規制措置に関する条約と2段構えを取っている。また2段構えに終わらず、その実行程度を増大するために、規制措置に関する条約は何度も改定されるような事例もみられる。地球環境問題の解決においては、地球環境問題の解決に取り組むという行為を繰り返すことではなく、実行程度を引き上げることが不可欠である。それゆえ厳格な基準や数値目標を盛り込んだ条約を作成できるか、あるいはそれら条約が締結されるようになるかという、レジームの発展こそが重大な論点とされてきた。阪口功『地球環境ガバナンスとレジームの発展プロセス－ワシントン条約とNGO・国家－』国際書院、2006年、p.6.

31　アメリカ対外援助の戦略性を強調する研究は多数があるが、たとえば、Lancaster, Carol, "Redesigning Foreign Aid," *Foreign Affairs*, Vol. 79, No. 5, 2000, p.75; Schraeder, et. al., *op.cit.*, p.299, p.310; Zimmerman, Robert F., and Steven W. Hook, "The Assault on U.S. Foreign Aid,"in Steven W. Hook, ed., *Foreign Aid Toward the Millennium*, Boulder and London: Lynne Rienner Publishers, 1996, pp.62-63; Hook, *op.cit.*, pp.138-139; Meernik, James, Eric L. Krueger, and Steven C. Poe, "Testing Models of U.S. Foreign Policy: Foreign Aid during and After the Old War," *The Journal of Politics*, Vol.60, No.1, February 1998, pp. 63-85.

32　McKinlay R. D., and R. Little, "A Foreign Policy Model of U.S. Bilateral Aid Allocation," *World Politics*, Vol.30, No.1, 1977, p. 80.

33　Lai, Brian, "Examining the Goals of US Foreign Assistance in the Post-Cold War Period, 1991-96," *Journal of Peace Research*, Vol. 40, No. 1, 2003, pp.103-128.

34　Tarnoff, Curt and Larry Nowels, "Foreign Aid: An Introductory Overview of U.S. Programs and Policy," *CRS Report*, 2004, p. CRS-2.

35　Packenham, Robert A., *Liberal America and the Third World: Political Development Ideas in Foreign Aid and Social Science*, Princeton; Princeton University Press, 1973.

36　Ruttan, Vernon W., *United States Development Assistance Policy: The Domestic Politics of Foreign Economic Aid*, Baltimore and London: Johns Hopkins University Press, 1996, pp.8-17.

37　国際開発分野においては、アメリカは主に規範主導国の役割を担ってきた。詳

しくは、注24参照のこと。
38 技術援助計画といっても幅広く、一概に技術援助計画が増えたからといって、貧困削減を重視するようになったということは断定できない。技術援助計画には大きく分けて、投資前調査といってインフラ整備支援のための前段階にあたる支援と、貧困削減支援とがある。前者は経済援助に近く、貧困削減にはつながりにくい。そのため、技術援助計画の増大という現象をもって、貧困規範が実行されるようになってきたと断言することは必ずしも適切ではないが、一般的に貧困規範の実行を示す大雑把な指標として技術援助比率が用いられるので、ここではそれにならっている。
39 政策決定過程において、USAIDが自律性を発揮できていない状況やその原因については以下を参照した。Clements, Paul Colin, *Development as if Impact Mattered: A Comparative Organizational Analysis of USAID, the World Bank and Care Based on Case Studies of Projects in Africa*, A Dissertation Presented to the Faculty of Princeton University in Candidacy for the Ph. D., 1996; Lancaster, Carol, *Transforming Foreign Aid: United States Assistance in the 21st Century*, Washington, D.C.; Institute for International Economics, 2000, pp.42-43; Porter, David, *U.S. Economic Foreign Aid: A Case Study of the United States Agency for International Development*, New York & London; Garland Publishing, INC, 1990; Snook, Stephen L., *Principled Agents in an Agency under Siege: U.S.A.I.D. and its Mission in Tanzania*, A Dissertation Prepared to the Graduate School of the University of Florida in Partial Fulfillment of the Requirements for the Degree of Doctor of Philosophy, University of Florida, 1996; Snook, Stephen L., "An Agency under Siege: USAID and its Mission in Tanzania," in Goran Hyden and Rwekaza Mukandala eds., *Agencies in Foreign Aid: Comparing China, Sweden and the United States in Tanzania*, London & New York; Macmillan Press LTD. & St. Martin's Press, INC, 1999; Sullivan, Denis J., "Bureaucratic Politics in Development Assistance: The Failure of American Aid in Egypt," *Administration & Society*, Vol. 23 No. 1, 1991, pp.29-53; モーリス・ウィリアムズ「援助政策の決定過程」山澤・平田編『日本・アメリカ・ヨーロッパの開発協力政策』アジア経済研究所、1992年。
40 後述するように、PVOsとはUSAIDに登録し、USAIDから業務の委託を受け、USAIDから活動資金の一部を得て活動するNGOsのことである。
41 各国際開発規範の実行程度の指標に関しては第1章で詳述するが、貧困規範(目標)は、貧困削減を目標に掲げ、貧困規範と成長規範を補完的に統合しているものであるため、実際には、貧困規範と成長規範の実行程度を両方見ることが必要となるのである。
42 戸矢哲朗著、青木昌彦監訳、戸矢理衣奈訳『金融ビッグバンの政治経済学－金融と公共政策策定における制度変化－』東洋経済新報社、2003年、59-60頁。

43　同書、65-66頁。
44　同書、67-74頁。
45　地域別予算編成は、戦略的重要性の高い地域に重点的に予算を配分することを目的とした予算編成であり、外交戦略的考慮が投影されやすい。これに対し、目的別予算編成は重要性の高いプロジェクトに予算を重点的に配分することを目的とした予算編成であり、BHNを充足しやすくなると考えられている。

第1章　国際開発規範——定義と動態

　これまで、国際開発協力を促進する超国家的枠組み（以下、国際開発協力枠組み）の存在は認識されながらも、その存在が国家行動にどのような影響を与えてきたかを実証的に明らかにする試みはなされてこなかった。国際開発協力枠組みの国家行動への影響を実証的に検討するためには、国際開発協力枠組みを分析概念にする必要がある。

　そこで、本章は、まず、国際開発協力枠組みを分析概念にするために用いる国際規範とは、どのような概念かを述べる。次に、2つの主要な規範起業家がどのように誕生したか、その結果、どうして対極的な国際開発規範が作成されることになったかを述べる。そして対極的な国際開発規範がどのような動態をたどることになったか、そして時期ごとに異なる国際開発規範をどのように分析概念にするのかを説明する。さらに、国際協力を進展させる国家行動を検証するということはどういうことか、国際開発規範の国家行動への影響を測定するための指標とは何かについて述べる。最後に、国際開発規範が主要国の行動にどのような影響を与えたのかを概観し、事例としてのアメリカの行動変化の特徴を浮かび上がらせることにする。

1．国際規範

　本節は、国際開発協力枠組みを分析概念にするために用いる国際規範の特徴を、まず、「アイデア」との対比において述べる。同じ観念的要素であるアイデアと国際規範はどのように違うのかを、両者の定義、アクターへの影

響の与え方、両者に違いを生じさせた構造とアクターに対する考え方を対比させることで、明確にしたい。次に、国際規範論の中心的な分析対象となる国際規範の動態について述べる。国際規範の動態とは何か。国際規範の動態に関して注目を集めることになった、ライフサイクル仮説とは何かを述べる。そして、国際規範論の中心的な論点となる社会化、そして内面化とは何かについて論じることにする。

（1）国際規範の特性

国際政治学では、1980年代末頃から、観念的要素であるアイデアや国際規範に注目が集まるようになった。それ以前の国際政治学では、パワーや利得といった物質的要素によって、国際政治的事象の生起が説明されることがほとんどであった。

これに対し、ゴールドステインやコヘイン（J. Goldstein and R. O. Keohane）などは、対外政策決定過程における政策決定者に対し、アイデアが少なからぬ影響を与えることを指摘した。彼らは、対外政策に影響を与えうるアイデアとして、世界観（world views）、原理的信条（principled beliefs）、因果的信条（causal beliefs）を掲げた。世界観とは、世界についての基本的な認識であり、原理的信条とは、善悪についての基準であり、因果的信条とは、科学や技術における因果関係についての考え方である。そしてこれらのアイデアが、道路地図やフォーカル・ポイントの役割を果たすことによって、あるいは制度化されることを通じて、政策形成に影響を与えるという[1]。

同時期、やはり従来の国際政治学に異議を唱える形で興隆してきたのが、オヌフ（N. G. Onuf）、ウェント（A. Wendt）、ラギーらのコンストラクティビストである[2]。コンストラクティビストは、アイデアとは異なる国際規範という概念を提唱する。国際規範とは、「所与のアイデンティティをもつアクターのための適切な行動基準」[3]と定義される。この定義の中で「アクター」ではなく、「所与のアイデンティティをもつアクター」とされているのは、アクターを共同体の中に埋め込まれた存在として捉えているためである。国際政治学に強い影響を与えてきたラショナリストが、アクターをそれを埋

め込む構造から切り離し、原子論的に捉えるのとは対照的である[4]。共同体は何らかの価値を保持しており、その共同体構成員としてのアイデンティティをもつアクターに対し、その価値を体現することになる適切な行為をとることを期待する。国際規範とは、共同体の中で保有されている、共同体を維持するための行為基準についての集合的アイデアなのである。

　国際規範は、規制的作用と構成的作用を通じて、アクターの行為に影響を与える。規制的作用とは、国際規範がアクターに適切な行動基準を示すことで、アクターの行為を規制することである。構成的作用とは、国際規範が、アクターのアイデンティティを構成することで、アクターの行為に影響をおよぼすことである。国際規範がアイデアと大きく異なるのは、この構成的作用をもつことである。国際規範はアクターのアイデンティティに働きかけ、アクターの属する共同体の構成員として適切な行動をとるよう促せると考えられている。国際規範は同時に規制的作用と構成的作用を行うことによって、アクターの行為を拘束するのである[5]。

　また、アイデア論と違い、国際規範論においては、アクターが国際規範から影響を受ける一方で、アクターが国際規範にも大きな影響を与えていると想定する。国際規範は共同体の中で保有されている集合的アイデア、すなわち、共同体の構成員であるアクター間で保たれている間主観的意識である。このことは、アクターが間主観的意識の形成を通じて、国際規範を生み出すことを意味している。国際規範は共同体の構成原理、すなわち構造の一要素であると考えられることから、アクターが構造をつくり出す側面が見出される。ラショナリストは、国際構造がアクターに影響を与える側面に関心を集中させていたのに対し、コンストラクティビストは、アクターが国際構造に影響を与える側面にも関心を向ける。つまり、アクター間の相互作用から、間主観的な意識や期待、すなわち国際規範が生まれ、それが国際構造となり、やがてその国際構造の一部となった国際規範が、アクターにアイデンティティや役割を理解させ、アクターは国際規範に従うようになる。コンストラクティビストによると、国際規範を媒介として、国際構造とアクターは相互に構築し合うのである[6]。

(2) 国際規範の動態

それゆえ、コンストラクティビストによる、国際構造とアクターの相互構築過程を描き出す試みは、国際規範の動態を分析対象とすることになる。というのは、国際構造とアクターが相互に構築し合う過程で、国際規範も変容を遂げるからである。国際規範の動態とは、一部のアクターのアイデアにすぎない、いわば「国際規範候補アイデア」（まだ国際規範としての地位を確立していない）が、多くのアクターに遵守され、「国際規範」としての地位を確立し、「当たり前さ」(a taken-for-granted quality)を獲得する過程である。その過程では、国際規範がどれほど多くのアクターに遵守されるのかによって、国際規範の地位は変わり、その地位に応じて、アクターの果たす役割も、その国際規範を遵守する論理も変化する。

国際規範の動態に関しては、国際規範が誕生し、成長し、死を迎える、ライフサイクルをたどるという見方が広く浸透してきた。この「ライフサイクル仮説」は、国際規範の動態を、「誕生」(norm emergence)、「拡散」(norm cascade)、「内面化」(internalization)の3段階に区分し、各段階におけるアクターの果たす役割やその国際規範を遵守する論理を特定するものである。図1-1のように、第一段階では、「規範起業家」(norm entrepreneur)が、共同体の

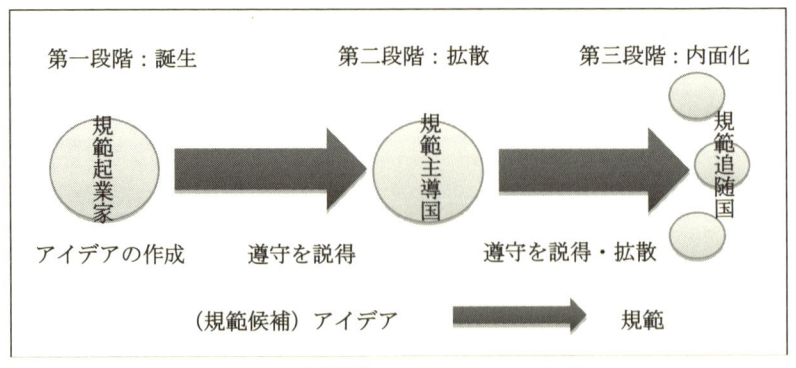

図1-1：国際規範のライフサイクル仮説

出典）筆者作成。

構成員としてふさわしい行動基準を作成する、あるいは既存のアイデアを適切な行動基準として掲げることで、国際規範―正確には、「国際規範候補アイデア」(まだ国際規範としての地位を確立していない)―が誕生する。そして、規範起業家は、規範目的の達成に不可欠な重要な諸国―規範主導国(norm leaders)―に「国際規範候補アイデア」の遵守を説得する。規範主導国が「国際規範候補アイデア」を受容すると臨界点(tipping point)に達し、第二段階へと突入する。第二段階では、規範主導国が、他の諸国に規範追随国(norm followers)となるよう圧力をかける。すなわち、各国を社会化(socialization)することによって、各国は次々に国際規範を遵守するようになる、すなわち、国際規範が拡散するようになる。そして最終段階に位置づけられる第三段階では、国際規範の内面化が起こる。国際規範は「当たり前さ」を獲得し、規範に関する政治的論争はなくなる「脱政治化」状態に至る。この内面化の段階では、大部分の諸国が国際規範に無意識に従うようになり、国際規範の遵守が慣行化する。そのとき、国家内部では、多くの場合、国際規範を遵守することをルーチン化する法律や行政作業手続きが確立している[7]。

　国際規範は必ずしも内面化の段階に到達することはないものの、国際規範がこのライフサイクルをたどる過程は、国際社会の秩序原理を体現する国際規範が、国際社会の構成員である国家に浸透し、国家を「社会化」(socialization)していく過程であると考える[8]。社会化が進展する過程で見られるのは、国家が国際規範を遵守する原理が、「結果の論理」(logic of consequentialism)から「適切性の論理」(logic of appropriateness)へシフトすることである。結果の論理とは、国家の利得構造は変化しないまま、国際規範の遵守が結果的に国益に適うという論理である。これに対し、適切性の論理とは、国家が共同体構成員としてのアイデンティティを体得したことで、国家の利得構造自体が変化し、国際規範の遵守自体が適切であると考えるようになる論理である。第二段階では、国家の多くは、結果の論理に基づいて、国際規範を遵守するが、第三段階になると、適切性の論理に基づいて、国際規範を遵守するようになるという[9]。

　このように、国際規範の動態とは、国家が社会化される過程、あるいは社

会が国家を社会の構成員として組み込む過程でもある。国際規範の動態を検討することで、国家が国際規範を遵守し、秩序が維持されるようになる過程とメカニズムを明らかにすることができる。国家が安定的に国際規範を遵守するようになる内面化の段階にはどうしたら到達するのか。国家が国際規範を内面化したとき、その国家の置かれた状況や、利益、文化などはどのようなものだったか。そのときの国内外の政治アクターの立場や活動はどうだったか。国家行動の論理が、結果の論理から適切性の論理へとどのように移行したのか、またそれはなぜか。国際規範に関する議論は、これらの諸点をめぐって、展開されてきたのである。

2. 2つの規範起業家

　第1節で述べたように、国際開発協力枠組みを分析概念にするために用いる国際規範という概念は、ラショナリストのいうアイデアやレジームとは異なる国際社会観に基づき、アイデアが集合的アイデアに成長していく過程自体を考察対象としている。それゆえ、国際規範という概念は国際社会が国際開発協力に関する望ましい行動基準を模索し続ける過程を捉えるのに、適していると考えられるのである。

　しかし、国際開発協力枠組みは、多くの国際規範研究が扱ってきた対象とは、いくつもの点で違いが見られる。そのうちの一つは、規範起業家と国際規範の数である。先行研究では、一つの争点領域においては、単数の（あるいは立場を同じくする複数の）規範起業家が、一つの国際規範を作成すると考えた。これに対し、国際開発分野においては、世銀と国連（とその専門機関）という主要な規範起業家が2つ誕生し、その規範起業家の性格を投影させた対照的な国際開発規範[10]が多数作成されてきたことである。

　そこで、本節では、第二次世界大戦終結後、世銀と国連（とその専門機関）がどのように誕生したのか、そしてそれらの機関は、どのような「国際開発規範候補アイデア」あるいは国際開発規範を作成するようになったのか、

について述べることにする。

（1）市場主義が根を下ろした世銀

　第二次世界大戦後、紛れもない超大国となり、国際秩序再建に重責を担うことになったアメリカには、まだ国際開発協力という発想自体がなかった。古くから、国際社会において、国家間での物資や資金の移転が行われてきたことは知られているが、それらはいずれも他国の経済成長や貧困削減を目的とした継続的な支援ではない。あくまでも経済成長や貧困削減は国内問題であり、諸外国が干渉すべき問題ではないと考えられてきたからである。この常識ともいえる考え方に揺さぶりをかけたのが、2度にわたる世界大戦であった。世界大戦は国家間の相互依存性への認識を高め、アメリカ国内においても、キリスト教団体やボランティア団体を始めとして、途上国の置かれた悲惨な経済社会状況の改善に向けた支援を訴える声が出始めた。しかし、この時点においても、途上国支援はあくまでも慈善の範囲において行われるべきものであり、政府が外交政策として国民の税金を投入して対応すべき問題であるとは認識されていなかった。

　戦後国際秩序構想においても、途上国経済開発は議題に上ることすらなかった。世銀の設立構想も、途上国経済開発とは全く異なる、国際金融安定化という文脈で生まれたものであった。アメリカ財務省通貨研究局のエコノミストであった、ハリー・D・ホワイト（Harry Dexter White）は、戦後の復興開発に必要な資金需要を満たすには、民間投資家が活発に投資活動を行う必要があると考えていた。しかし同時に、民間投資家に完全に依存することは危険であり、民間投資家が安全にかつ積極的に資本を国際社会に流すことができるよう、民間投資を保証し、民間投資を補完するための融資を行う公的機関の必要性を確信していたのであった[11]。

　ホワイトが必要性を確信した、民間投資保証および民間投資補完融資を行う公的機関こそ、後の世界銀行である。このホワイトの世銀構想は、様々な制約を加えられたものの、その原案に基づく形で、第二次世界大戦終結を目前に控えた1944年、世銀は設立されることになった。世銀の設立協定では、

世銀の活動目的を、(1) 生産的目的の資本投資を促進すること、(2) 民間投資を促進すること、(3) 国際貿易の長期的拡大および収支均衡を促すことと定めている[12]。世銀の設立協定からわかる通り、世銀は市場主義に基づいて創設され、あくまでも自由な経済活動を通じて、諸外国の経済発展を支援することを目的としていた。そして世銀の活動として具体的に想定されたのが、戦後ヨーロッパ諸国の復興支援であった。今日、世界最大の国際開発援助機関となった世銀であるが、そもそも途上国の経済開発を支援する機関として設立されたわけではなかったのである。

その上、世銀は活動を軌道に乗せる過程で、アメリカ政財界の力に頼らざるをえず、結果として、民間銀行と同等の健全性を強調せざるをえなくなった。前代未聞の国境を越えた公的な資本投資機関に対する各国の態度は冷ややかであり、世銀は活動資金の調達に大いに苦慮することになった。そこで、世銀が考えたのは、各国に資金を拠出するインセンティブを与えるために、各加盟国が出資金に比例して投票権を得られる加重投票制を採用することであった[13]。そして、世銀は、アメリカ政府の積極的な支持と協力を得るために、本部をワシントンに置き、専務理事を常勤とし、アメリカの政治的影響力が世銀に恒常的におよぶようにした[14]。しかし、アメリカを始めとする各国からの支援を得るために世銀がとった対応は、世銀をめぐる複雑な政治的環境をつくり上げ、アメリカ財界からの協力をより一層遠ざけることになってしまった。世銀の対応が裏目に出たために、当時、実質的に唯一の活動資金源であったアメリカ金融市場から資金を調達することもできなくなった[15]。その上、初代総裁メイヤー(Eugene Meyer)が創業に失敗し[16]、世銀は債券販売も融資もできず、もはや存続すら危ぶまれる状況に陥った。そこで、世銀の再建は、第二代総裁に就任したマックロイ(John J. McCloy)に託されることになった。アメリカ金融界とつながりの深いマックロイは、世銀をめぐる複雑な政治環境から、活動の非政治性を保ち、健全な融資活動が展開できるよう、総裁に権限を集中させることを条件に、総裁に就任した。アメリカ金融界から世銀の活動に理解と協力を得て活動を軌道に乗せるために、マックロイ総裁は、自らの知己でありアメリカ金融界を代表する人物を、世銀の運営

に参画させた[17]。そして民間投資家に世銀債を購入してもらえるよう、世銀の活動を民間投資家にとって魅力あるものにする必要から、非政治性を保つよう留意し、アメリカの商業的利益の増大が見込まれるインフラ整備に対する融資活動を展開していくことになった。

その後、マーシャル・プランを契機に、世銀はその活動を戦後復興支援から国際開発支援にシフトさせるが、銀行としての性格は温存されることになる。世銀は、国際開発機関となった後も、アメリカ政財界に浸透している市場主義に基づき、銀行としての健全な運営を基本方針とした。そのため、世銀の組織綱領には、「民間投資促進による経済成長」が記載されたまま「経済成長の促進を通じた途上国経済発展および貧困削減」が目指されることになった。また、歴代総裁にはアメリカ人が就任し、アメリカ政府と関係の深いエコノミストがそのブレインをつとめ、アメリカ政府の意向に反する融資活動を実行することは難しかった。世銀はこれまでに幾度となく機構改革や政策の見直しを行い、今では巨大な国際開発機関としてすっかり成長を遂げたが、それでもなおアメリカ政財界に浸透した市場主義が世銀から消えることはないのである。

つまり、世銀は、国際開発融資のために設立された機関でもなく、いわば場当たり的に国際開発融資機関になった後も、その銀行としての性格を払拭せず、途上国のニーズを満たすには力不足といわざるを得なかったのである。

（2）技術援助に特化せざるを得なかった国連

他方、国連は第二次世界大戦が終結した1945年、国際社会の平和と繁栄のための国際協力機関として創設された。主権平等原則のもとに、国連総会は一国一票制が採用され、国連総会決議には、国連加盟国の多数を占める途上国の意見が反映されやすくなった。国際社会における経済社会問題を討議する経済社会理事会（ECOSOC）も、総会での選挙を経て選出される54の各理事国がそれぞれ1票ずつの投票権をもち、決議を行う。理事国には多数の途上国も選出され、国連総会決議と同様に、ECOSOCの決議にも途上国の見解が反映されている。

国際社会の平和と繁栄を目的として設立された国連ではあったが、設立当初は、活動目的に途上国に対する経済開発支援を掲げていたわけではなかった。途上国の経済開発支援に関しては、世界保健機関（WHO）、国連食糧農業機関（FAO）、国連児童基金（UNICEF）、国連教育科学文化機関（UNESCO）、国際労働機関（ILO）などの国連専門諸機関が、独自に各分野の技術援助活動を展開するだけであった。ILOは1919年に国際連盟の一機関として設立され、後に国連専門機関となった。FAOとUNESCOは1945年に、UNICEFは1946年に、WHOは1948年に、それぞれ国連専門機関として設立された。これら国連専門機関においては、途上国を含め各国出身者がそれらの歴代総裁の地位に就いている。これらの専門機関はアメリカの資金に大幅に依存するようなことはなく、各国からのわずかな出資金を基盤に、今日まで国際社会に生きる人々のニーズを充足するべく地道な活動を続けている。

　その一方で、国連の設立当初より専門機関のみならず、国連本体も途上国の経済開発協力に乗り出すべきであるという強い要望が多数の途上国から出されていた。1946年の第1回国連総会、1947年の第4回ECOSOC会合において、多数の途上国が経済開発の必要性を訴えた。国連憲章の精神に則るものであるがゆえに、国連が途上国の経済開発援助に取り組むことを要求したのである。その結果、1948年の第3回国連総会では、国連が低開発国の経済開発と生活水準向上に乗り出すという総会決議198（III）と、国連が途上国経済開発のために技術援助を行うことを規定した総会決議200（III）が採択された[18]。

　その後、国連では特定分野の援助活動を個々に行うのではなく、包括的な経済開発問題に取り組む開発援助機関の設立をめぐってたびたび議論が盛り上がることになる。

　その議論はまず1940年代末に盛り上がった。1949年7月、経済開発小委員会（SED）の議長をつとめる、インド出身のラオ（V. K. R. V. Rao）は、「民間資本を利用できない開発プロジェクトに融資し、低開発国の開発プログラムの準備を後押しし、技術援助を調整し、多くの国境にまたがるプロジェクトを促進するような国際機関がない[19]」と述べ、国連経済開発局（UNEDA）の設

立を要求した。しかしアメリカも世銀もUNEDA創設案に強く反対し、その代わりに技術援助を調整し、拡大するというより控えめな提案がなされ、総会決議304(Ⅳ)によって、拡大技術援助計画（EPTA）が設立されることになった。そのEPTA局長には、経済問題担当国連事務総長補佐を前職とするイギリス人のデービッド・オーウェン（David Owen）が就任し、EPTA設立を契機に、国連本体が途上国に対し技術援助を継続的に行っていくことになった[20]。

　1950年代半ばになると、その議論は形を変えて再燃した。今度は、小規模な技術援助ではなく、大規模な資本援助を行う機関を創設しようという強い要望が途上国側から出されたのである。そこで国連も資本援助に乗り出すべく、総額約3億ドルに上る、国連経済開発特別基金（SUNFED）を新設する動きが加速することになった。しかし途上国側の影響力が拡大するとの懸念から、最大出資国のアメリカとイギリスがSUNFEDの創設に強く反対した。その結果、SUNFEDの創設は見送られることになり、その代わりにEPTAの資金規模が大幅に拡大され、1959年には、途上国の経済社会的インフラ開発を促進するために資金援助を行う、資金規模の小さな特別基金（SF）が創設された。このSFの専務理事には、マーシャル・プランの最高責任者であったポール・ホフマン（Paul G. Hoffman）が就任することになった[21]。

　1965年には、SFがEPTAを吸収する形で、国連開発計画（UNDP）が誕生し、その初代総裁にはSF専務理事だったポール・ホフマンが、その副総裁にはEPTA局長だったオーウェンが就任した[22]。その後もUNDP総裁には、1999年にマーロック・ブラウン（M. Malloch Brown）が非アメリカ人として初めて就任するまでは、アメリカ人がその地位を占めた[23]。アメリカはそれまで主に活動資金の拠出を通じて、国連開発機関の設立および活動に影響を与えてきたが、それに加え、SF専務理事およびUNDP総裁の地位にアメリカ人を据えることで、活動に直接、間接の影響をおよぼすことを試みたと考えられる。

　この統合の狙いは、長年EPTAとSFにより別々に行われてきた活動を合理化することであり、国連専門機関により行われている数種類の技術協力を調整することであった。そのため、UNDPは国連の開発援助活動の中核的機関と位置づけられ、産業発展を含む、経済開発の最重要問題を解決する途上国

の国家努力を支援し補完することが、役割として課せられた[24]。

しかしそのような期待は実現しなかった。1969年、ジャクソン報告が、分権化された国連の開発システムを統合し、調整するべく、機構改革の必要性を訴えると[25]、それ以降、たびたび、機構改革案が提唱されるようになった。しかしそれらの改革案はどれも、「化粧直し」以上の成果を上げることができないまま今日に至っている[26]。国連諸機関の開発援助活動の規模は、予算規模の僅少さおよび財源確保の不安定性から、世銀や二国間ドナーと比べて大幅に制限されざるを得ないが、その発言や活動は国際社会の理想を体現するものとして、国際社会の注目を集めてきた。特に、1995年に、UNDPが技術訓練と技術協力を、国連プロジェクト・サービス機関（UNOPS）に移譲してからは、UNDPは高度な助言勧告にその軸足を移した。UNDPはプロジェクトの実施よりも政策支援と助言を行うという点に比較優位があり、その点に自らの役割を特化し知的貢献を行うことで、存在意義を発揮している[27]。

つまり、国連は、途上国の発言力の増大を恐れたアメリカにより、UNEDAやSUNFED創設の動きを阻まれ、小規模の技術援助を分散的に行うことしかできなかった。しかし、今日では技術援助に特化してきた特性を生かし、国際社会の弱者のニーズを汲み取り、その実現のために政策提言をするという国際社会の理想を象徴する機関となったのである。

（3）国際開発規範の対極化

このように、第二次世界大戦の終結直後にはまだ、国際開発協力という考え方が誕生しておらず、世銀も国連も国際開発協力を目的として設立されたわけではなかったのである。世銀は国際金融安定化のための公的投資機関として設立され、アメリカ財界の協力を仰ぐために、市場原理に則った健全な融資政策を打ち出し、銀行としての性格を強めることになった。世銀が途上国に対して開発融資を行う機関になった後も、銀行という特性は残存し、資本投下により経済成長を促進している。これに対し、国連は設立直後から、分野ごとに小規模の技術援助を行う専門機関を抱えることになったが、途上国からの要望を受け、国連本体も包括的な経済開発に乗り出していくことに

なった。国連は、たびたび、資本援助と技術援助の両方を行うことができる開発援助機関を国連内部に発足させようとし、そのたびに失敗してきた。それは、新機関発足に不可欠なアメリカの支持と協力が得られなかったためである。アメリカは自らの政治的影響力を行使しやすい世銀のもとでの国際開発協力を好む傾向にあり、また途上国の影響力拡大に対する懸念から、国連のもとでの開発援助機関の新設を好まず、十分な資金を提供することを拒んだ。その結果、国連は国際開発協力に不可欠な資本援助と技術援助のうち、技術援助のみを細々と行う機関しかつくることができなかった。しかし、国連は今日ではその特性を生かした技術援助や貧困削減に関する政策提言を行う機関として存在意義を発揮している。

　現在に至っては、世銀と国連は紛れもない国際開発機関であるが、世銀と国連の設立および発展の経緯をみることで、国際社会には国際開発協力を体系的に行う国際機関がつくられてこなかったことがわかる。現在、国際開発協力には資本も技術も必要であることは常識である。資本がなければ技術を生み出すことはできないし、技術がなければ資本を生かすこともできない。したがって、資本投下によって目指される経済成長と、技術援助によって目指される貧困削減も、相互補完的な関係にある。経済成長なくして貧困削減は実現できず、貧困削減なくして経済成長は意味をもたないのである。それゆえ、効果的かつ効率的に国際開発協力を進めるためには、資本と技術の両方を移転し、経済成長と貧困削減をともに目指すことが不可欠なのである。にもかかわらず、資本投下による経済成長促進を専門とする機関と、技術移転により貧困削減を進めることを専門とする機関が別々に存在することになっている。

　その結果、世銀と国連は対照的な性格をもつ主要な規範起業家となり、国際開発協力に関する二大潮流を生み出し、両者のアプローチや言論が対極的に捉えられる傾向を生んでしまったのである。

　では、世銀と国連は主要な規範起業家として、具体的にどのような国際開発規範を生み出してきたのであろうか。表1-1は、国際開発規範の作成に結びつく、世銀と国連の特色と活動についてまとめたものである。世銀および

表 1-1：主要な規範起業家の特色と規範

	世銀	国連（とその専門機関）
アメリカの影響力	政治的、財政的、人材的に大	設立当初は、財政的に大
活動目的	国際経済格差是正および途上国貧困問題解決→目的規範	
組織綱領	対外民間投資促進 →経済成長を優先 →成長アプローチ規範（以下、成長規範）	国際社会の平和と繁栄 →貧困削減を優先 →貧困アプローチ規範（以下、貧困規範）
スローガン	資本投下、構造調整、ガバナンス、PRSP など →スローガン規範	技術移転、BHN、人間開発、MDGs など →スローガン規範

出典）筆者作成。

　国連は、国際社会を構成する大部分の国家が加盟する国際機関であり、その活動目的は国際社会を構成する大部分の国家によって承認されていると考えらえる。それゆえ、世銀および国連の活動目的である、「国際経済格差是正や貧困削減のための国際協力促進」は、国際社会が国家に期待する行動基準であり、すなわち国際開発規範とみなすことができる。これは目的に関する規範であるため、本研究では「目的規範」と呼ぶことにしたい。

　また世銀と国連の組織綱領は、国際開発協力の促進という目的のために具体的にどのような活動方針、すなわちアプローチをとるかを定めており、これはアプローチに関する国際規範、「アプローチ規範」とみなすことができる。しかし、世銀と国連のアプローチが異なるので、対照的なアプローチが生み出されることになってしまった。世銀は対外民間投資促進を目的とするという組織綱領をもち、経済成長を優先する、「成長促進アプローチ規範」（以下、成長規範）を提唱する。これに対し、国連は、国際社会の平和と繁栄を目的とするという組織綱領における人道的配慮に基づいて、貧困削減を優先する、「貧困削減アプローチ規範」（以下、貧困規範）を掲げる。

　そして世銀も国連もそれぞれのアプローチに依拠する形で、多数のスローガンを作成し、毎年のように、報告書、宣言、決議を通じて、国際社会に訴えてきた。これらスローガンもまた、国際社会が各国に望む行動基準に他な

らず、「スローガン規範」とみなすことができるのである。世銀の作成してきたスローガンには、民間投資促進による経済成長、貧困撲滅、成長を伴う再分配、構造調整、ガバナンス、貧困削減戦略書（PRSP）などがある。これに対し、国連の作成してきたスローガンには、技術援助による生活水準向上、人間の基本的ニーズ（BHN）、人間開発、ミレニアム開発目標（MDGs）などがある。これらはすべて「スローガン規範」に相当するものとみなすことができる[28]。

つまり、国際開発規範として、役割の異なる、目的規範、2つのアプローチ規範、多数のスローガン規範が存在すると考えることができる。そして、目的規範以外は、その規範をつくり出した規範起業家の性格に応じて、すべて対極的な性格をもつものとして捉えられるようになるのである。

3．対極的な国際開発規範の循環的優越

国際開発協力分野においては、他の多くの分野と異なり、世銀と国連という2つの対照的な性格をもつ主要な規範起業家が存在し、彼らのアプローチ規範とスローガン規範は、対極的な存在として位置づけられることになった。そのため、早い段階で、目的規範が当たり前さを確保し、脱政治化した後、2種類の対極的な国際開発規範は、循環的な優越を繰り返し、段階的に発展を遂げるという動態をたどることになった。

本節では、なぜ2種類の対極的な国際開発規範が、循環的な優越を繰り返すことになったのか、その結果たどることになった段階的な発展過程とはどのようなものか、また時期ごとに性格の異なる国際開発規範をどのような分析概念とするのかを述べることにしたい。

（1）集合的期待の振り子運動的移行

世銀と国連の対照的な性格は、相互に不信感や対抗意識を生じさせた。国連が世銀に対し、国連の専門機関になるよう打診したときから、世銀は国連

とは別々の道を歩むつもりでいることを表明している。また、世銀と国連は設立直後から、互いの政策に対して批判的な言動をとってきた。国連のECOSOCは、世銀の開発融資における融資水準はあまりにも低く、その融資条件は厳しすぎると考えていた。これに対し、世銀は国連が国際融資の現実に盲目で、世銀のウォール・ストリートでの立場を危険にさらすことになる、などといった批判を展開していた[29]。

　世銀と国連の立場の違いは、図1-2のようにやがて自らのアプローチ規範の相対的優越性をめぐる競合に発展した。世銀と国連は目的規範を共有しながらも、いかに自らのアプローチ規範がより適切なのかを訴えるべく、相次いで様々なスローガン規範を作成した。そして規範主導国の役割を果たす援助大国アメリカが、アプローチ規範とスローガン規範を法制度化すると、他の援助国もそれら規範を法制度化し、国際社会にそれら規範は拡散した。つまり、規範主導国となるアメリカによって法制度化された方の規範が、相対的優位性を確立することになった。そこで、世銀と国連はアメリカによる自らの規範の法制度化を求めて、次々により魅力的なスローガン規範を打ち出そうとしてきたのである。このような世銀と国連の競合は、成長規範と貧困

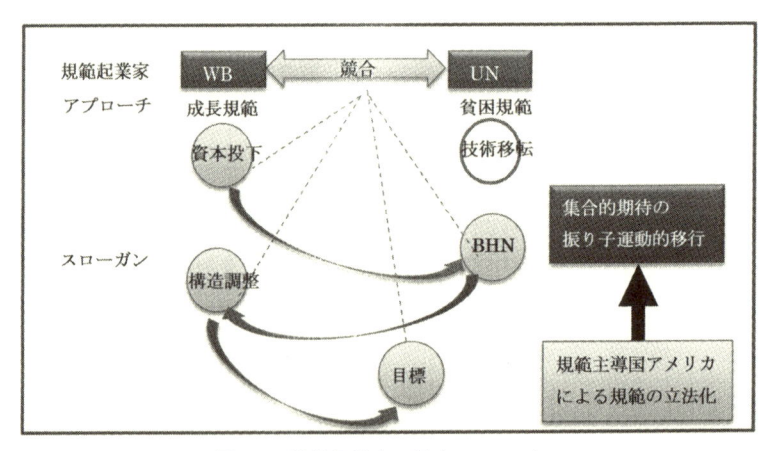

図1-2：規範起業家の競合メカニズム

出典）筆者作成。

規範の関係を、ますます対極的なものとして位置づけることになっていった。

　この成長規範と貧困規範の対極的な位置づけは、不幸にも、国際開発協力に望ましくない影響を与えることとなった。先に述べたように、国際開発協力には経済成長も貧困削減も不可欠であり、経済成長の促進を優先課題とする成長規範と貧困削減を優先課題とする貧困規範は、本来、相互補完的に捉えられるべきものである。言い換えれば、成長規範と貧困規範はそれ自体ではどちらも不完全なアプローチ規範ということになる。そのため、相対的優越性を認められたどちらか一方のアプローチ規範だけに依拠する形で国際開発協力を行うなら、それはどちらであっても活動は失敗に終わることになる。この国際開発協力の失敗に関する情報は、国際開発協力に従事する人々から、各国の学者や専門家へと吸い上げられ、各国を代表する専門家からなるコミュニティにおいて、依拠したアプローチ規範に対する失望が高まっていく。そしてその一方のアプローチ規範に対する失望は、対極に位置づけられたもう一方のアプローチ規範に対する希望へと一気に転じることになる。しかしその他方のアプローチ規範にのみ依拠した国際開発協力もまた、めざましい成果を上げることができず、依拠したアプローチ規範に対する失望となり、……というように、国際開発協力は失敗を繰り返すことになるのである。

　このように、国際開発協力に不可欠なアプローチ規範が２つに分離され、対極的なものとして位置づけられるようになったことこそが、成長規範と貧困規範の循環的な優越を生み出すメカニズムであるといえる。各国を代表する専門家からなるコミュニティにおける集合的な期待は、まるで振り子のように、一方の極から他方の極へと一気に揺れ動く。その結果、成長規範と貧困規範が交互に優越性を確保することになるのである[30]。

　そしてそのアプローチ規範の優越性を決定づける、あるいは象徴する役割を担うのがスローガン規範である。規範起業家は、学問の理論的発展や開発協力経験の蓄積や新たな状況の現出などを踏まえ、既存の行動原則を見直し、新たな行動原則をつくり出す。そしてその新たな行動原則が、幅広い支持を得られるよう、より魅力的なスローガン規範の形にして、提唱するのである。スローガン規範は、それが出される時代特有の雰囲気やニーズに応えようと

するものであるという点で、時代性を色濃く映す。しかし、国際開発協力政策の失敗や新しい開発問題の登場などにより、時代のニーズに合わなくなると、そのスローガン規範は役割、すなわちライフサイクルを終える。

つまり、アプローチ規範の優越性を保てる期間と、スローガン規範の生存期間は一致しており、各時期の国際開発規範を、その時期に優越していたアプローチ規範とその時代を象徴するスローガン規範を束ねた「複合規範」[31]として捉えることができる。それゆえ、対極的に位置づけられたアプローチ規範が循環的に優越してきたことは、このような複合規範としての国際開発規範を複数生み出してきたことを意味するのである。

（２）段階的発展を描く動態と４つの国際開発規範

では実際に、成長規範と貧困規範は、その時代を象徴するスローガン規範を伴いながら、どのように循環的優越を繰り返してきたのか。その結果生み出された国際開発規範とはどのようなものだったのか。

①成長規範（資本投下）[32]

途上国の経済開発が重要な論点として経済学に登場するようになったのは、1940年代後半のことである。当時、途上国経済は先進工業国経済と構造的に異なっており、両者の間の経済格差は拡大傾向にあると考えられていた。このような考え方は「構造主義」と呼ばれた。アメリカを中心とする先進諸国は、この構造主義理論に依拠して、途上国が経済発展するためには資本需要を満たす必要がある、そのために国際協力が必要である、と考えるようになった[33]。

そういった中で、世銀や国連（とその専門機関）が創設され、それらは国際開発規範、すなわち目的規範、成長規範、貧困規範を生み出した。当時を象徴する世銀側のスローガン規範には、世銀の組織綱領である「民間投資促進による経済成長」や、それに関連して提唱されるようになった「資本投下」などが該当する。それゆえ世銀は成長規範（資本投下）を生み出したことになる[34]。また同時期に国連によって生み出されたスローガン規範に

は、国連総会決議として採択された、低開発国の経済開発と生活水準向上に対する支援（198（III））と、低開発国の経済開発のための技術援助供与（200（III））などが相当する。それゆえ国連は貧困規範（技術移転）を生み出したことになる[35]。

　成長規範（資本投下）と貧困規範（技術移転）がほぼ同時に生み出されながらも、アメリカは貧困規範（技術移転）を法制度化せず、目的規範および成長規範（資本投下）だけを法制度化した[36]。その後しばらくして、目的規範の方は、当たり前さを増し、脱政治化する。他方、成長規範（資本投下）の方は、1950年にアメリカによって法制度化されたものの、1950年代にはなかなか国際社会に拡散しなかった。しかし1960年代に入り、ケネディ政権期のアメリカによって再び成長規範（資本投下）が法制度化されると、一気に拡散が進む。第二世銀といわれる国際開発協会（IDA）や地域開発銀行や開発援助委員会（DAC）などの国際機関に加え、各援助国の対外援助機関が次々に設立され、これら諸機関によって成長規範（資本投下）が実行されるようになった。制度化は行為の継続を確保する措置であり、成長規範（資本投下）は多くの先進諸国において「内面化」されたと考えられる[37]。

②貧困規範（BHN）
　しかし1960年代後半になると、構造主義理論に基づく国際開発協力が実を結ばないことが、誰の目にも明らかになってきた。途上国の経済成長率は伸び悩み、国内の貧困問題や経済格差の問題は未解決のままであった。そこで構造主義理論を批判する中から、新しい開発理論として改良主義が生み出されることになった。
　改良主義は、大規模な資本投下や工業化の恩恵が、途上国の貧困層に「滴り落ちる」(trickle down) という期待は幻想であると指摘する。そして途上国の人々の生活を向上させ、貧困を削減するためには、BHNを充足することによって、「下からの開発」(bottom up) を目指さなければならないと主張する[38]。
　こうした開発理論上の動向をなぞるように、それまで優越性を保ってきた

成長規範（資本投下）の妥当性に疑問が投げかけられ、今度はBHNという新たなスローガンとともに、貧困規範（BHN）が優越するようになる。改良主義を生み出し、貧困規範（BHN）の優越を主導したのは、成長規範（資本投下）の優越の影で、地味ながら着実に発展を遂げてきた国連とその専門機関であった[39]。

　まず先陣を切ったのはILOである。ILOは、雇用志向開発戦略や成長からの再分配戦略を打ち出した。そして、その動きに触発されるかのように、世銀も国連も貧困規範（BHN）に基づいて、新たなスローガン規範を相次いで作成した。世銀は「絶対的な貧困の撲滅」や「成長を伴う再分配」などのスローガン規範を打ち出し、国連側は雇用や教育や保健などのBHNに該当するスローガン規範を改めて強調する形になった[40]。

　そしてニクソン政権期のアメリカが、貧困規範（BHN）を立法化すると、貧困規範（BHN）が各国際機関や援助国に拡散し、各援助主体は次々に貧困規範（BHN）の立法化やそれに伴う制度改革など、貧困規範（BHN）の「内面化」を進めた[41]。

③成長規範（構造調整）

　1970年代後半にさしかかると、途上国の累積債務問題が顕在化し、途上国国民の生活よりも国際金融システムの破綻への対処が最優先されるべきであるという考え方が一気に強まる。そういった状況下で、改良主義に替わって台頭してきたのは、新古典派経済学である。新古典派経済学は、途上国でも先進国と同様に、市場が機能するにもかかわらず、政府が過剰あるいは不適切な市場介入をしたことによって、資源配分の歪みが生じ、経済発展に失敗したという議論を展開した。こういった新古典派理論の圧倒的な優勢を前に、貧困規範（BHN）はたちまちにしてその優位を失ってしまう[42]。

　こういった状況下で、1979年、世銀は新古典派理論を厳格に体現する構造調整融資を開始するようになった。その融資条件として被援助国に、規制緩和や民営化などの市場自由化を実現するための大幅な政策変更を求めた。この政策変更の要請は、その必要性に関して、ワシントンを本拠とするアメリ

カ政府、世銀、国際通貨基金（IMF）が揃って合意したことから、「ワシントン・コンセンサス」と呼ばれている[43]。この世銀の構造調整融資は、アメリカ政府と新古典派理論学者を味方につけ、当時の国際社会において大きな影響力をもつことになった[44]。

　これはすなわち、成長規範の復活である。しかし成長規範（資本投下）と異なるのは、成長規範（構造調整）は単純に資本投下を助長するのではなく、資本投下を有意義にするために、被援助国の構造の変革を要求するという点である。

　しかし、この成長規範（構造調整）は、アメリカの後ろ盾を得たものの、アメリカは成長規範（構造調整）を対外援助政策の骨格を決める授権法として法制度化せず、多くの援助国が追随するところとはならなかった。

④貧困規範（目標）

　しかしながら、1980年代後半になっても累積債務問題や貧困問題が解決されなかったために、隆盛を誇った新古典派理論とそれに基づく成長規範（構造調整）は、各方面から激しい批判を受けることになった[45]。

　アカデミズムにおいては、新制度学派と潜在能力アプローチが興隆する。新制度学派とは、途上国で市場メカニズムを機能させるためには適切な国内制度が不可欠であると考える立場である[46]。潜在能力アプローチとは、国内総生産（GDP）によってではなく、人間の自由度によって豊かさを測定するという考え方である[47]。両者はアプローチこそ異なるものの、これまでの新古典派の厳格なまでの市場主義に対する代替的なアプローチとなっている。

　1990年に、UNDPが『人間開発報告』を刊行すると、潜在能力アプローチに基づいて作成された「人間開発」概念は大きな影響力をもち、それまで経済指標一辺倒であった開発の定義が見直しを迫られることになった。また同時に、人間開発のためには、人々の自由を奪う貧困を削減することが、最重要課題であるとする認識が広まった。

　このような国際社会における貧困削減を重点化する流れを受けて、世銀もUNDPを中心とした成長規範（構造調整）批判に耳を傾けるようになる。世

銀は「グッド・ガバナンス[48]」や「開発における国家の役割[49]」などを提唱する一方で、貧困削減を最重要課題に掲げ、貧困削減のための具体的な戦略をつくり出すなど、従来の大型インフラ整備を支援する機関から、BHNを充足し、貧困削減を直接的な目的とする開発機関へと転換を図ろうとした[50]。

1990年代後半、貧困削減の重点化の流れはさらに加速し、開発の最終目標として貧困削減を位置づける動きが見られるようになってきた。DACは世界の貧困を半減させることなどを国際開発目標（IDTs）として掲げた。国連はこのIDTsをもとに、ミレニアム開発目標（MDGs）を作成した。世銀は貧困削減戦略書（PRSP）を導入し、大多数の国に援助計画の指針として活用されるようになった[51]。こうして貧困規範（開発の最終目標としての貧困削減；以下、目標)[52]が誕生した。

そして、G・W・ブッシュ政権期のアメリカによって、貧困規範（目標）が法制度化されたことによって、貧困規範（目標）は国際社会に拡散し、貧困規範（目標）の「内面化」が進んできたのである。

この貧困規範（目標）は、1960年代後半に登場した貧困規範（BHN）と、貧困削減の位置づけの点で大きく異なっている。貧困規範（BHN）はあくまでも途上国経済発展のための手段として、BHN充足援助を位置づけていた。それに対し、貧困規範（目標）においては、「開発の最終目標としての貧困削減」という、いわば、究極の目的として貧困削減を位置づけている。それによって、従来の成長規範と貧困規範の双方を、最終目標達成に不可欠で、相互補完的なアプローチとみなすことになったのである[53]。

これまで見てきたように、目的規範が脱政治化した後、成長規範と貧困規範は、その時代を象徴するスローガン規範を伴いながら、2回ずつ交互に優越性を確保した。その結果、図1-3のように、成長規範（資本投下）、貧困規範（BHN）、成長規範（構造調整）、貧困規範（目標）という、4つの国際開発規範が登場することになった。各国際開発規範が登場する背景に、国際開発協力における経験の蓄積や学問の発展があった事実に照らすなら、国際開発規範が次々に登場するということは、総体としての国際開発規範が修正を加えられながら、段階的に発展していることを示す。つまり国際開発規範の動

第1章 国際開発規範 59

```
世銀+国連 ┤ 目的規範     目的規範    脱政治化

世銀     ┤ 成長規範(資本投下) ──→ 成長規範(構造調整) ──→ 貧困規範(目標**)
アプローチ規範+
スローガン規範
国連     ┤ 貧困規範(技術移転) ─── 貧困規範(BHN) ───→

         1940年代後半  1960年代後半  1970年代後半  1990年代後半
```

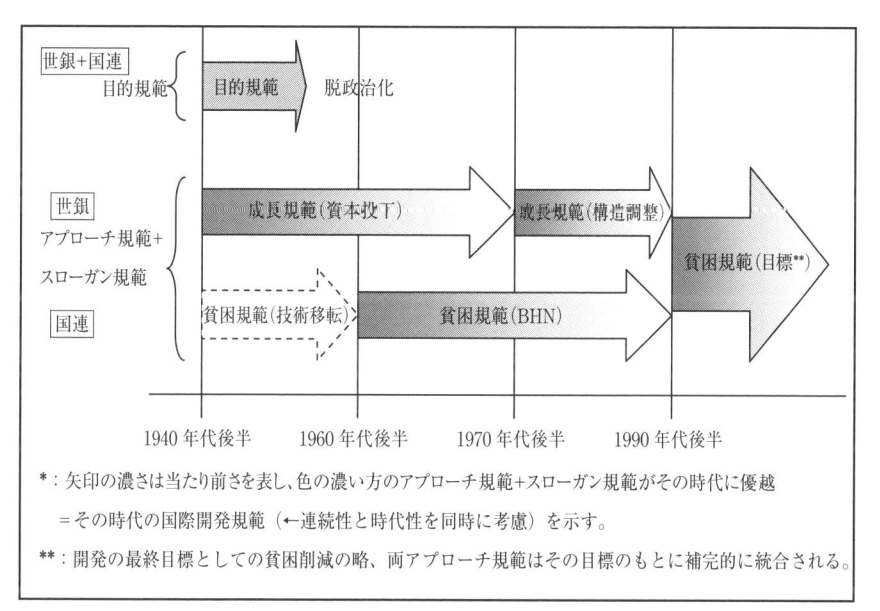

*：矢印の濃さは当たり前さを表し、色の濃い方のアプローチ規範+スローガン規範がその時代に優越
　＝その時代の国際開発規範（←連続性と時代性を同時に考慮）を示す。
**：開発の最終目標としての貧困削減の略、両アプローチ規範はその目標のもとに補完的に統合される。

図1-3：国際開発規範の動態

出典）筆者作成。

態とは、ライフサイクルとは対照的に、国際開発協力を促進するという基本的な方向性を変えることなく、そのためのよりよい方法や具体的な行動原則をめぐって改良が重ねられ、段階的に発展し続ける過程なのである。

　これら4つの国際開発規範は、それらの存在している期間の中で、当たり前さの水準に変動がみられ、国家行動に与える影響力は一定であったとはいえない。しかし、大雑把に見て、これら4つの国際開発規範はそれらが存在していた時期に、国家行動にそれなりの影響を与えてきたと考えることができる。そこで本書では、4つの国際開発規範を、各時期の国家行動変化を検討するための分析概念として扱うことにする。

4．国際開発規範の実質的内面化

　本章は、ここまで、分析概念としての国際開発規範の精緻化に努めてきた。そこで、本節は、この国際開発規範が国家行動に与えた影響を実証的に検討するには、どうしたらよいのかを論じることにしたい。

　まず、国際開発規範が国家行動に与えた影響を測定するためには、何を指標にすればよいのかについて述べる。一般的な国際規範の場合と対比させ、国際開発規範においては、どのような状況をもって国家に対する影響が確認されるのか、その際の指標とは何であるべきかについて説明する。

　次に、国際開発規範の実行程度の増大をもたらす国家行動の変化とは何かについて論じる。具体的には、国際規範と国際開発規範の内面化のメカニズムの違い、そして国際開発規範の内面化には必ずしも実行が伴わず、形式的な性格にとどまる可能性があること、さらに国際開発規範の実行程度の増大をもたらす国際開発規範の実質的内面化を検討対象とすべきことを述べるものである。

（1）指標となる実行程度

　一般的に、国際規範が国家行動に影響を与えたという場合、その影響はどのようにして確認されるのか。前述の通り、国際規範とは、国際社会がアクターに期待する行動基準である。国際規範が提示されると、アクターは国際規範を遵守しなくてはならないと認識し、しぶしぶ国際規範を遵守する。国際規範を遵守することで国家の評判が高まり、国益に適うから、あるいは、国際規範を遵守しないと社会的制裁を被るから、などといった「結果の論理」に基づいて、国家は国際規範を遵守する。しかし次第に国際規範の当たり前さが増すと、国家は国際規範を遵守することが適切であると考えるようになり、いわば「適切性の論理」に基づいて、国際規範を遵守するようになる。その時点では、国家が国際規範を遵守することがルーチン化しており、多くの場合、国家は国際規範を法制度化している。コンストラクティビスト

は、このような状況を、国家が国際規範を内面化しているという。それゆえ、国際規範が国家行動に影響を与えたということは、国家が国際規範を遵守する際の論理の変化や、国家が国際規範の遵守をルーチン化していること、あるいはルーティン化をもたらす国際規範の法制度化によって確認される。たとえば、女性参政権の実現という国際規範の場合、女性参政権の立法化が一つのメルクマールとして用いられるのである。

では、国際開発規範が国家に影響を与えたという場合、その影響はどのようにしたら確認されるのか。世界各国には深刻な貧困問題が数えきれないほど存在している。また国際的な経済格差は是正しがたいほど大きい。将来的には、世界中の貧困問題が解決し、国際的な経済格差がなくなることが望ましいが、それらを指標として、パフォーマンスの善し悪しを判断するのは適当ではない。そもそも貧困問題も国際的な経済格差も、容易に解決できる問題ではないからである。そのため、現実的には、国際開発規範の実効性は、貧困問題解決および国際経済格差の是正に向けた国際協力、すなわち国際開発協力の程度が増進されたことによって確認されるべきであろう。

しかし、多くの国際規範と異なり、国際開発規範はその遵守がルーティン化しても、国際開発協力の増進にはつながらない。なぜなら、国際開発規範は国際開発協力を増進させるための行動原則としては不完全だからである。国際開発規範とは、国際開発協力を望ましいとする目的規範、そのためにどんなアプローチをとるべきかという2つのアプローチ規範—成長規範と貧困規範—、そしてアプローチ規範をより魅力的にアピールするスローガン規範から構成される。これらはどれも具体的な行動原則でもなく、数値目標を掲げることもなく、国家行動に対する拘束力をもつ条約のような形態もとっていない。このような曖昧な国際開発規範は、各国から高い水準の国際開発協力を引き出すことが難しい。国際開発規範の場合、低い水準のまま、国際開発規範に従った行動を取り続けることではなく、国際開発規範に従って協力行動を増進させていくことを目指すべきなのである。

国際開発規範に従って協力行動を増進させていくということは、国際開発規範の実行規模を増大させることを意味する。本書は、国際開発規範の実行

規模を測定するために、国際開発規範を構成する諸規範の中で、アプローチ規範に着目することにしたい。アプローチ規範は各時期の国際開発規範を貫き、目的規範ほど曖昧すぎず、スローガン規範よりずっと長い間存続し、長期間のデータも得やすいからである。そして、アプローチ規範による実行規模の増大とは、成長規範や貧困規範を実行することになるプロジェクト実施件数を増やし、そのための予算や人員の投入量を増やしていくことである。つまり、国際開発規範に従って協力を増進させるということは、同じレベルの国際開発協力を継続することではなく、国際開発協力に積極的に取り組んでいくようになることとする。

さらに、本書では、この国際開発規範の実行規模を、成長規範や貧困規範を実行することになるプロジェクト予算のODA総額に占める比率で測定するものとする。本来ならば、成長規範や貧困規範を実行することになるプロジェクトの予算総額によって測られるべきだが、物価変動も激しいことから、実額によっては変化を測定できない。そのため、プロジェクト予算総額に代わり、その比率とすることで、物価変動に関係なく、長期間の値を比較できるようになる。それに何よりも、各国の規範に対する重要性の認識も、規範実行の相対的な水準も比率に表れるので、比率は実行規模を測定する指標として、大雑把ではあるが、適切であると考えられる。そして本書は、相対的な比率を測定するため、「規範の実行規模」ではなく、「規範の実行程度」と表記することにする[54]。

具体的な指標としては、各国政府が経済開発協力機構（OECD）に公式に報告するデータを用いることにする。OECDのデータは、各国が援助プロジェクトの実質的な内容に基づき、OECDが提示する統一的なカテゴリーに再分類し、申告した数値である。OECDのデータに依拠することで、各国の時期的な対外援助費目のばらつきとは無関係に、各国の長期的な行動変化を検討できるようになることに加え、国際比較も可能になると考えられるのである。

具体的には、成長規範の実行程度は、OECDデータ内の、ODA総額に占める経済インフラ予算総額の比率によって測定することにする。経済インフラ援助とは、ダムや港湾や道路などの大型インフラ整備を支援するものであ

る。大型インフラ整備の支援は、被援助国の工業発展に不可欠であり、経済成長の促進を念頭において行われるものなので、成長規範の実行に相当すると考えられるからである。

　貧困規範の実行程度は、OECDデータ内の、ODA総額に占める社会インフラ予算総額の比率によって、測定することにする。社会インフラ援助とは、いわゆる技術援助に相当するものである。実際、技術援助のカテゴリーには、初等教育、基礎医療から行政支援まで様々な内容の援助が含まれるため、一概に、社会インフラ援助の規模が、その援助国の貧困規範に対する関心の高さを示すとは言い切れない[55]。初等教育、基礎医療などに対する支出と、高等教育や最先端研究に対する支出とでは、前者の方が貧困規範に対する高い関心を示すにもかかわらず、支出は低く抑えられる。そのため、社会インフラ援助に対する配分比率が増大したからといって、必ずしも貧困規範の実行程度が増大したということはできない。しかし、本書は、各国の成長規範と貧困規範の実行程度を大雑把ながら概観することを目的としており、ここでは細部の議論に立ち入ることはしない。それに何より、貧困規範に対する関心が高まらなければ、社会インフラ援助は行われないのである。そのため、社会インフラ援助に対する配分比率は、援助国の貧困規範に対する関心の高さを示す指標として十分機能しうるものである。

（2）実質的内面化

　では、国際開発規範の実行程度を増大させる国家行動の変化とは、具体的に何に相当するのだろうか。

　多くの国際規範の場合、国際規範の内面化は国際規範の動態の最終段階で発生するものであり、内面化に至る国家行動の変化が検討課題とされる。国家が国際規範を内面化していく過程とは、国家が国際規範を適切だと考え、国際規範を遵守することをルーチン化していく過程である。国家は初期段階では、国益に適うから国際規範を遵守する、という結果の論理に基づいて国際規範を遵守する。しかし次第に国際規範を遵守すること自体が適切であると考え、適切性の論理に基づいて国際規範を遵守するようになり、国際規範

の遵守をルーチン化する。そのとき、国内では、国際規範の遵守をルーチン化する、国際条約の批准や国内法や制度の成立が確認されることが多い。そのため、国際規範の遵守をルーチン化する国際規範の法制度化によって、国際規範の内面化を確認できると考えられている。つまり、国際規範の内面化とは、結果の論理に基づいて国際規範を遵守する状況から、適切性の論理に基づいて国際規範を遵守する状況に移行することである。またこのような認識上の変化が生じるのと同時に、国際規範の遵守が繰り返されることで、国際規範の遵守がルーチン化するという、行動上の変化も伴っている。そして、内面化の証左として、国際規範の法制度化が確認されるという。

これに対し、国際開発規範の場合、国際規範の遵守をルーチン化したことの結果として、国際規範の法制度化が行われるわけではない。そのため、国際規範を遵守する論理が、結果の論理から適切性の論理に移行するという認識レベルの変化も起こらないまま、法制度化がなされていると考えられる。

実際に、各国は早い段階から、国際開発規範を比較的頻繁にかつ容易に法制度化してきた。たとえば、アメリカは、1950年国際開発法、1961年対外援助法、1973年対外援助法、2003年ミレニアム挑戦法の4回にわたり、国際開発規範を立法化してきた。また、国際開発規範を実行する対外援助機関として、1950年に技術協力局（TCA）、1951年に相互安全保障庁（MSA）、1953年に対外活動局（FOA）、1955年に国際協力局（ICA）、1961年に国際開発庁（USAID）、2004年にミレニアム挑戦公社（MCC）を設立し、その他にも様々な機構改編を行ってきた。USAID自体の機構改革も1973年以来、たびたび行われ、新部局の設立や統廃合まで含めるなら、数え切れないほどの機構改革がなされてきたのである。

アメリカ以外の先進諸国においても、1960年以降、国際開発規範を実行するための法律や組織の成立がなされるようになった。主な対外援助機関の設立状況だけをみても、1960年には、カナダがカナダ対外援助事務局、1961年には、フランスと西ドイツがそれぞれ経済協力省、日本が海外経済協力基金（OECF）、1962年には、ベルギーが開発協力事務局、ノルウェーが国際開発庁、日本が海外技術協力事業団（OTCA）、1964年には、イギリスが海外開

発省 (ODM)、1965年には、スウェーデンが国際開発機構 (SIDA) を設立している[56]。

またこれら諸国は、新たな国際開発規範が登場するのを契機に、既存の対外援助機関に修正を加える形で、新たな国際開発規範の制度化を行ってきたと考えられる。カナダは、1968年になると、1960年に設立したカナダ対外援助事務局を廃止し、国際開発庁 (CIDA) を設立した。日本は、1962年に設立した海外技術協力事業団 (OTCA) や他の事業団等を統合して、1974年、国際協力事業団 (JICA) を設立した。イギリスは、1964年に設立したODMを、1970年には海外開発庁 (ODA) として外務・英連邦省の一外局に編入する。しかし1974年にODAはODMとして独立させられるが、1979年には再び外務・英連邦省の一外局に編入され、ODAに戻っている。その後、1997年には、イギリスはODAをイギリス国際開発省 (DFID) に改組し、機能強化を図っているのである[57]。

しかしながら、各国における国際開発規範を実行する法律や組織の成立は、国際開発規範の実行程度の増大の結果として生じたわけでも、法制度化が国際開発規範の実行程度を増大させたわけでもない。以下の2つの図（図1-4, 5）からは、DAC諸国が国際開発規範を実行する法制度化をたびたび行ってきたにもかかわらず、国際開発規範の実行程度を増大させてきたとはいえない状況が浮かび上がる。

図1-4は、DAC諸国が、1960年から2004年までの間に、ODA総額を約2.5倍に増大させたことを示している。しかし、DAC諸国のODA総額の増加の背景には、DAC加盟国の増加やDAC諸国自体の経済成長がある上、DAC諸国全体でODA総額を2.5倍増大させるのに40年間もかかった事実は、様々な国際開発規範の内面化が十分な実効性を伴うものであったかどうかを疑わせる。

さらに、図1-5は、DAC諸国のODA対GNI比の減少傾向を示しており、DAC諸国による国際開発規範の内面化が実効性を伴わなかったのではないかとの疑いをより一層強める。1960年に0.52％であったODA対GNI比は、2000年に0.22％で底を打つまで減少し続けた。2004年までには0.26％に

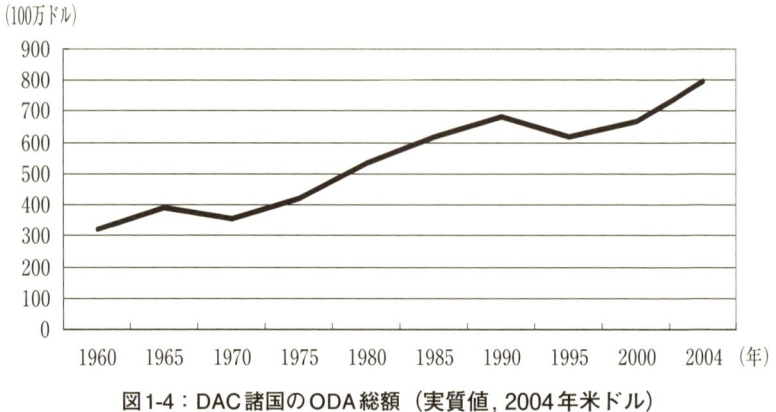

図1-4：DAC諸国のODA総額（実質値，2004年米ドル）

出典）OECD, "Net ODA from DAC countries from 1950 to 2004, " *Statistical Annex of the Development Cooperation Report,* より筆者作成。(http://www.oecd.org/dataoecd/43/24/1894385.xls, accessed on April 12, 2006)

注）実質値への変換には OECD, "Deflators for Resource Flows from DAC Countries (2004=100) ," ibid を用いた。(http://www.oecd.org/dataoecd/43/43/34980655.xls, accessed on April 12, 2006)

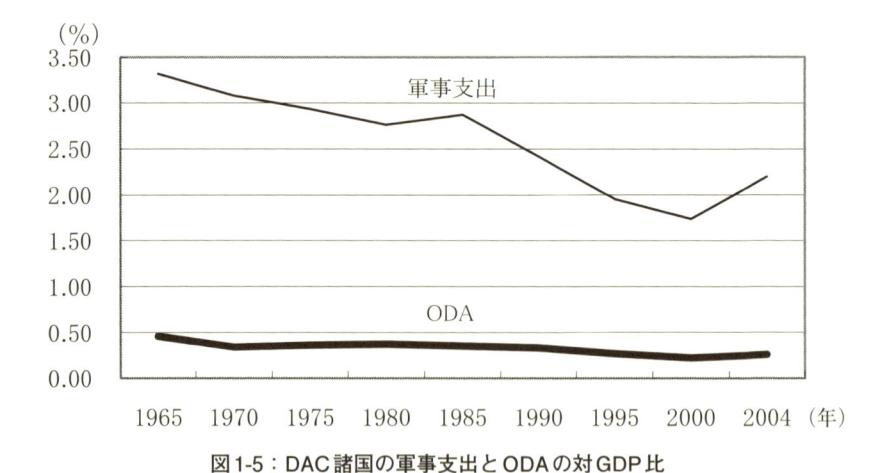

図1-5：DAC諸国の軍事支出とODAの対GDP比

出典）SIPRI, *SIPRI Yearbook,* various years；DAC, *Development Co-operation,* various years、より筆者作成。
注）2000年のODA比率データは対GNI比率。

盛り返したものの、DAC諸国の国際開発協力に対する態度は消極的になってきたといえる。そしてこの0.26％という値は、1970年に国連総会で採択された第二次国連開発計画におけるODAの対GNP比0.7％の目標値を大幅

に下回っているのみならず、冷戦が終結した今日のDAC諸国の軍事支出対GDP比2.20％と比べても8分の1程度にすぎないのである。図1-4、5から読み取れるのは、各国は自国の利益に貢献すると考えられるものに関しては積極的に資金を投入する一方で、自国の利益に直結しないものに資金を投入することは難しく、国際開発規範を内面化しながらも、国際開発協力に対して消極的な態度を取り続けてきたことである。つまり、国際開発規範の内面化は、十分な実効性を伴っていたとはとうてい言うことができないのである。

要するに、国際開発規範の法制度化は、他の多くの国際規範の内面化とは意味合いが異なることがわかる。国際規範の内面化に相当する法制度化は、国際規範の遵守のルーチン化の結果として生じるものであり、実効性が伴うことを想定できる。これに対し、国際開発規範の法制度化は、国際規範遵守のルーチン化の結果として生じたわけではなく、国際開発規範の実効性を欠くことになった。それゆえ、全般的に、国際開発規範の内面化は「形式的内面化」にとどまってきたということができる。

このように、国際開発規範の内面化が形式的なものにとどまってしまうのは、国際開発規範の性質に一因が求められる。国際開発規範は、明確な行動基準や具体的な数値目標を欠き、国際開発協力を実質的に促進させることになる国家行動を導く行動原則として十分な体裁を整えているとはいえない。そのため、望ましい行動原則というだけで、明確な負担や義務についての規定を欠き、国際開発規範の法制度化がなされても、必ずしも国際開発協力促進につながるわけではなく、実効性を伴わない内面化、すなわち、「形式的内面化」が起こりうるのである。

また、各国が国際開発規範の法制度化を、パフォーマンスとして活用してきたという事実も無視できない。国際開発規範を実行する法律や組織をたびたび成立させたり、改革したりすることによって、国家が積極的に国際開発規範を実行するイメージを国内外に与えられる。しかも、どの国にとっても、ODA予算は国家予算全体からみて僅少であり、政府内におけるODA管轄省庁の地位も高くなく、担当職員数も多くない。また、部局の新設や既存の部局の改名など、その多くは省庁内部の配置転換の形を取るため大幅な予算増

にもならず、国民の支持を得る必要もほとんどない。国際開発規範の法制度化は、実に手軽でコスト・パフォーマンスのよいイメージ戦略なのである。

　国際開発規範の法制度化が、形式的内面化にとどまる場合、国際開発規範の実行程度を増大させることにはならない。なぜなら国際開発規範の実行を伴わないのだから、実行程度の増大など望むべくもないからである。

　それゆえ、国際開発規範に関しては、その実行程度の増大につながる「実質的内面化」にこそ到達すべき目標であると考えられる。形式的内面化が、国際規範を十分実行するに足る法制度化となっていなかったのに対し、実質的内面化とは、国際規範を十分実行するに足る法制度化を実現することである。具体的には、国際規範を確実に実行できると考えられる具体的な法規定を備え、十分に予算が割りあてられ、十分な機能と権限をもつ実施機関の配備を可能にする法律の成立を指す。これらのすべてを揃える必要はないものの、国際規範が十分に実行されるであろうと人々が信じるに足る法制度化がなされることが必要となる。というのは、そういった法律が成立することで、国際規範が確実に実行されることに対する人々の期待が高まり、その法律の運用過程で、予算の増大傾向がみられると予測されるからである。

　以上のことから、国際開発規範が国家行動に与えた影響を実証的に検討するには、「実質的内面化」に至る国家行動を検討すべきことが結論づけられるのである。

5．アメリカと国際開発規範

　本書は、国際開発協力の進展に向け、国家が国際開発規範の実行程度を増大させる政治過程を明らかにすることを目的とし、その分析対象としてアメリカを選択する。アメリカは援助超大国であり、各国の援助動向にも少なからぬ影響を与えていると考えられる。そのため、アメリカを事例として選択することは、今後の国際援助共同体の展開を予測することにもつながる。

　また、アメリカは、国際規範の動向を左右する規範主導国の役割を実質的

第1章　国際開発規範　69

表 1-2：主要DAC諸国ODA配分上位5カ国

	デンマーク	ノルウェー	スウェーデン	フランス	日本	アメリカ
1983 | 1984	インド	タンザニア	タンザニア	仏領ポリネシア	中国	イスラエル
	タンザニア	バングラデシュ	ヴェトナム	ニューカレドニア	インドネシア	エジプト
	バングラデシュ	ケニア	インド	モロッコ	タイ	エルサルバドル
	ケニア	インド	モザンビーク	コートジボワール	マレーシア	バングラデシュ
	モザンビーク	モザンビーク	スリランカ	セネガル	フィリピン	トルコ
1993 | 1994	タンザニア	モザンビーク	インド	コートジボワール	中国	イスラエル
	ウガンダ	タンザニア	モザンビーク	カメルーン	インドネシア	エジプト
	ベトナム	ザンビア	タンザニア	ニューカレドニア	エジプト	エルサルバドル
	インド	バングラデシュ	旧ユーゴスラビア	エジプト	フィリピン	ソマリア
	モザンビーク	旧ユーゴスラビア	エチオピア	仏領ポリネシア	インド	ハイチ
2003 | 2004	タンザニア	アフガニスタン	コンゴ民主共和国	コンゴ民主共和国	中国	イラク
	ベトナム	タンザニア	タンザニア	セネガル	インドネシア	コンゴ民主共和国
	モザンビーク	モザンビーク	モザンビーク	カメルーン	フィリピン	エジプト
	ウガンダ	パレスチナ	アフガニスタン	マダガスカル	タイ	ヨルダン
	ガーナ	スーダン	エチオピア	モロッコ	インド	アフガニスタン

出典）DAC, *Development Co-operation* (2005), table 32、より筆者作成。

に果たしており、国際規範の動態を検討するにあたって、興味深い事例である。本来、国際社会を構成する構成員のすべてが、国際規範の拡散と「内面化」に関与しており、国際規範の地位の変動に影響を与えている。しかし、小国の場合、国際規範の地位の変動にどれだけ影響を与えているのかわかりにくい。それゆえ、小国は国際規範を法制度化することで、その国際規範を拡散させること、およびその地位を向上させることに影響を与えているにもかかわらず、その国際規範からどれほど影響を受けているかという側面ばか

りが関心を集めてしまう。これに対して、大国、特に規範主導国の場合、国際規範の拡散と受容の両面にわたって検討しやすくなる。規範主導国は自らも国際規範を法制度化するなど、国際規範を受容する立場であると同時に、国際規範の拡散にも大きな影響を与える。それゆえ、規範主導国を中心として、国際規範の拡散、内面化を検討することによって、アクターと構造が相互に構成し合うという構成主義の観点から、国際規範の動態を明らかにすることができるのである。

　しかしアメリカを事例として選択する理由はそれだけではない。国際開発規範の実行程度という点から見たときに、アメリカは興味深い事例であるということがいえるのである。

　本節は、DAC主要国のうち、北欧諸国としてデンマーク、ノルウェー、スウェーデンの3カ国、および援助大国としてフランス、日本、アメリカの3カ国を取り上げ、各国の国際開発規範の実行状況に関する検討を加えた上で、事例としてのアメリカの特徴を述べることにする。

　まず、DAC主要国の特徴を確認するために、表1-2をみてみたい。表1-2は、各国のODA配分上位5カ国の変遷をまとめたものであり、各国がODA

表1-3：主要DAC諸国ODA対GNI比・総額　（単位：百万米ドル、実質値2003＝100）

		デンマーク	ノルウェー	スウェーデン	フランス	日本	アメリカ
ODA 対GNI比	1983-84	0.79%	1.06%	0.82%	0.59%	0.33%	0.24%
	1993-94	1.03%	1.03%	0.97%	0.62%	0.28%	0.15%
	2003-04	0.84%	0.90%	0.79%	0.41%	0.19%	0.16%
ODA 総額	1983-84	1,079	1,156	1,524	6,669	8,832	13,392
	1993-94	1,641	1,477	2,009	8,980	10,194	11,900
	2003-04	1,784	2,012	2,425	7,408	8,689	17,815

出典）DAC, *Development Co-operation* (2005), table 9 より、筆者作成。

において何を重視しているかを表している。北欧諸国は揃って、南サハラや南・中央アジアの後発開発途上国（LDCs）に対して重点的にODAを配分している。これに対し、フランスは旧植民地諸国に、日本は商業的結びつきが強い極東アジアおよび南・中央アジア諸国に、アメリカはイスラエル、エジプトといった中東諸国、近年ではイラク・アフガニスタンに重点的にODAを配分している。このことから、北欧諸国は貧困削減を重視し、援助大国は国益を優先するという傾向があることがわかる。

　この一般的な傾向は、各国の国際開発規範の実行程度においても、ある程度表れていることがわかる。表1-3は、各国のODA対GNI比およびODA総額の変遷をまとめたものであり、これらの数値は、各国が国際開発規範を全体としてどの程度実行してきたのかを示している。1983-84年の時点から、北欧諸国のODA対GNI比は1％前後に達し、もともと良好なパフォーマンスをとってきた。それに加え、2003-2004年時点の北欧諸国のODA総額は、1983-1984年時点のおよそ1.5～2倍にまで増加しており、これら諸国が国際開発規範を積極的に実行しようとしてきたことがわかる。これに対し、援助大国3カ国は、ODA対GNI比をこの20年間の間に軒並み低下させている。フランスが0.59％から0.41％へ、日本が0.33％から0.19％へ、アメリカが0.24％から0.16％へと、もともと良好とはいえないパフォーマンスではあったが、この20年間で、援助大国のパフォーマンスはさらに悪化したとい

表1-4：主要DAC諸国ODA目的別配分比率

		デンマーク	ノルウェー	スウェーデン	フランス	日本	アメリカ
経済インフラ	1983～1984	26.2%	25.6%	10.0%	16.2%	35.4%	4.7%
	2003～2004	17.6%	8.1%	7.9%	5.6%	26.2%	11.6%
社会・行政インフラ	1983～1984	17.6%	27.2%	19.3%	50.6%	22.3%	19.3%
	2003～2004	42.5%	42.2%	33.6%	31.3%	20.6%	39.5%

出典）DAC, *Development Co-operation* (2005), table18 より、筆者作成。

える。しかしODA総額に目を転じてみると、援助大国間のパフォーマンスに開きが生じていることがわかる。フランスと日本のODA総額はほぼ横ばいであるのに対し、アメリカのODA総額は、1993-1994年から2003-2004年の10年間に1.5倍近く増大し、ODA対GNI比に表れるには至っていないが、パフォーマンスの改善が見られる。近年のアメリカは援助大国の中にあっても、また主要国の中でも、例外的に、国際開発規範の実行程度を増大するようになったことがわかる。

では、各国の成長規範と貧困規範の実行程度には違いがみられるのだろうか。表1-4は、各国の成長規範の実行程度を示す、ODAにおける経済インフラ比率と、貧困規範の実行程度を示す、社会・行政インフラ比率の変遷をまとめたものである。アメリカ以外の5カ国すべてが、この20年間に、ODAにおける経済インフラ比率を低下させ、成長規範の実行程度を低減させていることがわかる。1983-1984年時点から、経済インフラ比率が最も高い日本も、その比率の減少幅は小さいとはいえ、例外ではない。これに対し、アメリカはもともと経済インフラ比率が低く、2003-2004年時点においても11.6％と決して多くはないが、1983-1984年時点と比べると倍増しており、成長規範を大幅に実行するようになってきていることがわかる。

その一方で、貧困規範の実行程度を表すODAにおける社会・行政インフラ比率は、1983-84年時点で、50％に達しているフランスを除き、北欧諸国も援助大国も20％と大差はない。しかし2003-04年になると、各国の動向に違いが出る。援助大国フランスはその比率を50.6％から31.3％へ、日本もまた22.3％から20.6％へと減少させた一方で、北欧諸国のデンマーク、ノルウェーはその比率を40％以上に、スウェーデンは33.6％、そして援助大国アメリカも39.5％にまで増加させた。

これらのことから、北欧諸国は貧困規範を実行する程度が相対的に大きいこと、フランスと日本は成長規範も貧困規範も実行しないこと、そしてアメリカは成長規範も貧困規範も、その実行程度を倍増させていることがわかる。

総じていうなら、もともと貧困削減を重視する北欧諸国は、貧困規範を相対的に積極的に実行し、全体的なパフォーマンスもよい。これに対し、もと

もと国益を重視する援助大国は、成長規範、貧困規範の実行にともに消極的であり、全体的なパフォーマンスも劣る。しかし近年のアメリカは、援助大国の傾向に反し、成長規範、貧困規範ともに積極的に実行するようになり、全体的なパフォーマンスも改善してきたことがわかる。援助大国でありながらアメリカは、近年、国際開発規範の実行程度を大幅に増大させるようになったという点で、実に興味深い事例ということができるのである。このように、国益を最優先し、当初、貧困削減に消極的であったアメリカが、近年、国際開発規範、特に貧困規範の実行程度をどのように増大させるようになったのか。国際開発規範の実行を期待されなかったアメリカが、ある時点から実行程度を漸増させるようになった政治過程を明らかにすることは、国際規範の実行が期待できない事例分析への応用につながることが期待できるのである。

注

1 Goldstein, Judith, and Robert O. Keohane eds., *Ideas and Foreign Policy: Beliefs, Institutions, and Political Change*, Ithaca and London; Cornell University Press, 1993；濱田顕介「構成主義・世界政体論の台頭－観念的要素の(再)導入－」河野勝・竹中治堅編『アクセス国際政治経済論』日本経済評論社、2003年、43-46頁。

2 Onuf, Nicholas Greenwood, *World of Our Making: Rules and Rule in Social Theory and International Relations*, Columbia, S.C.; University of South Carolina Press, 1989; Ruggie, John Gerard, *Constructing the World Polity: Essays on International Institutionalization*, London, New York; Routledge, 1998; Wendt, Alexander, *Social Theory of International Politics*, Cambridge; Cambridge University Press, 1999.

3 序章注1参照のこと。

4 濱田、前掲書、49-51頁；大矢根聡「コンストラクティヴィズムの視座と分析－規範の衝突・調整の実証的分析へ－」『国際政治』第143号、2005年、126頁。

5 大矢根、前掲書、126、131頁。

6 大矢根、前掲書、127頁。

7 Finnemore, Martha and Kathryn Sikkink, "International Norm Dynamics and Political Change," *International Organization*, Vol.52, No.4, Autumn 1998, pp. 895-905.

8 Alderson, Kai, "Making Sense of State Socialization," *Review of International Studies*, Vol.27, No.3, 2001, p.417.

9 Risse, Thomas, "Let's Argue!: Communicative Action in World Politics," *International Organization*, Vol. 54, No.1, Winter 2000, p.3; Risse, Thomas, and Kathryn Sikkink, "The Socialization of International Human Rights Norms into Domestic Practice," in Risse, Thomas, Stephen C. Ropp, and Kathryn Sikkink, *The Power of Human Rights: International Norms and Domestic Change*, Cambridge; Cambridge University Press, 1999, pp.11-17.

10 詳しくは、後述するが、規範起業家のアイデアの中には、国際社会の多くの構成員からの支持を集められず、規範とならないものも存在する。また国際社会の多くの構成員からの支持を集める途中段階にあるアイデアは、正確には、「近い将来規範になる可能性のあるアイデア」という意味で「規範候補アイデア」ということになるが「規範」ではない。ということは、規範起業家のアイデアは、「規範候補アイデア」である場合も「規範」である場合もあることを意味する。しかし記述の煩雑さを避けるため、以下では、規範起業家のアイデアに対する支持の程度にかかわらず、すべて「規範」と表記する。

11 Oliver, Robert W., *Early Plans for a World Bank*, Princeton; Princeton University Press, 1971, p.4, 23, 49; Gwin, Catherine, *U.S. Relations with the World Bank 1945-1992*, Washington, D.C.; Brookings Institution, 1994, p.3.

12 IBRD, *IBRD Articles of Agreement: Article I*, http://web.worldbank.org/WBSITE/EXTERNAL/EXTABOUTUS/0,,contentMDK:20049563~pagePK:43912~menuPK:58863~piPK:36602,00.html#I1, Accessed on March 30, 2007.

13 Oliver, *op.cit.*, p.27.

14 Gwin, *op.cit.*, p.4.

15 *Ibid.*, pp.5-6; Mason, Edward S., and Robert E. Asher, *The World Bank since Bretton Woods*, Washington, D.C.; The Brookings Institution, 1973, p.49.

16 *Ibid.*, pp.41-42.

17 *Ibid.*, p.49; Gwin, *op.cit.*, pp.5-6.

18 田所昌幸『国連財政－予算から見た国連の実像－』有斐閣、1996年、202頁。

19 Rao, V. K. R. V., "An International Development Authority," *India Quarterly*, Vol.8, July-September, 1952, pp.236-269；本間雅美『世界銀行と南北問題』同文舘、2000年、100-102頁。

20 Lumsdaine, David H., *Moral Vision in International Politics: The Foreign Aid Regime 1949-1989*, Princeton, NJ; Princeton University Press, 1993, pp.234-236; UNDP, *UNDP News; 50 Years of Cooperation and Partnership*, 2001；本間、前掲書、100-104頁、田所、前掲書、202-203頁。

21 Lumsdaine, *op.cit.*; UNDP, *op.cit.*; 田所、前掲書、205-209頁。

22 田所、前掲書、209頁。

23　UNDP, *op.cit.*
24　United Nations, *General Assembly Resolutions*, 2029(XX).
25　United Nations, *General Assembly Resolutions*, 2688(XXV).
26　Bertrand, Doris, Joint Inspection Unit, United Nations, *Some Measures to Improve Overall Performance of the United Nations System at the Country Level, Part I: A Short History of United Nations Perform in Development*, Geneva, 2005; Magarinos, Carlos A., *Economic Development and UN Reform: Towards a Common Agenda for Action: A Proposal in the Context of the Millennium Development Goals*, UNIDO, 2005, http://www.unido.org/un-reform-book, Accessed on June 5, 2006.
27　秋山スザンヌ「主要国際機関の援助動向—世界銀行の近年の動向」秋山孝允・近藤正規編著『モンテレー会議の世界のODAの変動』FASID、2003年、74-75頁。
28　スローガン規範の着想は、以下の文献の「流行のスローガンのようなもの」という表現から得た。秋山孝允他著、速水祐次郎監修『開発戦略と世界銀行—50年の歩みと展望—』(以下、『世界銀行』)知泉書館、2003年、137頁。具体的なスローガンとしては、世銀の設立協定と世銀の各種報告書で掲げられたスローガン、国連総会決議200(III)、304(IV)、305(IV)と各種報告書で掲げられたスローガン、そして以下の文献を参考にした。西垣昭他『開発援助の経済学—「共生の世界」と日本のODA—(第三版)』有斐閣、2003年、第2章、第3章；秋山他、前掲『世界銀行』、第3章、第4章、第7章；秋山孝允・近藤正規「概観」秋山孝允・近藤正規編著『モンテレー会議の世界のODAの変動』FASID、2003年；絵所秀紀「国際機関と開発思想の変遷(上)」(以下、国際機関(上))『労働法律旬報』No.1503、2001年、44-50頁；絵所秀紀「国際機関と開発思想の変遷(下)」(以下、国際機関(下))『労働法律旬報』No.1504、2001年、60-64頁。
29　Mason and Asher, *op.cit.*, p.561.
30　対立的な2つのアプローチの間を、集合的期待が振り子運動的に移行するという着想は以下より得た。秋山他、前掲『世界銀行』137頁。
31　序章の注26を参照のこと。
32　本書では、これまでに登場した国際開発規範を、優越性を確保していたアプローチ規範とその時代を象徴するスローガン規範を束ねた複合規範であると捉えるため、「アプローチ規範(スローガン規範)」のように表記することにする。
33　構造主義時代、低開発は資本不足であると考えられ、対外援助として資本投下することで、被援助国の資本不足を補うことができると考えられていた。大規模なインフラ整備プロジェクトに対する資本投下によって被援助国のGNPは増大し、その恩恵が国民全体に行きわたると考えられ、後に、「トリクル・ダウン」(trickle down)とも呼ばれるようになった。Arndt, H. W., *Economic Development:*

The History of an Idea, Chicago; The University of Chicago Press, 1987, pp.54-60; Degnbol-Martinussen, John, translated by Mrie Bille, *AID: Understanding International Development Cooperation*, London and New York; Zed Books Ltd., 2003, pp.44-45；絵所秀紀『開発の政治経済学』(以下、『政治経済学』)、日本評論社、1997年、47頁；秋山他、前掲『世界銀行』29-32頁。

34 IBRD, *op.cit.*; 秋山他、前掲『世界銀行』170頁。
35 United Nations, *General Assembly Resolution*, 200(III), 304(IV), 305(IV); Jolly, Richard, et al., *UN Contributions to Development Thinking and Practice*, Bloomington and Indianapolis; Indiana University Press, 2004, pp.68-73. 第3章にて詳述するが、当時はまだ、世銀も国連も独自に規範候補アイデアを作成しているとは言えなかった。しかしその後、世銀の組織綱領が拡散したことや、国連総会決議が正統性をもつ行動原則として取り扱われたことを考慮し、後年つくられた規範と同様に、成長規範(資本投下)、貧困規範(技術移転)というように表記する。
36 詳しくは、本書第3章にて述べる。
37 Lumsdaine, *op.cit.*, pp.236-244.
38 絵所、前掲『政治経済学』98頁；西垣他、前掲、51-52頁；秋山他、前掲『世界銀行』43-45頁；Arndt, *op.cit.*, pp.100-106; Degnbol-Martinussen, *op.cit.* pp.45-47, Jolly, *op.cit.* pp.112-121, Lumsdaine, *op.cit.* pp.248-249.
39 絵所、前掲「国際機関(上)」46頁。
40 絵所、前掲『政治経済学』99-106頁；絵所、前掲「国際機関(上)」46-47頁。
41 西垣他、前掲、52-54頁。
42 絵所、前掲『政治経済学』89-90頁。
43 秋山他、前掲『世界銀行』53-55、59-60頁；西垣他、前掲、55-60頁、Degnbol-Martinussen, *op.cit.* pp.47-48.
44 絵所、前掲「国際機関(上)」49-50頁；絵所、前掲『政治経済学』148-149頁。
45 絵所、前掲『政治経済学』127-131頁；絵所、前掲「国際機関(下)」60-62頁；秋山他、前掲『世界銀行』36、62-64頁。
46 秋山他、前掲『世界銀行』46-49頁；絵所、前掲『政治経済学』第4章第2節。
47 秋山他、前掲『世界銀行』49-52頁；絵所、前掲『政治経済学』第4章第4節；絵所、前掲「国際機関(下)」63頁。
48 International Bank for Reconstruction and Development, *Sub-Saharan Africa: From Crisis to Sustainable Growth: a Long-term Perspective Study*, Washington, D.C.: World Bank, 1989；大野泉『世界銀行―開発援助戦略の変革―』NTT出版、2000年、132頁。
49 世界銀行『世界開発報告1997―開発における国家の役割―』東洋経済新報社、1997年；大野、前掲、134-138頁。

50 秋山他、前掲『世界銀行』62-67, 77-82頁。
51 秋山他、前掲『世界銀行』65-66頁；Jolly, *op.cit.*, pp.305-307.
52 序章注25参照のこと。
53 石川滋「貧困削減か成長促進か―国際的な援助政策の見直しと途上国―」『日本学士院紀要』第56巻、2号、2002年1月、1-3頁；秋山他、前掲『世界銀行』139-140頁。ただし、以下では、成長促進と貧困削減の相互補完性が認められながら、貧困削減が偏重傾向にあることが指摘されている。秋山・近藤、前掲、9-10頁。
54 長期的変化を論じることを目的としている箇所は、成長規範および貧困規範の実行程度と表記するものの、第3章、第4章、第5五章では、各時期に法制度化された優越規範との相関関係をよりよく認識してもらうため、アプローチ規範(スローガン規範)の実行程度と表記する。
55 実際の効果に対する疑問は、以下を参照のこと。佐藤眞理子『アメリカの教育開発援助―理念と現実―』明石書店、2005年。
56 スティーブン・ブラウン著、安田靖訳『国際援助―歴史、理論、仕組みと実際―』東洋経済新報社、1993年、43-52頁。
57 同書、43-52頁；大野純一・立入政之「報告　主要援助国・機関の動向について―援助実施体制の合理化・分権化の動き―」『開発金融研究所報』第3号、2000年7月、25-52頁；「特集　主要先進国援助機関調査」『基金調査季報』1985年10月、No.50、12-86頁；福田幸正「米国国際開発庁の組織」『基金調査季報』1984年11月、No.47、13-28頁。

第 2 章　規範主導国アメリカ

　本章は、国際開発規範が国際開発協力の進展にどのような影響を与えたかを検討するにあたり、本研究が中心的に検討を行うアメリカについて述べる。
　アメリカは、第二次世界大戦後の国際秩序再建の過程で、規範起業家および規範主導国の役割を果たした。そして国際機関の自律性が高まるにつれ、アメリカは必ずしも規範起業家ではなくなるものの、今日まで多くの局面で規範主導国としての役割を果たしてきた。その一方で、アメリカは各分野の国際規範からの逸脱を繰り返してきたことが知られている。しかし、アメリカは国際規範に対する逸脱行為を繰り返す中で、例外的に、貧困規範の実行程度を増大させるようになったのである。
　そこで、本章では、まず、どのようにアメリカが国際規範に対して矛盾した態度をとるようになったのかについて述べる。次に、アメリカが貧困規範を実質的に内面化するということはどういうことかを確認する。そしてアメリカが貧困規範の実行程度を増大するようになったことについて、先行研究は十分説明できないことを指摘した上で、本研究の仮説を提示する。

1．国際規範に対する矛盾した態度

(1) アメリカ的理念の世界的普及

　アメリカは国際規範の作成・拡散に中心的な役割を果たす一方で、国益に適わないなら、国際規範からの逸脱を躊躇しない。国際規範に対するアメリカの矛盾する態度はどのように形成され、顕在化するようになったのか。
　アメリカはきわめて理念的な国家である。それは17世紀初頭に、ピュー

リタンがニューイングランドに入植した経緯に起源をもつ。ピューリタンは、ヨーロッパ諸国における宗教的弾圧や封建的価値観からの開放を求めて大西洋を渡った。新天地アメリカに、腐敗したヨーロッパとは全く異なる新しい社会を築こうとしたのである。ピューリタンにとってそれは神聖な行為であり、ある種の使命感をもってなされた。その大いなる試みは、彼らに、自分たちが特別な存在であるという選民意識をもたせた。やがてその選民意識は、アメリカが他の諸国よりも道義的に優越しており、他の諸国が見習うべきモデルであるという意識、すなわち「アメリカ例外主義」と呼ばれる思考態度につながっていった[1]。

と同時に、彼らの心の奥底には、西洋文明の中心であるヨーロッパに対する拭い難い劣等感も存在していた。アメリカはその劣等感を克服するためにも、ヨーロッパとの対比においてアメリカの優越性を強調する必要があった[2]。旧世界は封建制ゆえの諸拘束、貧富の格差、門地による宿命など、多くの呪縛に囚われている。それに対し、新世界は、これらの呪縛から解放され、「自由」、「平等」、「機会均等」が約束された理想の地である。アメリカは自らをヨーロッパと対置させ、自由主義や民主主義などのアメリカ的理念の至高性を確信するようになった[3]。

このような理念的国家として誕生したアメリカは、アメリカ的理念を心理的基盤として外交を展開する。建国後間もないアメリカは「孤立主義」を志向し、自らを国際社会から隔絶させることで、アメリカ的理念の至高性を維持しようとした。建国の父祖らは、アメリカの崇高な理念と利益を守るために、大国が権謀術策をめぐらすヨーロッパの国際政治に巻き込まれないようにすべきであると考えた。独立間もない新興国アメリカには、大国との闘いを制するだけの軍事力などなかった。そのアメリカが独立を維持し、その理念を守るためには、ヨーロッパ諸国の闘いに巻き込まれず、またそれら諸国からの介入を招かぬよう、ヨーロッパ国際政治から距離をとるしかなかった[4]。

やがてアメリカは国力の充実に伴い、徐々に孤立主義を放棄するようになる。19世紀後半までに、北米大陸におけるフロンティアが消滅すると、ア

メリカは太平洋に向かって領土拡張を志向するようになった。また同時期、アメリカはめざましい経済成長を遂げ、海軍力の増強にも力を入れ始めた[5]。20世紀初めに勃発した第一次世界大戦へのアメリカの参戦は、このような状況の中で決定されたものである。

第一次世界大戦終結後、アメリカはいよいよ「国際主義」を顕在化させる。ウィルソン大統領が「14カ条の講和原則」を発表したのである。その中で、ウィルソン大統領は、アメリカの政体をモデルとする国際連盟の設立を提案した。アメリカでは自治権をもつ各州が連邦議会に代表を送り、アメリカ合衆国の政治を行う。これと同様に、各国の代表者からなる世界議会としての国際連盟を創設し、民主的に国際社会の政治を行う。ウィルソン大統領は、このような民主主義的手続きを確立することによって、平和で安定した国際秩序を維持することができると考えたのであった。このように、アメリカ的理念と制度を国際社会に普及するという外交的志向が、国際主義と呼ばれるものであった[6]。

しかしこの時点では、この国際主義は実態を伴うものとはなりえない。アメリカは上院の反対により、国際連盟に加盟できなかった。国際連盟の提唱者であるアメリカの不参加により、国際連盟は屋台骨を欠くことになる。と同時に、アメリカは、上院による反対決議が国際主義の機運に水を浴びせたため、再び孤立主義へと回帰することになったのであった。

しかし国際主義への大きな流れがせきとめられることはなかった。第二次世界大戦が勃発すると再びアメリカは参戦を表明する。そして第二次世界大戦の最中から、フランクリン・D・ルーズヴェルト政権は、国際秩序構想の作成に取りかかる。ルーズヴェルト政権とその後を引き継いだトルーマン政権は、アメリカ的理念を投影する国際機関を創設することによって国際秩序を再建しようとした。それはまさしくアメリカ的理念を国際社会に普及するということであり[7]、ウィルソン大統領が追い求めた国際主義の実現であった。

理念的国家として誕生したアメリカは、建国当初、アメリカ的理念の純粋性を維持すべく孤立主義を志向するも、国力の増大とともに、アメリカ的理

念を国際社会に普及するという国際主義を志向するようになった。そして今日まで、その国際主義的志向は、時期ごと政権ごとに異なる様相を呈するものの、アメリカ外交政策の基調となっている。アメリカ外交政策は、まさに自由主義や民主主義などのアメリカ的理念の保持および普及を原動力として、展開されてきたということができる。

（2）国際規範の作成・拡散

第二次世界大戦後、アメリカ議会が国際主義志向を強めると、アメリカはいよいよ国際規範の作成・拡散に取り組むようになる。

アメリカは国際秩序を再建するにあたり、いくつもの国際機関を創設した。ウィルソン大統領が提唱した国際主義は、国際連合や国連専門機関およびブレトン・ウッズ機関の設立という形で実を結んだのである。1945年、サンフランシスコ会議で採択された国際連合憲章は、ルーズヴェルト大統領案とハル国務長官案（Cordell Hull）を折衷する形で作成された国際連合構想に基づいている。国連憲章には、自由や人権といったアメリカ的理念が投影された。アメリカ国民は、アメリカ的理念を体現し国際社会に普及するものとして、国連憲章を歓迎した。また上述のように、国際連盟と同様、国連総会で採用された、民主主義的な意思決定システムは、アメリカの連邦議会制度を下敷きにしたものであった[8]。

さらにブレトン・ウッズ会議において創設されることになった、IMFおよび世界銀行には、アメリカ財務省が信奉する市場主義哲学が色濃く反映された。IMFおよび世界銀行の設立構想の作成には、ジョン・M・ケインズ（John Maynard Keynes）とハリー・D・ホワイトが中心的な役割を果たしたことが知られている。アメリカ財務省のエコノミストであったホワイトは、アメリカ側のIMF構想を起草し、ケインズがイギリス財務省側の同構想を起草した。両草案の摺合わせをめぐって協議が行われたが、最終的に、ホワイト案の大部分が採択された。そしてIMFは自由貿易と金融の安定化を通じて、国際経済成長を促進する役割を与えられることになった[9]。世銀でも、ホワイト案を下敷きとする草案が採択され、対外民間投資を促進するための民間

投資保証や民間投資の補完融資を行う機関となった。さらに、世銀には、アメリカの影響力がおよびやすい要素が加わった。歴代世銀総裁にはアメリカ人が就任することになったのだ。その上、各加盟国が出資金に応じて投票権を得られる加重投票制が採用されたことで、アメリカが突出した投票権を保持するようになった[10]。

このことから、第二次世界大戦後、アメリカは自国の理念を投影する国際機関を創設することで、自らの国内規範を国際社会に適用することを試みたということができる[11]。そして、アメリカはそれら国際機関が掲げる行動原則に対して支持を表明する。お墨つきを得た行動原則は、各国によって次々に遵守されるようになっていく。その結果、アメリカの国内規範は多くの国によって支持あるいは遵守され、国際規範の地位を獲得するようになる。つまり、アメリカは、国際規範を作成する規範起業家であり、規範の拡散を主導する規範主導国の役割を果たしていたのである。

（3）国際規範からの逸脱

その一方で、アメリカは、国際規範が国益に反する場合には、国際規範からの逸脱を躊躇しなかった。アメリカは他国に国際規範の遵守を強要しながら、自らは国際規範を遵守しない[12]。アメリカには、いわば、「免責主義」あるいは「除外主義」(exemptionalism)[13]の志向がある。

元来、アメリカの連邦議会には、国際機関や多国間主義に対する根深い不信感が存在していた。アメリカが国際機関の統制下に置かれることは許しがたい。アメリカは自由な行動が阻害されることを懸念し、国際機関の指示に従うことを嫌った。このようなアメリカの態度は、世界人権宣言をめぐる対応に顕著に現れた。世界人権宣言の作成には、多くのアメリカ人が関与したが、アメリカ政府内ではその法的拘束性に関して議論が紛糾した。最終的に、加盟国に実施義務を負わせる規定を盛り込まずに起草することが、アメリカ政府内で決定された[14]。その後、国連に対する警戒感から、ブリッカー修正案が提出される。これは、条約のみならず行政協定の批准に関しても議会の同意を必要とすること、また国際機構にアメリカ市民の権利を監督する権限

を与えてはならないことを法的に規定するものであった。アイゼンハワー政権はこの修正案の成立を阻止するために、国連の人権条約、特に、ジェノサイド条約を批准しないことを約束させられた。そのため、アメリカは、ジェノサイド条約に最初に調印しながらも、1986年まで批准の手続きがとられることはなかった[15]。

　その後、アメリカの国際機関や多国間主義に対する懐疑は、国際機関の自律性の増大に伴い、多国間主義の回避や国際機関との軋轢へと形を変える。

　アメリカの理念を投影する形で設立された国連であったが、1950年代後半以降、加盟国の増加とともに、アメリカからの自律性を増していく。そして1970年代に入ると、国連はもはや「アメリカの機関」ではなくなる。すると、アメリカは国連予算の分担金の拠出を渋り、滞納するようになる。第二次世界大戦後以降、アメリカの通常予算分担率は39％であったが、1973年には25％へと改訂された。その後、アメリカの国連での影響力が相対的に低下したため、アメリカ議会では国連への分担金の拠出を見直す動きが活発になった。1980年代、レーガン政権は、国連の効率化を条件に分担金の拠出をするか、それともその拠出の拒否を通じて国連での影響力を増すかを考えるまでになった。そして1985年には、国連総会の票決方式を、１国１票制から加重投票制に変更しなければ、当時国連予算の25％だったアメリカの分担率を20％に引き下げるという法律（カセバウム修正）を成立させてしまう。そして今日に至るまで、アメリカは国連の通常分担金の滞納を続けている。また、1977年には、アメリカは国連専門機関であるILOからの脱退（1980年には復帰）を、1983年にはUNESCOからの脱退（2003年復帰）を宣言するに至る。その他、アメリカは、1980年代に、世界保健機関（WHO）、国連食糧農業機関（FAO）、国際原子力機関（IAEA）、国連人口基金（UNFPA）との間に軋轢も生じさせた。そのうちいくつかでは、分担金や約束した自発的拠出金の支払いを拒否する事態も引き起こしている[16]。

　アメリカの国際機関からの離反は、国連のみならず、世銀においてもみられるようになった。1970年代に入ると、アメリカと世銀を取りまく状況は変わり始める。世界経済におけるアメリカの地位の低下が顕在化するように

なった。アメリカ国内の開発援助に従事する専門家や利益集団は一様に、トリクル・ダウン理論を批判するようになった。対外政策においても、議会が活発に活動することが可能になり、世銀に対する疑念が表出した。その結果、アメリカ議会では、世銀の活動に対する支持が得づらくなった。またアメリカ行政府も、世銀の年次総会において世銀の融資活動や資本金の増加要求に反対を表明するようになる。さらに世銀とアメリカ財務省の関係が悪化し、ニクソン政権は、当初、マクナマラ（Robert S. McNamara）を2期目の世銀総裁として指名しなかった。1970年代後半になると、アメリカ議会は世銀に対して多くの法的規制を課すようになる。世銀がその使途を規定された資金の受領を禁じられているにもかかわらず、アメリカの利益団体はたびたび世銀に対する拠出金にイヤーマークをつけることを要求してきた。このようなアメリカ側の対応は、意のままにならない世銀に対する苛立ちの表れといえよう[17]。

　アメリカは国際機関に対して敵対的な態度をとるようになるのと同時並行的に、二国間外交においても人権や民主主義といった国際規範を恣意的に適用するようになる。カーター政権の人権外交では、人権基準の適用の恣意性が問題視された。レーガン政権の民主化支援も、アパルトヘイト政策をとる南アフリカに対しては制裁を加えないなど、その一貫性のなさに批判が浴びせられた[18]。アメリカがその作成に多大な貢献をした国際規範であっても、アメリカの経済的利益あるいは安全保障的利益を増進しないときには、国際規範に従わないことが多かった[19]。

　冷戦終結後、アメリカの国際規範からの逸脱行為はより一層顕著になる。アメリカはその圧倒的な軍事力、経済力、政治力を基盤に、自由、人権、民主主義などのアメリカ的諸価値の正当性が証明されたとばかりに、国際規範の重要性を声高に叫ぶ。ときにそれは軍事力を伴う強制介入という形をとるまでに至った。コソヴォへの軍事介入はその典型的な例である[20]。その一方で、国際刑事裁判所（ICC）規定、包括的核実験禁止条約（CTBT）、対人地雷禁止条約、京都議定書などの、国際規範に相当する多国間条約に関しては、アメリカは不参加や離脱といった姿勢をとるようになった[21]。

要するに、アメリカはアメリカ的信条の至高性を信じ、第二次世界大戦後、アメリカ的信条を投影させる形での国際規範の作成および拡散に取り組んできた。第二次世界大戦後に作成された国際規範の多くは、アメリカ的諸価値を基盤とし、アメリカが創設を主導した国際機関によってつくられた。その一方で、アメリカは自らの価値規範を体現する国際規範であっても、国益に反する場合には国際規範に従わないことを躊躇しなかった。そういった行動は、冷戦後、特に顕著になった。自らの言動こそが国際規範であるかのようにふるまい、アメリカの国益を損わない形で国際規範を決定する。国益を損なう場合には、その問題に関する取決めを批判し、その規範化を阻止しようとする。アメリカが作成にイニシアチブを発揮した国際規範の場合でも、国益に適わない場合は実行しない、あるいはその国際規範を国益に適うように解釈する[22]。アメリカの国際規範に対する全般的な態度は、近年ますます御都合主義的なものになってきたのである。

2．貧困規範に対する例外的な態度

（1）外交の周辺領域としての国際開発協力

国際規範の作成、拡散に大きな役割を果たしながら、様々な国際規範から逸脱してきたアメリカは、例外的に、国際開発規範の一つである、貧困規範の実行程度を増大するようになった。それは、アメリカ外交政策において国際開発協力が特異な位置づけにあったからなのだろうか。

対外援助が途上国経済開発を直接的な目的として行われるようになったのは、第二次世界大戦後のことである。それ以前は、同盟関係を強化するため、あるいは同盟国を支援するために、主に軍事的な目的で対外援助が行われていた[23]。このときの対外援助は、自国もしくはその同盟国の利益を念頭に置いて行われていた。これに対し、第二次世界大戦後行われるようになった経済開発援助は、途上国の経済発展を直接的な目的とする対外援助であり、そもそも自国にとって直接的な利益の増進につながるかどうか分からないものであった。この途上国開発援助に初めて着手したのがアメリカである。アメ

リカは途上国経済開発援助のまさに開拓者であった。

開拓者としてのアメリカは、対外援助を慈善的な措置としてでもなく、軍事政策の一環としてでもなく、いわゆる一般的な外交政策の中に位置づけることにした。しかし開拓者であるがゆえに、アメリカはあらゆる点で戸惑った。そもそもなぜ途上国の経済開発を支援する必要があるのかということから、明確な答を用意できていなかった。アメリカ政府内においてその答が出されていたわけではないし、ましてや国民に対して十分納得のいく説明を与えられたわけでもない。1949年に、トルーマン大統領によって途上国経済開発援助の開始が宣言されて以来、対外援助授権法案が議会で審議されるたびに、国際開発協力の意義についての議論が行われた。対外援助授権法案が1985年に議会で最後に審議されるまで、その議論は繰り返された[24]。

そういった国際開発協力政策の意義の曖昧さゆえに、アメリカ政府も議会も国際開発協力に対して消極的な姿勢をとり、アメリカ外交政策における国際開発協力政策の重要性は必然的に低くならざるをえなかった。表2-1によると、冷戦終結後の今日においてもなお、軍事予算には、対GDP比3％以上を投入しているのに対し、対外援助には対GDP比0.1～0.2％程度しか投入されていない。また財務省の2000会計年度支出額が約3,886億ドル、国防総省が約2,812億ドルであるのに対し[25]、主要な対外援助機関である国際開発庁（USAID）の2000会計年度予算要求額が約72億ドル[26]であり、財務省支出の2％にも満たない。さらに2000年度国防総省職員が約68万人、退役軍人省職員が約22万人、財務省職員が約14万人であるのに対し[27]、2002年5月時点でのUSAIDの直接雇用職員は2,152人であり、財務省職員

表2-1：アメリカの軍事支出およびODAの規模

	1960	1965	1970	1975	1980	1985	1990	1995	2000	2004
軍事支出対GDP比	9.0	7.6	8.0	6.0	5.4	6.6	5.3	3.8	3.1	NA
ODA対GDP比	0.53	0.49	0.31	0.26	0.27	0.24	0.21	0.10	0.10	0.17

出典）SIPRI, *SIPRI Yearbook*, various years, DAC, *Development Co-operation*, various years より筆者作成。
注）2000年以降の値は、ODA対GNP比はODA対GNI比に。

の約1.5％にしか達しない。USAIDの契約職員7,920人を合わせても、財務省職員の約5.7％にしか達しない[28]。国際開発協力予算の規模、国際開発協力実施機関に対する予算規模、国際開発協力実施機関職員の人数のどれをとっても、いかに国際開発協力の重要性が低くみられているかが推測できる。

つまり、アメリカ開発援助政策は、国際開発協力実施機関に対する予算もその職員数も他の省庁と比べて桁外れに小さく、アメリカ外交政策における周辺的な分野であるということが言えるのである。

（2）外交戦略としての開発援助

外交政策における位置づけにもかかわらず、アメリカは開発援助政策においてもまた矛盾する態度をとった。

アメリカは、アメリカ的理念を投影する形で国連（およびその専門機関）と世銀を創設し、それらが掲げる開発援助に関する行動原則に支持を与え、国際開発規範の作成および拡散を主導してきた。ただし、1970年代以降、国連（およびその専門機関）と世銀の対米自律性が大いに増してからは、両機関が自主的に多数の開発援助に関する行動原則を生み出すようになったため、国連や世銀が規範起業家の役割を果たすようになり、自らは規範主導国の役割に徹した。

その一方で、アメリカは、冷戦を背景に、開発援助政策をまさしく外交戦略として位置づけた。冷戦の最中、アメリカはあらゆる外交政策手段を冷戦戦略との関連で位置づけるようになったのである。途上国の経済開発支援という本来の目的は、緊迫する国際情勢の中で、二義的な目的へと降格させられてしまった。

今日まで、開発援助の理想あるいは象徴とされてきた「ポイント・フォア計画」（Point Four Program）の実態は、まさに冷戦戦略であった。1949年、トルーマン大統領は、アメリカの優れた知識や技術を活用することで途上国経済開発を支援し、世界平和に貢献しようという「ポイント・フォア計画」を発表する。その翌年、アメリカは歴史上初めてとなる途上国に対する経済開発援助に着手するようになった。しかし、米ソ間の緊張が高まると、冷戦を戦

うことを明示的な目的とする相互安全保障法（MSA）が成立する。「ポイント・フォア計画」はMSAに吸収され、MSAのもとで、若干の開発援助が続けられるのみとなった。その結果、「ポイント・フォア計画」は、共産主義封じ込め政策の一翼を担うことになったのである。

　ケネディ大統領による対外援助改革もまた、冷戦の文脈の中で行われたものであった。ケネディ大統領は、元来、途上国に対する経済開発援助に関心をもっていたことが知られている[29]。ケネディは、大統領選挙演説においても、すでに対途上国開発援助への関心を表明していた。そして大統領に就任すると、国連の場で、1961年から10年間を「国連開発の10年」にすることを提唱した。アメリカ対外援助政策においては、平和部隊を創設し、ラテン・アメリカに対する進歩の同盟計画を開始し、1961年対外援助法（Foreign Assistance Act of 1961）を成立させた。1961年対外援助法は、長期的な途上国経済開発を直接的な目的とし、複数に分散されていた援助計画を束ね、対外援助を専門的に行うUSAIDを設立するなど、初の本格的な途上国経済開発計画であった。そして今日に至るまでの国際開発協力の重要な法的根拠となっている。1960年代はアメリカのリーダーシップのもと、まさに「開発の世紀」となった。しかしケネディ大統領の本当の狙いとは、「共産主義の脅威からの安全保障という軸を保持しながら、途上国を社会経済発展させることにより、資本主義の優位性を証明」することであり[30]、1961年対外援助法もまた冷戦戦略として活用されることになったのである。

　1973年の「新路線」（New Direction）も、経済開発支援政策としての実効性は低かったとされる。ニクソン大統領は、国際開発協力の根拠をアメリカの理想主義の伝統に求め、アメリカ人には世界の貧困と飢えに苦しむ人々を放っておくことができない道徳心があると述べた[31]。そして、それまでの外交戦略としての開発援助のあり方を抜本的に見直し、貧困削減を対外援助の最重要目的とした1973年対外援助法が成立した。この対外援助改革は、アメリカ対外援助政策が新たな方向性を打ち出したということで、「新路線」と呼ばれる。しかしながら、当時、泥沼化したベトナム戦争をいかに終結させるかなど、ニクソン政権の数々の外交上の課題が、開発援助の重要性をより

一層低下させた。開発援助には予算も十分充当されず、その後の2度の石油危機や新冷戦の開始などの重大事によって関心をさらわれた。

その後、カーター政権の人権外交、レーガン政権の民主化支援外交において、開発援助はその外交の梃子として盛んに活用されたことが知られている。

ところが、冷戦が終結すると、開発援助はその根拠を失う。援助疲れが顕著になり、予算は減少の一途をたどる。安全保障的関心の低下は、開発援助の存在意義さえも喪失しかねない状況をもたらしていた。

開発援助に対する懸念を吹き飛ばしたのは、やはり新たな安全保障上の危機の発生であった。2001年9月11日、同時多発テロが勃発する。同時多発テロは、テロを新たな脅威として人々の心に強く印象づけた。G・W・ブッシュ政権は、あらゆる側面からテロ撲滅に取り組むことを宣言し、新しい安全保障政策の中心的柱の一つとして開発援助を加えた。G・W・ブッシュ政権は、冷戦後の新たな開発援助の意義づけに成功し、2003年ミレニアム挑戦法（MCA）およびミレニアム挑戦公社（MCC）を成立させた。これは1973年以来の対外援助改革であった。

これらのことから、アメリカの歴代政権が開発援助を外交戦略として展開してきたことがわかる。歴代政権は安全保障上の危機に対する対応として開発援助を位置づけ、開発援助によって外交目的の実現を図った。その結果、開発援助政策においても国益の追求が優先されることになり、その本来の目的である貧困削減や経済成長の促進において、めざましい効果を上げられなかったのである。

（3）貧困規範の実質的内面化

アメリカは開発援助を外交政策の周辺的領域として位置づけながらも、他分野の外交政策と同様に、開発援助政策を用いて国益を追求してきた。しかし、国際規範に対する態度に関しては、他分野の外交政策とは異なっていた。アメリカは国際開発規範に対して、どのような対応をとってきたのだろうか。

他分野においては、国際規範の作成、拡散に大きな役割を果たしながらも、アメリカ自らは国際規範から頻繁に逸脱してきたことが知られている。しか

しながら、国際開発分野においては、アメリカは国際開発規範をたびたび立法化しているのである。

　表2-2は、各時代に優越する国際開発規範と主要なアメリカ対外援助法をまとめたものである。1940年代後半から60年代前半にかけて、成長規範（資本投下）が優越した時期には、アメリカは成長規範を実行することになる経済援助計画を立法化した。1960年代後半から70年代前半にかけて、貧困規範（BHN）が優越した時期には、貧困規範を実行することになる技術援助計画を立法化した。しかしその後の1970年代後半から80年代後半にかけて、成長規範（構造調整）が優越した時期には、アメリカは成長規範を立法化しない。その後、1990年代後半から今日にかけて、貧困規範（目標）が優越した時期になると、アメリカは成長規範と貧困規範の両方に相当する、技術援助と経済援助計画を立法化した。このことから、アメリカが成長規範

表2-2：アメリカ対外援助法の成立

優越する国際開発規範	法律	計画
	1941年武器貸与法	軍事援助
1940年代後半～1960年代前半 成長規範（資本）	1947年対ギリシャ・トルコ援助法	軍事援助
	1948年対外経済援助法	経済援助
	1950年国際開発法	経済援助
	1951年相互安全保障法	軍事・経済援助
	1957年開発融資基金	開発長期融資
	1961年対外援助法	経済援助
1960年代後半～1970年代前半 貧困規範（BHN）	1973年対外援助法	技術援助
1970年代後半～1980年代後半 成長規範（構造調整）		
1990年代後半～今日 貧困規範（目標）	2003年ミレニアム挑戦法	技術・経済援助

出典）筆者作成。

(構造調整)以外の各時代に優越していた国際開発規範を用いて、対外援助計画を作成し立法化してきたことがわかる。

では、アメリカは、成長規範および貧困規範を立法化した後、それら規範を実行するようになったのだろうか。

図2-1、2は、アメリカの軍事援助と経済援助の地域別配分動向をまとめたものである。両方の図を比較すると、1975年を境に軍事援助と経済援助の地域別配分動向に違いが生じてきていることがわかる。1975年以前は、軍事援助、経済援助ともに、重点配分地域およびその比率がほぼ重複している。これに対して、1975年以降は、経済援助において「その他」の比率が急増していることがわかる。「その他」とは、地域別予算に該当しない予算である。これには1973年対外援助法の成立が関係していると考えられる。1973年以前の対外援助法では、国別予算編成が採用されていた。これは、経済発展を阻む問題が国ごとに異なっているという認識が一般的であったこと、また戦略上重要性の高い地域・国に重点的に援助を配分しようとしたことによるものであった。しかし、1973年対外援助法では、BHNなどの重点課題ごとに予算を組むという、目的別予算編成が採用されるようになった。これは、経済開発を妨げる各国共通の問題が存在しているという認識が普及したこと、また外交的配慮によって開発支援が妨げられないようにしたことによるものであった[32]。

また経済援助においては、「その他」の急増に反比例して、地域別配分比率が全地域合わせても6割前後にまで落ち込んだが、軍事援助とは対照的に、各地域に経済援助がほぼ均等に配分されるようになっている。中でも、最貧国の多いサブサハラ・アフリカに対する配分比率が、2割弱を占めるまでに増大しことは、注目に値する。

軍事援助と経済援助の地域別配分動向の比較のみから、成長規範および貧困規範の実行程度を確定することはできない。しかしながら、軍事援助の地域別配分動向と重複しない、経済援助の地域別配分動向は、安全保障的考慮によっては説明できない部分であり、本来の経済開発支援であった可能性が高い。図2-1、2によると、1975年以降は経済開発支援の比率が高まった

第 2 章　規範主導国アメリカ　93

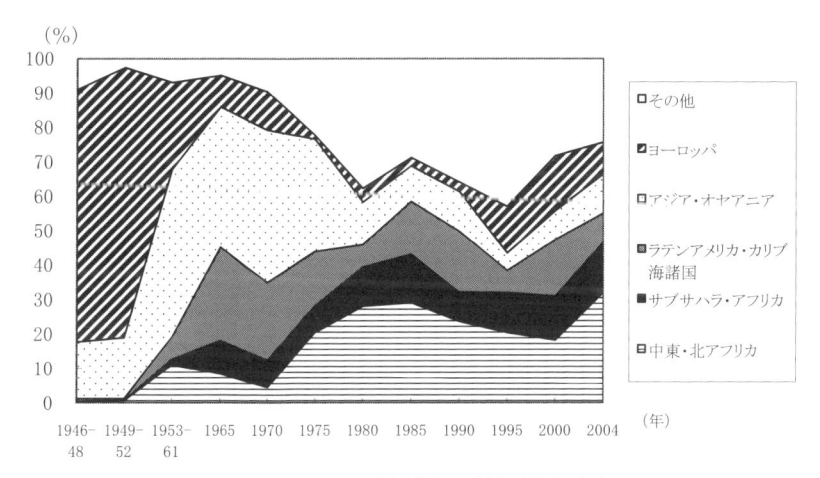

図 2-1：アメリカ軍事援助の地域別配分比率

出典）USAID, *U.S. Overseas Loans and Grants*, various years より筆者作成。

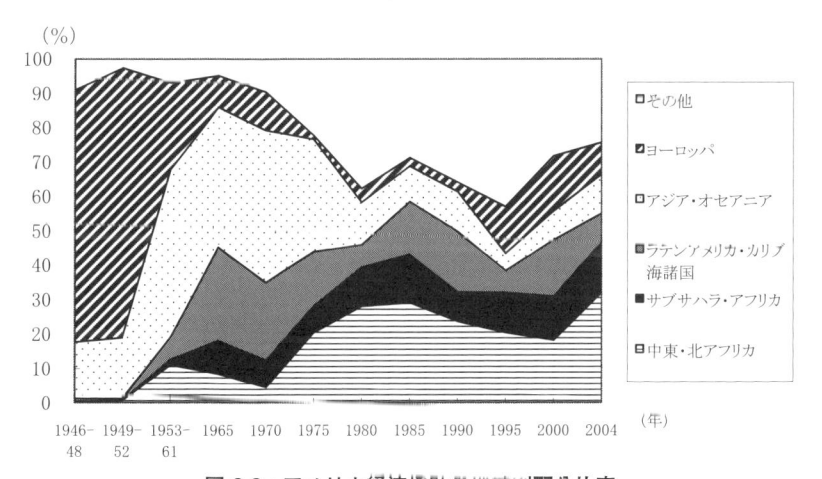

図 2-2：アメリカ経済援助の地域別配分比率

出典）USAID, *U.S. Overseas Loans and Grants*, various years より筆者作成。

ということができる。それに加え、「その他」の比率の増大は、重点課題となったBHNを充足する開発援助の比率が増大したことを意味する。つまり、1960年代後半までの成長規範が優越していた時期には、経済開発支援の比率は低く、成長規範はあまり実行されなかったのに対し、1970年代前半以降

の貧困規範が優越していた時期および成長規範が優越していた時期において、経済開発支援の比率は増え、貧困規範はより一層実行されるようになったことが推察されるのである。

　さらに、アメリカの貧困規範の実行程度の増加について、より具体的に検討してみたい。図2-3は、開発援助委員会（DAC）諸国平均とアメリカの、ODAに占める技術援助比率の推移を表したものである。DAC諸国平均値が、ずっと20％前後にとどまっているのに対し、アメリカの値は大きく変動する。アメリカの値は、当初こそDAC諸国平均値を下回っていたものの、1980年に底を打った後、一転して増加傾向に転じる。1990年にはDAC諸国平均を抜き、2000年には45％近くにまで達した。つまり、1973年に、アメリカが貧困規範を立法化した後、特に、80年代後半以降、アメリカは貧困規範の実行程度を大幅に増大させてきた、と考えることができる。この事実は、これまでの印象論を反証するものとなっている。先行研究は、70年代後半以降、成長規範が優越したことや、新冷戦により開発援助に対する関心が薄れたことから、貧困規範は十分実行されなかったという印象を我々に与えてきた。しかし実際には、貧困規範の優越した時期のみならず、その後貧困規範は衰退し成長規範が優越した時期においても、アメリカは貧困規範の実行程度を増大させてきたのである。

　これは、アメリカ外交政策全般の傾向に照らしてみるなら、例外的な変化であるとみなすことができる。アメリカは多くの国際規範を作成、拡散しな

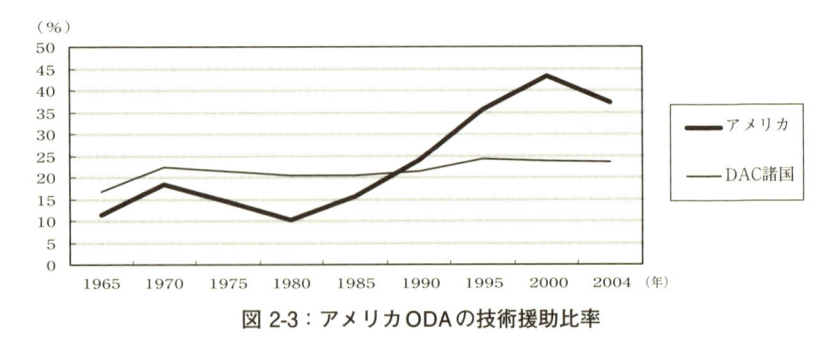

図 2-3：アメリカODAの技術援助比率

出典）DAC, *Development Co-operation*, various years、より筆者作成。

がらも、内面化しない、実行しないという姿勢をとってきた。これに対し、アメリカは国際開発規範を内面化し、次第に実行程度を増大させてきたのである。これは、冷戦終結後、アメリカ外交政策全般において、国際規範からの逸脱行為がめだち、単独主義的な志向の強まりが問題視されるようになってきたこととは、まさに対照的である。

3. 貧困規範の実行体制の確立

(1) 国内規範との適合性

では、アメリカが貧困規範の実行程度を増大するようになった主な要因とは、何だったのだろうか。

先行研究は、ある国家の国内規範が国際規範と類似している場合、その国家が国際規範を実行する確率は高くなることを指摘している[33]。アメリカ国内規範と国際開発規範はどの程度類似しているといえるのだろうか。

アメリカ人は、抽象的な自由、人権、民主主義などの思想に対してはそのよさを感じるものの、貧困層に対する公的扶助には反対する。アメリカでは、個人主義の伝統が根強く、自由放任主義的な経済思想が浸透しているため、公的扶助は批判の対象になるのである[34]。それを裏づけるように、社会保障給付費の対GDP比を見てみると、スウェーデンなどの北欧諸国が4割程度であるのに対し、アメリカは2割にとどまっている[35]。

このような公的扶助への懐疑的な見方は、アメリカの対外援助に対する否定的な姿勢にもつながっている。対外援助に関する国民の意識調査の結果をまとめた表2-3～5は、アメリカ国民の多くが対外援助の意義を十分理解しているとは言いがたいものとなっている。

表2-3によると、対外援助自体に対して支持を表明する国民の割合は、1951年に64％を記録した後、45-47％で下げ止まるまで、徐々に減少を続けてきた。そして表2-4によると、対外援助予算を削減すべきであると考える国民の割合が次第に増加し、2004年には64％に上っている。表2-5によると、途上国の生活水準の向上を支援することは、アメリカ外交政策の非常に

重要な目的であるべきだと考える人の割合は、冷戦期間中は3〜4割を保つものの、冷戦終結後にはその割合はさらに減少し、2004年には18%にまで落ち込んでいる。

このことから、長期にわたってアメリカ国民の大半が、対外援助に対して

表 2-3：世論調査（対外援助に対して賛成する人の割合）

1951	1958	1963	1965	1974	1978	1982	1986	1990	1994	1998
64%	51%	58%	57%	52%	46%	50%	53%	45%	45%	47%

出典：1951〜65年の値は、Gallup, George H., *The Gallup Poll: Public Opinion, 1935-1971*, New York; Random House, 1972、1974-98年の値は、*American Public Opinion and U.S. Foreign Policy*, Chicago Council on Foreign Relations, 1999, p.21、より筆者作成。

表 2-4：世論調査（対外援助予算の削減に対して賛成する人の割合）

1951	1957	1965	1974	1990	1994	1998	2004
57%	42%	49%	56%	64%	62%	50%	64%

出典：1951〜65年の値は、Gallup, George H., *The Gallup Poll: Public Opinion, 1935-1971*, New York; Random House, 1972、1974-2004年の値は、*American Public Opinion and U.S. Foreign Policy*, Chicago Council on Foreign Relations, 1975, p.11, 1991, p.38, 1995, p.39, 1999, p.38; *Global Views 2004: American Public Opinion and Foreign* Policy, the Chicago Council on Foreign Relations, p.15 (http://www.thechicagocouncil.org/UserFiles/File/POS_Topline%20Reports/POS%202004/US%20Public%20Opinion%20Global_Views_2004_US.pdf) Accessed on October 17, 2010、より筆者作成。

表2-5：世論調査(途上国の生活水準向上支援はアメリカ外交政策の非常に重要な目的であると考える人の割合)

1974	1978	1982	1986	1990	1994	1998	2004
39%	35%	35%	37%	41%	22%	29%	18%

出典：*American Public Opinion and U.S. Foreign Policy*, Chicago Council on Foreign Relations, 1987, p.26, 1991, p.15, 1995, p.15, 18, 1999, p.16; *Global Views 2004: American Public Opinion and Foreign Policy*, the Chicago Council on Foreign Relations, p.13. (http://www.thechicagocouncil.org/UserFiles/File/POS_Topline%20Reports/POS%202004/US%20Public%20Opinion%20Global_Views_2004_US.pdf) Accessed on October 17, 2010、より筆者作成。

積極的な支持を表明してこなかったことがわかる。貧困者に対する公的支援に懐疑的なアメリカの思考態度は、対外援助にも投影されているのである。それゆえ国際開発規範全般とアメリカの対外援助に関する国内規範の一致度は低いとみなせるのである。

では、成長規範と貧困規範を別個に見た場合、国内規範との適合性に差はあるのだろうか。

成長規範を作成する世銀は、アメリカ財界に支配的であった対外民間投資促進による経済発展という考え方を思想的基盤とする。その本部はワシントンD.C.に設置され、歴代世銀総裁はアメリカ人から輩出され、その活動資金の大部分がアメリカ政府および資本市場から調達された。世銀の対米自律性が高まるにつれ、アメリカの世銀に対する影響は低下するものの、その卓越した影響力の大きさは変わらない。世銀に対するアメリカの影響力を端的に表す投票権比率の推移を示す図2-4は、それを裏づけるものとなっている。

このことから、世銀が作成する成長規範には、いまだにアメリカの直接間接の意図が反映していると考えられる。マクナマラ総裁以来、世銀は独自に各国から著名な研究者を集め、研究チームを組織し、報告書を作成するようになるが、世銀の見解や運営方針に反するものは好まれない。世銀の活動方針を大きく左右することになる、世銀総裁の経済アドバイザーあるいはチーフ・エコノミストには、アメリカ政府と密接な関係をもつ経済学者が選ばれ、世銀は常にアメリカ政財界の影響下に置かれてきたといえる。

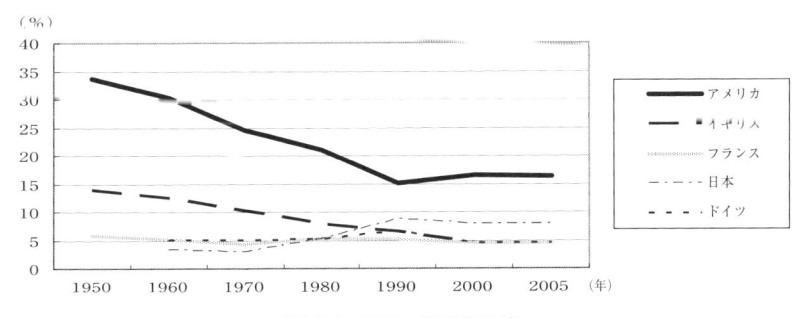

図 2-4：IBRD 投票権比率

出典）IBRD, *Annual Report*, various years より、筆者作成。

その中には、新古典派経済理論を世銀の機関哲学に据えたアン・クルーガー（Anne Krueger）や、後に米財務長官になるローレンス・サマーズ（Lawrence Summers）がいる。ジョゼフ・スティグリッツ（Joseph Stiglitz）は世銀改革に意欲を見せていたが、世銀の体質との違いやアメリカ政府からの支持を得られなかったことから、世銀を去ることになったといわれている[36]。

これらのことから、世銀が作成する成長規範は、アメリカの政財界の規範と共通するものであり、アメリカは成長規範を実行しやすいと考えられる。

これに対し、国連およびその専門機関は、アメリカを最大の拠出国としながらも、世銀とは対照的に、アメリカの影響力は絶対的なものではなかった。創設当初こそ、その財政的影響力は大きかったが、70年代以降加盟国が急増し、アメリカの財政的影響力も急落した。図2-5は、国連の中心的な開発機関である国連開発計画（UNDPおよびその前身）に対するアメリカの分担金比率の急激な減少傾向を示している。アメリカ人が歴代総裁をつとめてきたUNDPにおいてさえ、アメリカの影響力がもはや特別なものではないことがわかる。アメリカは財政的影響力の低下を補うべく、国連およびその専門機関の運営に影響を与えようと、国連分担金の不払い、分担金比率の引き下げ要求、ILOやUNESCOからの脱退など、様々な手段を行使した。しかしその影響力の低下は拭い去れるものではなく、1999年にはついにUNDP総裁も非アメリカ人が就任するに至った。そのため国連およびその専門機関の作成する貧困規範の性質は、世銀とは大きく異なっていた。

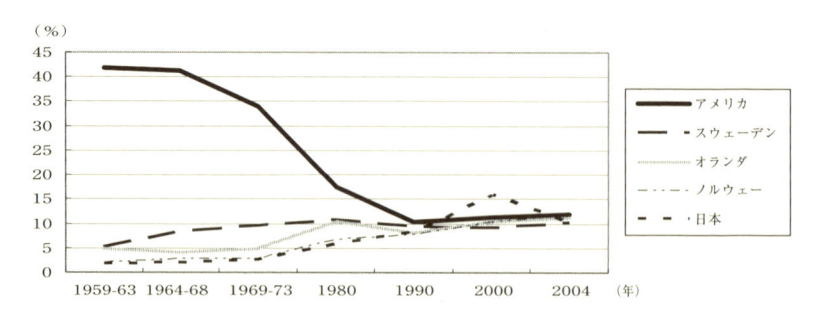

図 2-5：UNDP分担金比率

出典）UNDP, *Annual Report,* various years、より筆者作成。

国連およびその専門機関は、自由や人権や民主主義といったアメリカの理念をベースに活動目的や行動原則を形成した。しかし、国連本体が経済開発支援に乗り出したのは、途上国の働きかけゆえである。世銀がヨーロッパ諸国の戦後復興に力を注ぐ一方で、途上国の経済発展に無関心だったため、途上国は、国連に対して、経済開発支援を要請したのだった。その結果、国連およびその専門機関の活動目的や行動原則は、アメリカの理念を基盤としながらも、具体的な政策的アイデアである貧困規範については途上国の要請を受けて、途上国のニーズを充足するように作成されることになった。

　その後、国連およびその専門機関の対米自律性が高まると、これら諸機関は独自に学者や専門家を集め、貧困規範を作成するようになる。開発を人間の視点から捉えなおし、国際社会に大きなインパクトを与えた『人間開発報告書』は、その端的な例となっている。『人間開発報告書』は、UNDP内の独立性を保証される組織である、人間開発報告事務局局員と著名な学者や開発実務家から構成されるチームの産物である。ゆえに『人間開発報告書』の内容は、UNDPが異議を唱えた事実からもわかるように、非政治的かつ専門的なものとなっている[37]。

　このことから、国連諸機関が作成する貧困規範は、アメリカの政財界とは独立的に作成されることに加え、公的扶助に批判的なアメリカ国民の意識とは対立するものとなり、アメリカは貧困規範を実行しにくいと考えられる。

　要するに、成長規範はアメリカ国内規範との適合性が高いため、アメリカに実行されやすく、貧困規範は適合性が低いため、アメリカに実行されにくいということになる。それゆえ、国内規範との適合性という観点からは、なぜアメリカが国内規範との適合性の低い貧困規範を実行するようになったのかは十分説明できないのである。

(2) 社会的圧力

　先行研究はまた、国家が国際規範を実行するようになる要因として、社会的圧力（social influence）を挙げている。その代表的な論者は、シメルフェニグ（Frank Schimmelfennig）である。シメルフェニグによると、ある社会の構成

員であった場合、国家は面目が潰れる（shaming）という社会的制裁を恐れるために、国際規範を実行するようになるという[38]。しかし社会的制裁を恐れるのは、概して社会的評判の低下を恐れる中小国である。国力を何によって測定するかというのは難しい問題であるが、軍事力・経済力の小さな国はそれらの大きな国と比べて、社会的評判を相対的に気にする傾向がある。そこで社会的評価を落とすべく、外部から圧力をかけることで、中小国は国際規範を実行する可能性が高くなる。しかし大国の場合、その仮説はあてはまりにくい。というのは、大国に社会的圧力をかけること自体が難しいことに加え、社会的圧力をかけても効果を得にくいからである。アメリカはまさに大国であり、社会的圧力は効きにくいと考えられる。

では、アメリカの国力や影響力に変動はなかったのだろうか。実際の国力は、そのパワーの源泉と一致するわけではない。しかし、パワーの源泉となる軍事支出やGDPなどの指標は、大雑把ながら、アメリカの国力の大きさを表してくれる。そこで、図2-6～8によって、軍事支出とGDPとODA総額の3つの指標を用い、長期的なアメリカのパワー変動を表してみた。

図2-6は、世界の軍事支出に占める主要国の軍事支出比率の推移を示している。この図からは、アメリカの軍事支出比率が、世界の中で卓越したものであることがわかる。アメリカの軍事支出比率は、冷戦期にはソ連と拮抗していた時期もあったものの、長期間にわたり、他の主要国の比率を引き離し

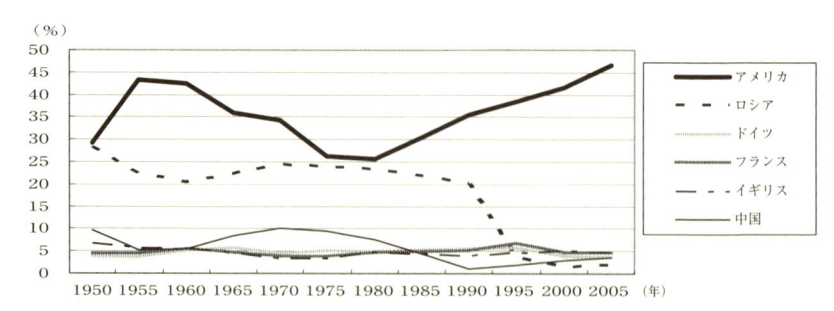

図 2-6：世界の軍事支出に占める主要国の軍事支出比率

出典）SIPRI, *SIPRI Yearbook: Armaments, Disarmament and International Security*, various years より筆者作成。
注）1985年の値は、SIPRIのデータ欠損のため、1980年と1990年の平均を用いた。

ている。さらに、冷戦終結後はロシアの軍事支出比率が大幅に落ち込んだことによって、その相対的な比率が急激に引き上げられた。

次に、図2-7であるが、これは主要国の世界名目GDPに占める比率の推移を示している。この図によると、アメリカのGDP比率もまた、他の主要国と比べても格段に大きいことがわかる。時期によって多少の増減はあるものの、長期にわたって他の主要国のGDP比率を大きく引き離してきたのである。

つまり、アメリカは第二次世界大戦後から今日まで、他の主要国が比肩できないほどの卓越した軍事力、経済力を誇ってきたのである。アメリカはこの卓越した軍事力、経済力を生かし、多くの国際会議の開催を主導したり、その中で大きな発言力を発揮し、国際社会の動向の決定に大きな役割を果たしたりしてきた。またソフト・パワーの源泉になりうる様々な指標においても、アメリカの立場は格別なものである。世界の大企業500社の約半数がアメリカ企業であること、外国からの移住者数が世界最大であること、世界全体における大学への留学生比率が最大であること、ノーベル賞受賞者数がトップであることなどからみても、アメリカのパワーは容易に実感できる[39]。

それゆえにコンストラクティビストが想定する社会的圧力は、超大国アメリカには非常に効きにくいと考えられる。その結果として、アメリカは国際規範からの逸脱が事実上許されてしまうのである。大国であるゆえに、社会

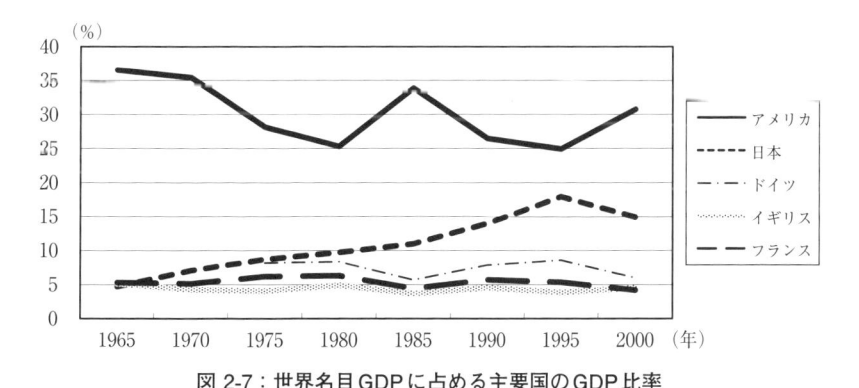

図2-7：世界名目GDPに占める主要国のGDP比率

出典）World Bank, *World Development Indicators*, various years、より筆者作成。

的圧力に対する耐性は強く、アメリカに国際規範を実行させるのは難しいからである。

　しかし、この卓越した軍事力、経済力によって、国際政治全般において並外れた存在感を発揮してきたアメリカも、国際開発援助コミュニティでの存在感はそれほど大きくない。今日までアメリカは援助超大国としての地位を保っているが、その相対的な地位の低下は著しい。図2-8はDAC諸国ODAに占める主要国ODA比率の推移を示したものである。この図によると、アメリカのODA比率は、1950～55年時点の6割弱から減少の一途をたどり、冷戦終結後には1割強まで落ち込む。2000年以降再び比率を増加させ2004年には2割強まで盛り返したが、それでも他の援助大国の比率を若干上回る程度である。これは、援助国としてのアメリカの地位が、相対的に低下していることを示している。

　それゆえ、アメリカが相対的地位を低下させるにつれ、社会的圧力がアメリカにも効くようになり、国際開発規範の実行程度を増大させたのではないかという推論が導かれる。しかし、アメリカによる国際開発規範の立法化の状況は、その推論を反証するものとなっている。1970年代後半以降、アメリカの相対的地位はすでに大幅に低下していた。しかし、アメリカは当時の優越規範であった成長規範（構造調整）を立法化しなかった。成長規範はアメリカ国内規範との合致度が高かったにもかかわらず、である。また1980年

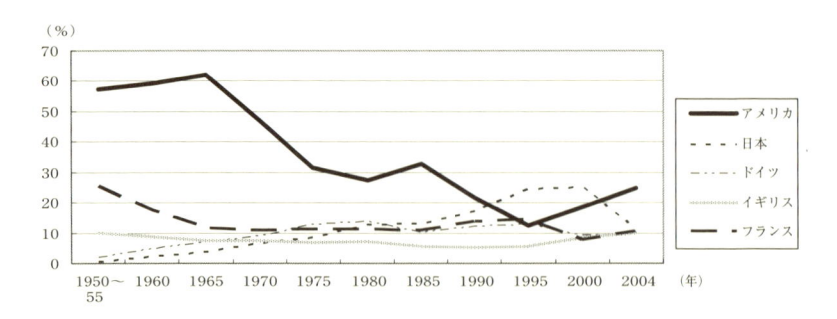

図2-8：DAC諸国ODAに占める主要国ODA比率

出典）OECD, *Net ODA from DAC countries from 1950 to 2005, Reference DAC Statistical Tables*（http://www.oecd.org/dac/stats/dac/refrables), Accessed on April 12, 2006より、筆者作成。

の時点では、まだ成長規範（構造調整）の優越性が確立していたにもかかわらず、国内規範との合致度が低い貧困規範（BHN）の実行程度を増大させ始め、今日までその実行程度を増大させ続けてきた。

社会的圧力の議論では、成長規範（構造調整）が優越している時期に、なぜアメリカは成長規範ではなく、貧困規範の実行程度を増大するようになったのかを説明できないのである。

（3）国内政治アクター

さらに、先行研究は、国家が国際規範を実行するようになる要因として、国際規範の国内規範との適合性や、社会的圧力の作用の他に、自国政府に規範の実行を促す国内政治アクターの存在についても指摘している。

その国内政治アクターとは、多くの場合、非政府組織（NGOs）などを指す。NGOsは、進歩的価値観に親しみ、地球益あるいは人類益という観点から、人類普遍の進歩的価値の実現を目指すとされる。NGOsは、国際規範に共感するため、国際規範の実行を政府に促す強いインセンティブをもつ。NGOsは、国際規範の意義を理解し、啓蒙的な活動を行うことによって、政府にその実行を促すよう働きかける、あるいはトランスナショナルなネットワークを活用し、自国政府に圧力をかける[40]。また、多くのNGOsのように、国際規範に共鳴する存在ばかりではなく、自らの政治目的を達成するために、国際規範を便宜的に活用する国内政治アクターも存在する[41]。

つまり、アメリカが貧困規範の実行程度を増大させたのは、貧困規範に共鳴した国内政治アクター、あるいは貧困規範を便宜的に利用した国内政治アクターが存在し、政府に貧困規範の実行を促したからなのではないか、と考えられるのである。

実際に、アメリカ国内には、そのような国内政治アクターが存在したのだろうか。図2-9のアメリカ対外援助計画が立法化に至る政治過程を概観し、政治過程に参加するアクターを特定し、それぞれの特性を検討してみたい。

アメリカ対外援助計画が立法化に至る政治過程とは、以下の通りである。まず、大統領が対外援助政策基本方針を作成する。次に、その方針に従って、

政府関係省庁が管轄する各プログラムを作成する。作成された各プログラムは、各省庁の代表者が構成する政府間調整委員会の審議にかけられ、基本方針との整合性や、プログラム間の整合性や、予算配分について調整が図られる。調整が施された後、各プログラムは大統領の承認をまって政府法案となる。その政府法案は、対抗法案とともに、議会での審議にかけられ、可決される。可決法案は大統領の署名を経て立法化され、実施段階へと移される。

これら諸段階に関与する国内政治アクターには、大統領、国防総省、財務省、農務省、国務省、USAID、議会、国民、大学、民間研究機関、民間ボランティア組織（PVOs）、などが挙げられる。しかし、これらアクターのほとんどが、貧困規範に関心をもっているとは考えにくい。

前節で見た通り、アメリカ国民の大多数が開発援助を支持しないことから

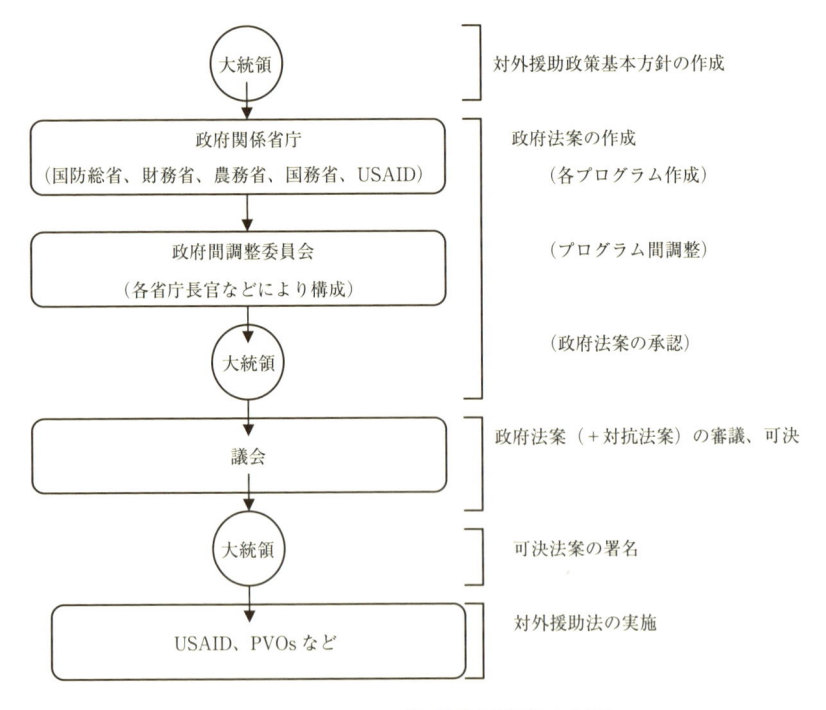

```
   大統領 ─────────────────── 対外援助政策基本方針の作成
     ↓
 政府関係省庁 ─────────────── 政府法案の作成
（国防総省、財務省、農務省、国務省、USAID）  （各プログラム作成）
     ↓
 政府間調整委員会 ───────────（プログラム間調整）
（各省庁長官などにより構成）
     ↓
   大統領 ───────────────────（政府法案の承認）
     ↓
    議会 ─────────────────── 政府法案（＋対抗法案）の審議、可決
     ↓
   大統領 ─────────────────── 可決法案の署名
     ↓
 USAID、PVOs など ───────── 対外援助法の実施
```

図 2-9：アメリカ対外援助政策決定過程

出典）筆者作成。

すると、平均的なアメリカ国民が政府に貧困規範の実行を促すとは考えにくい。大統領は国益を最優先に考えなければならない立場上、貧困規範よりも安全保障上および商業的利益の増大を優先する傾向が強い。政府関係省庁は、それぞれが管轄する計画の重要性が増すことで、組織拡大につながるため、自らの管轄する計画にのみ関心をもつ。それゆえ、国防総省（軍事援助を管轄）、国務省（経済支援基金および国連機関への自発的拠出金を管轄）、農務省（食糧援助を管轄）、財務省（世銀や地域開発銀行などの国際金融機関を通じた援助を管轄）[42]は、基本的に貧困規範には関心がない。

　政府関係省庁の中で唯一貧困規範に関心をもつと考えられるのが、開発援助を管轄するUSAIDとPVOsである。実際に、USAIDとPVOsは、貧困規範の実行を政府に促すことができたのだろうか。

　貧困規範を体現した1973年対外援助法の成立に際し、USAIDとPVOsが政府に貧困規範の実行を促すことができたとは考えにくい。というのは、当時、USAIDもPVOsも強力な政治力を行使しうるアクターではなかったからだ。

　図2-10は、USAIDの政府内の地位の低さを示している。USAIDは国務省の下部機関として設立された。そのため、国務長官の監督および指揮下に置かれている。USAID長官の地位は次官レベルにとどまっており、各省庁の長官が集う閣僚レベル会合で、影響力を行使するのは難しい。さらに、USAIDの予算獲得競争や、USAID職員間の激しい出世競争は、政府上位機関に服従することで有利に展開できるため、政府の現実主義的な考え方に自発的に従うようになるという[43]。USAIDの発言力やUSAIDの置かれた状況からは、USAIDが政府に圧力をかけることなど考えられないのである。そもそも、USAIDは、成長規範を体現した1961年対外援助法とともに設立された、成長規範の実行機関であった。貧困規範の実行機関になったのは、1973年対外援助法の成立後のことである。

　また、今でこそ、一大勢力となったPVOsであるが、1973年当時、政府に貧困規範を実行するよう圧力をかけることができたとは考えにくい。PVOsとは、博愛主義的な目的を達成するために民間人により創設され、救済、難

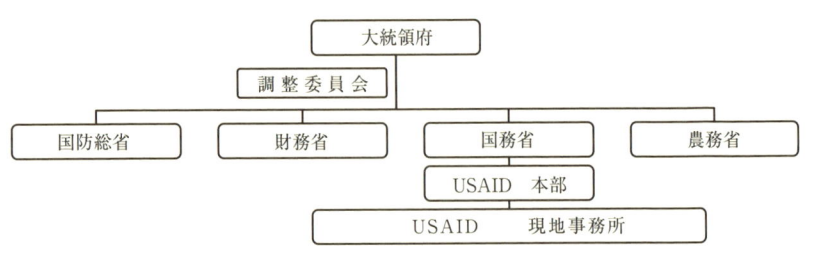

```
              ┌──────────┐
              │ 大統領府  │
              └────┬─────┘
              ┌────┴─────┐
              │ 調整委員会│
              └────┬─────┘
   ┌──────┬───────┼────────┬──────┐
┌──┴──┐┌──┴──┐┌───┴───┐┌───┴──┐
│国防総省││財務省││国務省  ││農務省│
└─────┘└─────┘└───┬───┘└──────┘
              ┌───┴────────┐
              │USAID 本部  │
              └───┬────────┘
              ┌───┴──────────────┐
              │USAID    現地事務所│
              └──────────────────┘
```

図 2-10：USAID をめぐる政治環境

出典）筆者作成。

民援助、災害援助、経済開発活動に従事している非営利、非課税組織、いわゆるNGOsである[44]。NGOsの中でUSAIDに登録し、USAIDおよび民間企業・民間人からの資金提供を受けて活動を展開している団体を、PVOsという。PVOsは開発援助の開始以来、様々な形で開発援助に参画してきた。PVOsは政府と密接な関係を保ちながら、「草の根」援助の実施を担ってきた[45]。それゆえ、PVOsは、貧困規範に関心をもっていると考えられる。しかし、PVOsはUSAIDに登録し、政府から委託を受けて活動する立場上、政府に圧力をかけるのは容易ではない[46]。またPVOsにとっては、戦後から1980年代半ばまでの間は、冬の時代と言える。1941年には424だったPVOs総数が、48年には60にまで減少する。その後は、徐々に増加するようになり、86年には178、93年になってやっと417にまで回復した[47]。当然のことながら、PVOsの影響力はその総数によってのみ決まるわけではないが、総数は影響力を推察する際の一つの指標になりうる。また、人道的支援を行うNGOs間の連携を生み出す目的で、1984年、インターアクション（InterAction）が設立されている。1980年代半ば以降、PVOs総数が急増するようになったのと並行した動きと言える。このことからも、1980年代前半までは、PVOsの政治力は相対的に弱かったと考えられるのである。

　要するに、貧困規範を体現した1973年対外援助法の成立時点において、貧困規範に関心をもち、政府に貧困規範の実行程度を増大させられる国内政治アクターは、存在しなかったと考えられるのである。

（4）実行体制の確立

これまで見てきたように、アメリカが貧困規範の実行程度を次第に増加させていくことについて、先行研究は十分な説明を与えてくれない。貧困規範のアメリカ国内規範との適合性は低い。社会的圧力もアメリカには効かない。当時、政府に貧困規範の実行程度を増大させることができるような政治力をもつ国内政治アクターは不在であった。では、なぜアメリカが貧困規範の実行程度を次第に増加させるようになったのだろうか。

序章で述べた通り、本書は、貧困規範の実行体制が国内に確立されたことが重要な要因であったと考える。貧困規範の実行体制とは、貧困規範を実行するための法制度として確立された、（1）1973年対外援助法、（2）貧困規範を実行する機関として再生したUSAID（再生USAID）、そして（3）USAIDから開発業務を請け負うPVOsなどを包括したものを指す。1973年対外援助法と再生USAIDは、貧困規範が確実に実行されるという高い期待をアクターに与えた。そのため、貧困規範の実行から得られる権益を求めて、貧困規範の実行に参加する、PVOsなどのアクターは増大した。

1973年以前には、貧困規範の実行を望む勢力も弱小だったが、1973年対外援助法と再生USAIDが成立したことによって、貧困規範の実行を望む勢力は増加した。優越的な国際開発規範が交代しても、貧困規範の実行を望む勢力が増加する状況は変わらなかった。1973年対外援助法と再生USAIDが、環境変化に対応していないと広く認識されるようになっても、権益を求めて貧困規範の実行体制に参加するアクターは増え続けた。そしてアメリカ政府はその実行体制の存在感の大きさに配慮する形で、貧困規範の実行程度を増大させるに至ったと考えられる。言い換えれば、貧困規範の実行を求めて国内政治アクターが精力的なキャンペーンを行ったのではなく、貧困規範の法制度化がなされたことで、貧困規範を実行する国内政治アクターが生まれることになり、その結果貧困規範の実行程度は漸増したのである。

本書は、次章以降で、この仮説を実証するものである。貧困規範の実行体制がどのように形成され発展してきたか、そしてこの貧困規範の実行体制の確立が、どのようにアメリカ政府を拘束し、貧困規範の実行程度を増大させ

たかを検討していく。

注

1 古矢旬『アメリカ－過去と現在の間－』岩波書店、2004年、20-23頁；古矢旬『アメリカニズム－「普遍国家」のナショナリズム－』東京大学出版会、2002年、3-9頁。
2 有賀貞『アメリカ史概論』東京大学出版会、1987年、71、73頁；五味俊樹「第二の「アメリカの世紀」？」五味俊樹・滝田賢治共編『現代アメリカ外交の転換過程』南窓社、1999年、16頁。
3 五味、前掲書、17頁。
4 五味、前掲書、14-15頁；本橋正『アメリカ外交史概説』東京大学出版会、1993年、29-31頁。
5 本橋、同書、85-88頁。
6 ウィルソン大統領がアメリカ民主主義理念を世界に普及するという使命感に駆られ、国際秩序再建に挑んだことに関しては以下が詳しい。有賀貞「ウィルソン政権とアメリカの参戦」「第一次世界大戦」『岩波講座世界歴史24』岩波書店、1970年、258、264-265、284-285、301-302頁。
7 例えば、Burley, Anne-Marie, "Regulating the World: Multilateralism, International Law, and the Projection of the New Deal Regulatory State," in John G. Ruggie, ed., *Multilateralism Matters: The Theory and Praxis of an Institutional Form*, New York; Columbia University Press, 1993, pp.125-156; Ruggie, John G., *Constructing the World Polity: Essays on International Institutionalization*, London, New York; Routledge, 1998, p.126.
8 Burley, *op.cit.*,; 青井千由紀「アメリカと国連―多角主義の今後―」山本吉宣・武田興欣編『アメリカ政治外交のアナトミー』国際書院、2006年、92頁；United Nations, *Charter of the United Nations*, Preamble and Chapter 1, http://www.un.org/en/documents/charter/index.shtml, Accessed on September 10, 2010.
9 World Bank and IMF, *The Founding Fathers*, http://external.worldbankimflib.org/Bwf/60panel3.htm, Accessed on September 10, 2010.
10 本書第1章第2節第1項参照のこと。Wade, Robert Hunter, "US Hegemony and the World Bank: the Fight Over People and Ideas," *Review of International Political Economy*, Vol.9, No.2, Summer 2002, pp.201-229.
11 中山俊宏「アメリカ外交の規範的性格―自然的自由主義と工学的世界観―」(以下、「規範的性格」)『国際政治』第143号、2005年、23頁；Ignatieff, Michael, "Introduction: American Exceptionalism and Human Rights," in Ignatieff, Michael, ed., *American Exceptionalism and Human Rights*, Princeton; Princeton University Press, 2005,

p.14.
12 *Ibid.*; Forsythe, David P., and et al., *American Foreign Policy in a Globalized World*, New York and London; Routledge, 2006；中山、前掲「規範的性格」、大津留（北川）智恵子「秩序変動の双方向性―規範設定とその拘束力―」『国際政治』第147号、2007年。
13 Ignatieff, *op.cit.*, p.4; Ruggie, John G., "American Exceptionalism, Exemptionalism, and Global Governance,"in Ignatieff, Michael, ed., *American Exceptionalism and Human Rights*, Princeton; Princeton University Press, 2005,p.305; Ruggie, John G., "Doctrinal Unilateralism and Its Limits: America and Global Governance in the New Century," in Forsythe, David P., et al., *American Foreign Policy in a Globalized World*, New York and London; Routledge, 2006, p.37.
14 西崎文子「世界人権宣言とアメリカ外交」有賀貞編『アメリカ外交と人権』（財）日本国際問題研究所、1992年、48-51頁。
15 佐々木卓也「アメリカ外交と単独主義の伝統」『東アジア安全保障の新展開』明石書店、2005年、222頁。
16 最上敏樹『国連とアメリカ』岩波新書、2005年、173-174頁；青井、前掲書、93-95頁。
17 Gwin, Catherine, *U.S. Relations with the World Bank 1945-1992*, Washington, D.C.; Brookings Institution, 1994, p.21, pp.26-30; Brown, Bartram S., *The United States and the Politicization of the World Bank: Issues of International Law and Policy*, London & New York; Kegan Paul International, 1992, pp.172-173.
18 大津留（北川）智恵子「人権と民主主義」松田武編著『現代アメリカの外交』ミネルヴァ書房、2005年、201-207頁。
19 大津留（北川）智恵子「民主主義の普遍性とアメリカの利害」（以下、「民主主義の普遍性」）大津留（北川）智恵子・大芝亮編著『アメリカが語る民主主義－その普遍性、特異性、相互浸透性－』ミネルヴァ書房、2000年、322-323、327頁；大津留、前掲「人権と民主主義」、211-212頁; Herrmann, Richard K., and Vaughn P. Shannon, "Defending International Norms: The Role of Obligation, Material Interest, and Perception in Decision Making," *International Organization*, No.55, No.3, 2001, pp.621-654.
20 篠田英明「アメリカ・ユニラテラリズム－国際刑事裁判所問題を題材にして－」押村高編『帝国アメリカのイメージ－国際社会との広がるギャップ－』早稲田大学出版部2004年；中山俊宏「米国の理念外交とコソヴォ戦争－コソヴォ危機をめぐる米国のディスコース－」『コソヴォ危機が国際秩序再編に与えるインプリケーション』日本国際問題研究所、2000年、40-52頁。
21 Infact, *Cowboy Diplomacy: How the US Undermines International Environmental, Human*

Rights, Disarmament and Health Agreements, http://www.stopcorporateabuse.org/files/pdfs/Cowboy%20Diplomacy%202005.pdf, Accessed on May 14, 2006；中山、前掲「規範的性格」20-22頁；青井、前掲書、95-96頁。

22 大津留、前掲「民主主義の普遍性」322-323頁。
23 クラウス・クノール著、浦野起央・中村良寿訳『国際関係におけるパワーと経済』時潮社、1979年、219-220頁; Hook, Steven W., *National Interest and Foreign Aid*, Boulder & London; Lynne Rienner Publishers, 1995, p.22.
24 川口融『アメリカの対外援助政策－その理念と政策形成－』アジア経済研究所、1980年、はしがき。
25 United States, Department of Commerce, *Statistical Abstract of the United States*, 2006, table 462.
26 USAID, *Summary of USAID Fiscal Year 2000 Budget Request*, http://www.usaid.gov/pubs/cp2000/cp00bud.html, Accessed on October 3, 2006.
27 United States, Department of Commerce, *op.cit.*, 2006, table 483.
28 DAC, *Development Co-operation Review, United States*, 2002, p.67.
29 Rostow, W. W., *Eisenhower, Kennedy, and Foreign Aid*, Austin; University of Texas Press, 1985.
30 佐藤眞理子『アメリカの教育開発援助－理念と現実－』明石書店、2005年、111頁。
31 Nixon, Richard M., "Special Message to the Congress on Foreign Aid, May 28, 1969," *Public Papers of the Presidents of the United States; Richard Nixon*, 1969, p.411.
32 詳しくは、本書第4章を参照のこと。
33 たとえば、Bernstein, Steven, "International Institutions and the Framing of Domestic Policies: The Kyoto Protocol and Canada's Response to Climate Change," *Policy Science*, No.35, 2002, p.204; Checkel, Jeffrey T., "Norms, Institutions, and National Identity in Contemporary Europe," *International Studies Quarterly*, No.43, 1999, p. 86; Cortell, Andrew P., and James W. Davis, Jr., "Understanding the Domestic Impact of International Norms: A Research Agenda," *International Studies Review*, Vol.2, No.1, 2000, pp.73-76.
34 高佐知美「アメリカ」田中浩編『現代世界と福祉国家－国際比較研究－』御茶の水書房、1997年、331-332頁。
35 岡伸一「福祉国家の国際比較」田中浩編『現代世界と福祉国家－国際比較研究－』御茶の水書房、1997年、80頁。
36 大野泉『世界銀行－開発援助戦略の変革－』NTT出版、2000年、60-61頁。
37 UNDP, *HDRO*, http://hdr.undp.org/aboutus/, Accessed on June 2, 2006.
38 Schimmelfennig, Frank, "The Community Trap: Liberal Norms, Rhetorical Action,

and the Eastern Enlargement of the European Union," *International Organization*, Vol. 55, No. 1, 2001, pp.64-66; Schimmelfennig, Frank, *The EU, NATO and the Integration of Europe: Rules and Rhetoric*, Cambridge; Cambridge University Press, 2003, pp.217-225; Checkel, Jeffrey T., "Why Comply? Social Learning and European Identity Change," *International Organization*, Vol. 55, No. 3, 2001, pp.558; Finnemore, Martha, *The Purpose of Intervention: Changing Beliefs about the Use of Force*, Ithaca & London; Cornell University Press, 2003, pp.158-159. ただし、チェッケルは"social influence"の代わりに"social sanctioning"を使う。

39 ジョゼフ・S・ナイ著、山岡洋一訳『ソフト・パワー―21世紀国際政治を制する見えざる力―』日本経済新聞社、2004年、66-67頁。

40 たとえば、Risse, Thomas, and Kathryn Sikkink, "The Socialization of International Human Rights Norms into Domestic Practice: Introduction," in Risse, Thomas, Stephen C. Ropp, and Kathryn Sikkink, *The Power of Human Rights: International Norms and Domestic Change*, Cambridge; Cambridge University Press, 1999, p.5.

41 たとえば、Chandler, David, "Rhetoric Without Responsibility: the Attraction of 'Ethical' Foreign Policy," *British Journal of Politics and International Relations*, Vol. 5, No. 3, 2003, p.295, pp.299-300; Gurowitz, Amy, "Mobilizing International Norms: Domestic Actors, Immigrants, and the Japanese State," *World Politics*, No.51, 1999, p.419.

42 福田幸正「米国国際開発庁の組織」『基金調査季報』1984年11月、No.47、23頁；滝田賢治「現代アメリカの対外援助政策―構造と理念の変容―」『現代アメリカ外交の研究』中央大学出版部、1999年、234、236頁。

43 Snook, Stephen L., *Principled Agents in an Agency under Siege: U.S.A.I.D. and its Mission in Tanzania*, A Dissertation Prepared to the Graduate School of the University of Florida in Partial Fulfillment of the Requirements for the Degree of Doctor of Philosophy, University of Florida, 1996, pp.47-57; Rondinelli, Dennis A., *Development Administration and U.S. Foreign Aid Policy, Boulder*, Colorado; L. Rienner Publishers, 1987, pp.9-12; Lancaster, Carol, *Transforming Foreign Aid: United States Assistance in the 21st Century*, Washington, D.C.; Institute for International Economics, 2000, pp.42-43.

44 Pinckney, Annette M., "The Role of Private and Voluntary Organizations in Economic Assistance," in John Wilhelm and Gerry Feinstein eds., *U.S. Foreign Assistance: Investment or Folly?*, New York; Praeger Publishers, 1984, p.329.

45 Ruttan, Vernon W., *United States Development Assistance Policy: The Domestic Politics of Foreign Economic Aid*, Baltimore and London: Johns Hopkins University Press, 1996, pp.221-235.

46 USAIDに登録していないPVOsも多数存在しており、それらは政府の対外援助

政策に反対しているため、政府政策に無関心であるという。ジム・ネルソン・バーンハート、前掲書、178-180頁。

47　McCleary, Rachel M., and Robert J. Barro, "Private Voluntary Organizations Engaged in International Assistance, 1939-2004," *Nonprofit and Voluntary Sector Quarterly,* Vol. 37, No. 3, September 2008, p.518.

第3章　成長規範の拡散と国際開発庁の設立

　第二次世界大戦後、国際秩序の再建に向け、各分野で国際機関が創設された。にもかかわらず、途上国に対する開発援助を目的とする国際機関は、設立されなかった。しかしながら世銀の行動原則が、アメリカ対外援助政策の決定過程で活用され立法化されると、それは成長規範（資本投下）として各国に拡散した。またアメリカでは、成長規範（資本投下）は制度的粘着性を生じ、後の国際開発庁の設立につながった。

　本章は、まず、世銀と国連の行動原則が規範的な意義をもつようになったことを述べる。次に、どのようにそれら行動原則が対立的に位置づけられ、結果的に、世銀の行動原則が優越し、拡散することになったのかを述べる。そしてどのように成長規範（資本投下）が制度的粘着性を発揮するようになったのかを明らかにする。

1. 規範候補アイデアの誕生[1]

（1）国際秩序の再建に欠落した開発援助機関

　戦後国際秩序の再建過程において、各分野で国際機関が設立された。にもかかわらず、途上国に対する開発援助を目的とする国際機関は設立されなかった。当時、国際社会には開発援助という考え方すら存在しておらず、アメリカを始めとする先進諸国は、開発援助を重要な政策課題としては認識できなかったからである。また国際秩序の再建に主導的役割を果たしたアメリカに、自由放任主義的な経済思想が浸透していたことも重要な要因であった。モーゲンソー財務長官（Henry Morgenthau）は、当時のアメリカの長期融資に

対するスタンスを象徴するような発言を行っている。彼によると、経済発展は国内問題であり、諸外国が支援すべき問題ではない。しかしあえて経済発展を支援する場合には、民間投資の促進によらなければならない。万が一、途上国の経済発展を支援する場合には、アメリカ政府は自由貿易の促進、投資環境の改善、欧州諸国の急速な復興により、途上国に民間投資流入を促進するべきである[2]。途上国に対する経済開発支援は、政府が国民の税金を投入して対応すべき問題であるとは認識されていなかったのである。

実際に、戦後、国際秩序の再建計画としてつくられた主な国際機関には、国連、国際通貨基金（IMF）、世界銀行（以下、世銀）、関税および貿易に関する一般協定（GATT）があった。国連は諸国家の安全保障の実現を目指し、開発を活動目的としていたわけではなかった。またIMFは国際金融の安定化を目指し、やはり開発を活動目的にはしていなかった。世銀は後に主要な開発機関になるものの、当初は、いわばIMFの不完全さを補完し、対外民間投資を促進することを目的として設立されていた。当時、戦後復興・開発のためには、まず通貨を安定させることで、対外民間投資を促進し、自由貿易が復活するとの期待があった。しかし同時に、戦後の復興・開発を進めるにあたり、民間投資家に完全に依存することの危険性から、民間投資家が安全にかつ積極的に資本を国際社会に流すことができるよう、民間投資を保証し、民間投資を補完するための融資を行う公的機関、すなわち世銀の必要性が提唱されたのであった[3]。当初の世銀草案にさえ「開発援助」などの単語は見あたらなかったというエピソードが示すように、実際に開発援助は具体的な活動対象として想定していなかったといえる[4]。世銀の具体的な活動領域として想定されたのは、戦後ヨーロッパ諸国の復興であった。自由貿易の促進を主な目的とするGATTもまた、開発援助を優先課題としていたわけではないことは言うまでもない。

つまり、戦後の国際秩序の再建に向けた動きの中で、国連・IMF・世銀・GATTが主な国際機関として創出されたものの、当時、重要な政策課題として認識されていなかった開発を目的とした国際機関はつくられなかったのである。

（２）世銀の組織綱領と国連総会決議の規範的な意義

　当初、別の目的で創設された国連と世銀であったが、国際情勢が変化する中で、途上国の開発援助ニーズを充足しようとした。しかし、その試みは成功とは言えず、2つの力不足な開発援助機関を出現させただけであった。

　欧州復興支援を目的に設立された世銀は、開発援助機関への転身を図らざるを得なかった。前代未聞の国境を越えた公的資本投資機関である世銀に対する各国の態度は冷ややかであり、メイヤー初代世銀総裁はその活動資金の調達に大いに苦慮させられた[5]。そこで世銀は民間投資家に世銀債を購入してもらえるよう、非政治性を保つよう留意し、銀行としての健全性を強調するようになった。しかしその努力を台無しにするように、アメリカはマーシャル・プランを宣言した。それは、世銀が戦後ヨーロッパ諸国の復興需要を満たすだけの資金を調達できないことが判明し、アメリカが世銀を通じてではなく、直接経済援助を行うことによって、欧州復興を支援しようとするものであった。それゆえ、世銀は自らの存続を図るために、本来二次的な活動目的であった国際開発融資に活路を見出した[6]。1947年8月、世銀は、初めてブラジルに調査団を派遣する。12月にはチリとフィリピンへ、1948年3月にはペルーとボリビアへの調査団の派遣を発表する。そして5月には対チリ融資を行う。これはチリに対する初めての融資であると同時に、初めての開発融資となった[7]。しかし、世銀は開発融資を行うようになってもなお、アメリカ政財界に浸透している市場主義に基づき、銀行としての健全な運営を基本方針としたままだった。そのため、世銀の組織綱領には、民間投資促進による経済成長が記載されたまま、引き続き、途上国の経済発展および貧困削減を目指すことになった[8]。実際の開発融資においても、世銀は先進国援助と同様に、対外民間投資促進のための資本援助を行うことになった。世銀は途上国の開発ニーズを充足できない力不足な開発援助機関になったのである[9]。

　しかし、世銀の組織綱領には、規範的な意味を見出すことができる。当時の世銀はまだ後の世銀のように、専門家を集め自らスローガンを作成する能

力を備えていなかった。しかし、国際社会を構成する多くの国が加盟する世銀の組織綱領は、国際社会において象徴的な行動原則とみなしうる。またアメリカにおける「ポイント・フォア計画」の立法化に際して、共和党勢力が世銀の組織綱領を活用して共和党法案を立法化させ、国際社会に世銀の組織綱領に体現される考え方（対外民間投資の促進による経済開発）を拡散させた。そのことから、世銀の組織綱領は、世銀の作成する規範候補アイデアに準ずるものとして捉えることができる。後年の世銀の規範候補アイデアもしくは規範と同様の表記形態をとるのなら、成長規範（資本投下）と表せるものである。

これに対して、国連は開発援助機関の新設により開発ニーズに応えようとした。それは途上国側からの強い要望を受けてのことだった。

まず、途上国は、国連に対して開発援助を要請する。途上国は自らの経済開発ニーズを満たすにあたって、世銀に期待することなどできなかった。世銀の融資には、制限が多く利率も高い。世銀が途上国の経済開発ニーズを満たすとは到底考えられなかった。途上国は国連の場で、いかに途上国の経済開発が重要か、そのための財政支援が不可欠なのかを訴えた[10]。1946年の第1回国連総会、1947年の第4回経済社会理事会（ECOSOC）会合において、多数の途上国が、経済開発の必要性を訴えた。国連憲章の精神に則るものであるがゆえに、国連が途上国の経済開発を支援するべきであると要求したのだった[11]。その結果、1948年の第3回国連総会では、国連が低開発国の経済開発と生活水準向上に乗り出すという総会決議198（Ⅲ）と、国連が途上国経済開発のために技術援助を行うことを規定した総会決議200（Ⅲ）が採択された[12]。両決議は、ビルマ、チリ、エジプト、ハイチ、ペルーの政府が提出した報告書（技術援助に関する諸提案を含む）に基づいて作成されたものである[13]。この決議に従い、国連総会は、経済社会問題に関する諮問サービスを提供する国際的専門家チームを組織することと、その予算として総額約30万ドルを計上することを決定した[14]。

次に、途上国は譲歩的な条件のもとに、技術的・財政的支援を与えてくれる、新しい国連開発援助機関の創設をも要求するようになった[15]。国連で

は、低利子、長期返済猶予期間などの譲許的条件で、技術的・財政的援助を供与する国連経済開発局（UNEDA）の創設に向けた途上国の動きが活発化した[16]。しかし当時、アメリカの国連分担金比率は約4割に達していたことから[17]、国連における新機関の立ち上げはアメリカ次第であり、新機関の設立の見通しは厳しいものであった。そのため国連もまた開発援助機関の役割を十分果たすことが難しい、力不足な開発援助機関になってしまう。

にもかかわらず、国連総会で採択された、国連が途上国開発に乗り出すという決議、そしてそのために技術援助に着手するという決議には、規範的な意味を見出すことができる。当時の国連には、後の国連のように、専門家からなる研究会を開催し、自らスローガンを作成するといったことはできなかった。しかし国際社会の大多数の国家が加盟する国連が、各国の要望を総会決議として採択する行為は、国際規範を作成する行為に相当する。アメリカにおける「ポイント・フォア計画」の立法化に際して、民主党政権側が国連総会決議を活用する形で政府法案の立法化を試みるも、最終的に立法化には至らず、国際社会に広く拡散することはなかった。しかし仮に国連総会決議が立法化され拡散していたとしたら、国際規範になっていた可能性が考えられる。そのため、国連総会決議は、国連の作成した規範候補アイデアに準ずるものとして捉えることができる。後年の規範候補アイデアもしくは規範と同様の表記形態をとるのなら、貧困規範（技術移転）と表せるものである。

つまり、1940年代末、世銀の組織綱領と国連総会決議には、後の規範とは性格を異にするものの、規範的な意義を見出すことができる。後年の規範候補アイデアあるいは規範と同様の形式をとるのなら、成長規範（資本投下）と貧困規範（技術移転）が誕生したとみなせるのである。

2．アメリカ政党対立が招いた規範の対立

（1）国連総会決議のみを活用する民主党政権

1945年4月に誕生したトルーマン民主党政権は、戦後国際秩序の再建を主導してきた。トルーマンはルーズヴェルト大統領の急死によって、突如副

大統領から昇格したため、外交問題についての十分な知識も経験もなかったが、外交問題に積極的に取り組んだ。第二次世界大戦を終結させ、戦後復興計画として、対ギリシャ・トルコ軍事援助（トルーマン・ドクトリン）、対欧州復興援助（マーシャル・プラン）を相次いで発表した。その後、米ソ関係をこじらせ、冷戦を開始させることにはなったが、ソ連のベルリン封鎖にも必要物資を空輸し続けるなどして応戦した。進展する冷戦に現実的に対応するために、北大西洋条約機構（NATO）を結成した。さらに、冷戦は世界各地域を巻き込む中、トルーマン大統領は果敢に地域問題にも介入していった。

　トルーマン民主党政権がこのように冷戦政策を積極的に推進できたのは、国内に反ソ反共体制を確立できたことが大きい。政権はソ連の非難を繰り返し、反ソ反共外交に国民の支持を動員した。また、進歩派・左派系官僚を政府から追放すべく、連邦公務員に対する忠誠審査令を出した。さらに、外交政策と軍事政策を統合する政府機関となる、国家安全保障会議（NSC）や、諜報活動を行う中央情報局（CIA）を設置した。そして、選抜徴兵制により軍隊の再動員体制を確立し、国防費を増加させ、核兵器を中心とする軍備も強化した[18]。こうして、アメリカ国内では、冷戦に対する臨戦態勢が整えられたのであった。

　このように、冷戦一色に染まったトルーマン政権が、非現実的な開発援助計画しかつくり上げられなかったのも頷ける。

　そもそもトルーマン大統領の頭の中には、開発援助計画など存在すらしていなかった。1948年秋、大方の予想を覆し再選を果たしたトルーマン大統領は、自らの大統領就任演説を歴史に残るものにしたいと考えていただけであった。トルーマン大統領が国務省に出していた指示は、画期的なアイデアの発掘である。画期的でありさえすれば、それが開発援助であろうと何であろうとよかったのである[19]。

　そんなトルーマン大統領が開発援助計画というアイデアに遭遇したのは、全くの偶然であった。大統領就任演説の全般的な外交政策方針の形成は、大統領補佐官のエルゼイ（George Elsey）に任せていた。しかしエルゼイには斬新なアイデアが思い浮かばない。そこで、大統領特別補佐官のクリフォード

第3章　成長規範の拡散と国際開発庁の設立　119

(Clark Clifford) は、ロヴェット国務長官代理 (Robert Lovett) にも大統領就任演説の作成を手伝ってくれるよう声をかける。しかしロヴェットはこの問題に熱心に取り組むどころか、部下のラッセル国務省広報課長 (Francis Russell) に仕事を丸投げしてしまう。このラッセルこそが開発援助計画を大統領就任演説に挿入するのに大きな役割を果たす。ラッセルは以前、部下のハーディ (Benjamin Hardy) 国務省広報課長代理から、途上国技術援助というアイデアを聞かされていたのである[20]。

ハーディの対途上国技術援助というアイデアこそ、後の「ポイント・フォア計画」の原案である。かつてハーディは、ロックフェラー米州問題調整官 (the Coordinator of inter-American Affairs) 事務所の広報担当者として、ブラジルに滞在していた。現地で行われている技術援助計画を目にし、世界中に技術援助を展開するという理想を抱くようになった。帰国後配属された国務省の広報課で、上司となったラッセルに彼の熱い想いを吐露するところとなった。ロヴェットからの依頼を受け、ラッセルとハーディは途上国に対する技術援助計画を一気にまとめ上げる。そして、度重なる国務省の反対にあいながらも、1949年1月、大統領就任演説第4項、すなわち「ポイント・フォア」として、挿入されることになったのである[21]。

第4項：我々は後進地域の改善と成長のため、科学的前進と産業的進歩を活用する大胆かつ新たな計画に乗り出さねばならない。…
　我々はよりよい生活への望みを実現させることを手助けするために、我々の蓄積された技術的知識の恩恵を、平和を愛好する国民に利用させるべきだと信じている。そして他国との協力のもとに、開発を必要とする地域で資本投資を促進すべきである。
　我々の目的は世界中の自由な国民を、自助努力により、彼らの負荷を軽くするために、より多くの衣料、食糧、住居材料、技術力を生み出すことを助けることであるべきだ。
　我々はこの試みにあたって技術的資源を蓄積するために、他国にも協力を仰ぐ。彼らの貢献は温かく迎えられることになる。このことは実行可能なと

ころはどこにおいてでも、国連とその専門機関を通じて協働作業する協力的事業であるべきだ。そしてまた平和と繁栄と自由を達成するための世界規模の取り組みでなければならない。…[22]

　つまり、ポイント・フォア計画は、技術援助と資本投資の両方が必要であり、国連を中心主体として援助計画を実施していくという、一見矛盾した内容をもつ計画になっている。それは、トルーマン大統領および彼の側近が、開発援助について無関心かつ無理解だったため、国連総会決議と世銀の組織綱領を、対立的にではなく補完的に捉えたことによるものであった。彼らは対立的な内容の国連総会決議と世銀の組織綱領の両方を活用する形で、途上国に対する技術援助計画を仕上げたのである。しかし、この玉虫色ともいえるポイント・フォア宣言は、今日的観点からするとバランスがとれていたとみることもできる。経済発展には、技術も資本もともに不可欠であるからだ。
　ところが、ポイント・フォア計画は政府法案になる過程で、国連総会決議のみに依拠するようになってしまう。それは、大統領と国務省との対立によるところが大きかった。
　大統領と国務省との対立は、ポイント・フォア計画の作成過程において生じた。それは、トルーマン大統領が本来その理解と協力を最も必要とする国務省を除外した形で、ポイント・フォア計画の立案、作成を進めたからである。国務省官僚はポイント・フォア計画の莫大なコストと実現性を危惧し、その実現を徹底的に阻んだ。ポイント・フォア計画の原案であるハーディの途上国技術援助計画に対しては、国務省内部で何度も異議が唱えられ、大統領に報告さえされなかったのである[23]。そのため、ラッセルとハーディは非公式な経路を経て彼らのアイデアを大統領に報告し、何とか大統領就任演説の草稿に挿入させることに成功した。しかし、大統領就任演説の草稿に取り入れられた後も、国務省はその完成草稿からわざわざポイント・フォア計画の部分だけを削除した。そこで、トルーマン大統領は、再びポイント・フォア計画を挿入し直す形で最終草稿をまとめ[24]、国務省に回覧しないようにして、就任式当日を迎えた[25]。つまり、本来、外交政策形成に中心的な役割を

果たすべき国務省の理解と協力を欠いたまま、ポイント・フォア計画を作成し宣言してしまったのである。国務長官であるアチソン（Dean Acheson）でさえ例外ではなく、トルーマンの大統領就任演説の中で、初めてこのポイント・フォア計画を耳にし、大いに驚いたという[26]。

　立案の段階で徹底的に排除された国務省が、立法化の段階で一転して全面的な協力を依頼されたとしても、協力的な態度をとらないのは当然であろう。立案の段階からポイント・フォア計画に疑念を抱いていた国務省は、この計画性のない無謀な計画に腹を立てていた。大統領府から作業の進行状況報告のために呼び出しがかかると、国務省は引き延ばしを図り、ポイント・フォア計画を実現させるために必要な世論を導き、議会の支持を得る努力を怠った。トルーマン大統領の補佐官は「国務省の主な努力は、引き延ばしをすることだ」という愚痴をこぼすようになった[27]。そのためポイント・フォア計画が実際の審議に入るまでには、実に半年間もかかることになった[28]。

　具体的なアイデアを欠くトルーマン大統領と、その立場上、協力を余儀なくされた国務省は、国連総会決議を文面通りに解釈し、その計画の中心的主体として国連を据えることにした。「…国連がイニシアチブをとるのなら、途上国は必要な自己規律的、自助努力的手段をとり、世界の必要性に彼らの開発計画を適合させやすくすることができる。技術的、資本的資源をもつ諸国は、調整された技術協力活動に全般的に参加することになる。帝国主義を批判する叫び声はほとんど聞かれないだろう。国連の威信や有効性はその業務の重要性とともに増大するだろう。…」[29]との国連の主張に依拠するのである。こうして7月、国務省によって書き上げられた理想主義的な政府法案は、民主党のキー下院外交委員会委員長（John Kee）によって、非現実的な途上国開発援助計画として下院に提出されたのである。

（2）共和党勢力の勝利による世銀の組織綱領の優越

　非現実的な政府法案に対して異議を唱えたのは、大企業を中心とする共和党勢力であった。2度の世界大戦のために国境を越えた通商関係は大幅に縮小し、民間資本の移動も大幅に減少した。第二次世界大戦後、大企業にとっ

て対外民間投資の復活は重要な課題となっていた。そのような状況下で、トルーマン大統領により、国連総会決議のみに依拠した、非現実的なポイント・フォア計画が発表された。大企業は政府法案は商業活動や対外民間投資を阻害しかねないと不安を感じた。そこで立ち上がったのが、全米外国貿易評議会（NFTC）である。NFTCは大企業を代表する立場にあり、アメリカの貿易・投資促進を目的とする団体である。

5月に、NFTCは「民間企業とポイント・フォア計画」と題する報告書を発表した。同報告書において、NFTCは「ポイント・フォア計画」を世銀の組織綱領（対外民間投資促進による経済成長を優先すべき）に依拠する形で以下のようにまとめている。ポイント・フォア計画の成功の鍵は、経済的健全性およびそれを可能にする環境である。計画の力点を民間企業に置くべきだ。民間企業は、対外直接投資を通じて、産業発展のためのノウハウを途上国に伝えられるため、途上国の経済発展への貢献が期待できる。政府がやるべきことは、民間対外投資が促進されるよう環境を整備することである。具体的には、諸外国政府と二国間条約を締結し、外国資本に対する差別的・恣意的慣行を罰するという保証を約束させ、その保証を開発援助計画の前提条件とするべきである[30]。

8月、大企業を中心とする共和党勢力は、ハーター共和党下院議員（Christian A. Herter; マサチューセッツ州選出）に、このNFTCの報告書を下敷きにした共和党法案を作成させ、政府法案に対抗しようと考えた[31]。国連総会決議に依拠した、現実感の乏しい政府法案に対し、共和党法案は世銀の組織綱領に依拠しながら、その計画の実現性および実利性を前面に押し出す戦略をとった。共和党法案が実現するのなら、アメリカ大企業の海外進出の足場を築き、アメリカの商業的利益を増大することになるのだ、と。

このように、政府法案と共和党法案は対照的な性格をもつことになった。立法過程では、両法案の優越性をめぐり、民主党政権側と共和党勢力側が相互批判と自己正当化を繰り返す中で、国連総会決議と世銀の組織綱領、および技術援助と対外民間投資は対立的に捉えられるようになっていく。

9月末、下院公聴会は、国務省を中心とする民主党政権側の証言で幕

を開ける。ウェッブ国務次官（James E. Webb）やソープ経済担当国務次官補（Willard L. Thorp）は、国連総会決議の人道主義的な性格を強調し、政府法案のすばらしさを訴える。国連を通じた技術援助計画を実現できたなら、途上国の経済発展および途上国の国民生活に対し、堅実な貢献が可能になるという。民主党政権側は、その博愛主義的性格に賛同する、農務省、労働省、アメリカ労働総同盟（AFL）、農業団体、退役軍人団体、慈善団体などから支持を集めることができた[32]。

これに対し、共和党勢力は、政府法案に対する共和党法案の優越性を相次いで主張する。NFTC会長のフォスター氏（Austin T. Foster）、ハーター共和党下院議員、アメリカ商工会議所（COC）などは、世銀の組織綱領に沿う形で、対外民間投資の促進を通じた、健全で効率的な経済システムを創出する必要性を訴えた。対外民間投資を促進するにあたっては、被援助国に投資環境整備や投資保証規定を義務づける、二国間条約が不可欠となる。それゆえ、ポイント・フォア計画は、国連を通じた多国間計画としてではなく、二国間計画として実施するべきである。またポイント・フォア計画の実施にあたっては、長年、途上国技術援助活動を担ってきた民間企業と民間資本に中心的な役割を担わせることが望ましい。共和党法案は民間企業に対する公正な処遇と、正当な利益を保証するための規定を備えている。これらの特徴を備える共和党法案は、政府法案より優れており、政府法案に取って代わるべきであるという[33]。共和党勢力は大企業の強力な支持を基盤とし、商務省および財務省の支持を得て、政府法案に対する共和党法案の優越性を語気荒く語ったのであった。

いったん閉会された下院公聴会が再開されるまでの間、民主党政権側は、あらゆる機会を利用して、共和党勢力の圧倒的な優勢を覆そうとした。10月の第4回国連総会で、トルーマン大統領は、アメリカが国連の技術援助活動に対し、全面的な支援を提供することを約束するとともに、アメリカが国連総会決議を忠実に実行する意志があると、政府法案の実現可能性を訴えた[34]。

11月の全米電気関係契約業者協議会（National Electrical Contractors Association）では、大統領補佐官のスティールマン（John R. Steelman）が講壇に立った。ス

ティールマンは、冷戦の文脈において、ポイント・フォア計画は世界経済安定の基礎をなすものであると訴えた。もし途上国における経済問題を放置するならば、共産主義の土壌を提供し、国際社会の安定を損うことになる。国際社会の安定をもたらすためには、国連を通じて、被援助国および他の先進諸国との協力のもとに、ポイント・フォア計画を実施することが理想的だという[35]。

　年明けに、民主党政権は「低開発国の発展支援のための協力計画」と題する冊子を発行し、その中で、ポイント・フォア計画の目的として、国連システムの強化を掲げた。ポイント・フォア計画は、最大限国際機関を通じて実施する。あくまでも国連やその専門機関が効果的に活動できない場合のみ、アメリカが二国間枠組みで計画を実施する。それによって、国連システムの発展を目指すという。そして、最大限国連を通じて、技術援助計画を実施するという政府法案は、国連総会決議を忠実に実現する、理想的なものであると訴えた[36]。

　しかし同時期、民主党政権内部にあっても、世銀の組織綱領に理解を示すかの動きが見られるようになった。大統領経済諮問委員会（Council of Economic Advisers）のエコノミストであったサラント（Walter S. Salant）や、経済協力局（ECA）は、アメリカが直面している国際収支問題を解決するためには、対外民間投資を促進することが、いかに重要なのかという発言を行っている[37]。

　議会内外において共和党勢力に軍配が上がる中、国連総会決議の理想主義を強調した民主党政権側の説得工作も、実を結ぶことはなかった。1月に再開された下院公聴会においても、各証言者の政府法案に批判的な論調は変わらなかった。その結果、政府法案を提出したキー民主党外交委員会委員長が、世銀の組織綱領にも一定の理解を示し、政府法案と共和党法の折衷法案を提示した[38]。実際に、この折衷法案は両法案を折衷するといいながら、実質的な計画内容は共和党法案そのものであり、世銀の組織綱領を実現する計画であった。しかし、キー民主党外交委員会委員長は、両法案を折衷するという体裁をとることで、民主党政権側の譲歩を引き出し、世銀の組織綱領を体現

する共和党法案に対して、超党派的支持を形成することに成功した。

そして6月、ポイント・フォア計画は世銀の組織綱領を体現する形で、ヨーロッパ復興計画（ERP）拡大法第4条、すなわち1950年国際開発法（Act for International Development of 1950）として成立するに至った。ポイント・フォア計画には、3,500万ドルが割りあてられ、その実施機関として、技術協力局（TCA）が設立されたのであった[39]。

まさに1950年国際開発法とTCAは、アメリカの開発援助に関する基本的な認識と、開発援助の原則や方法について規定した最初の法制度として成立することになった。これは史上初の開発援助の法制度であり、目的規範の法制度化に他ならない。これによると、開発援助とは世界平和と繁栄に貢献するものである。そのために技術を移転し、資本投資を促進しなければならず、それには投資保証規定が不可欠である。その上で、開発援助の効果が期待できる状況が整っている国に対し、民間投資が活用できるプロジェクトを支援する。開発援助に際し、経済合理性・健全性が考慮されなければならないという[40]。つまり、技術移転と資本投資の促進を目的として掲げ、その手段として対外民間投資を促進しなければならないという法規定となっている。これは、世銀の組織綱領を体現する形で、ポイント・フォア計画が立法化されたことを意味するものである。

3．成長規範（資本投下）の制度的粘着性

（1）成長規範（資本投下）[41]の内面化と拡散

1950年国際開発法はまさに歴史上初となる開発援助法であったが、残念ながら、その実効性は乏しいものであった。1950年国際開発法の初年度歳出額は3,450万ドル（すでに承認されている760万ドルと新規予算の2,690万ドルからなる）であった[42]。これはマーシャル・プランの1949年度予算の約43億ドル[43]、世界銀行の対フランス・ローンの2億5,000万ドル、対チリ・ローンの1,350万ドル、1949年8月のインドの道路建設プロジェクトの3,400万ドと比較してみてもいかに僅少なものかがうかがえる[44]。また、翌年の

1951年に相互安全保障法（MSA）が成立すると、1950年国際開発法はMSAに統合され、軍事援助の一端を担うものとして位置づけられる。MSAの立法化に伴い、相互安全保障庁（MSA）が設立されると、TCAはMSAの管轄下に置かれてしまう。TCAは安全保障を優先的に考慮しながら、開発援助活動を細々と展開することになった[45]。

つまり世銀の組織綱領を立法化した1950年国際開発法は、十分な予算が割りあてられず、軍事援助に統合され、実効性がほとんど認められなかった。このことは、成長規範（資本投下）が形式的にしか内面化されなかったことに相当する。国際規範の法制度化がなされても、実効性を伴わず、いわば、形式的にだけ国際規範を内面化しているからだ。

成長規範（資本投下）の形式的内面化の結果、国際社会における成長規範（資本投下）の拡散も、中途半端なものとなってしまう。

確かに、1950年国際開発法が国際社会に与えた衝撃は決して小さいものではない。アメリカが1950年国際開発法を成立させたことは、国際社会の他の構成員に向かって、成長規範（資本投下）を内面化し、たとえ不十分な形にせよ、実行して見せたことになる。古くから国際社会においては、同盟国に対する軍事援助や、植民地運営政策としての宗主国による支援、あるいは緊急援助などは行われていたが、自国以外の長期にわたる経済発展を支援するという慣行はそれまで存在してこなかった。大国アメリカがその伝統を打ち破ったことで、ヨーロッパ諸国が開発援助に乗り出すようになった。

しかしながら、1950年代を通じて、アメリカ以外の国々により供与された開発援助の規模はきわめて少なかった。そしてその大半が、ヨーロッパの宗主国からその植民地や旧植民地に対する開発援助であった。スウェーデン政府は、1962年になるまで、開発援助プログラムをいっさい行っていなかった。フィンランドもまた通常の二国間援助を行っていなかった。それ以外のヨーロッパ諸国は、拡大技術援助計画（EPTA）に対してわずかな資金拠出を行うだけだった。国際社会の多くの国がいわゆる開発援助を始めるようになったのは、1950年代末以降のことであった[46]。

さらに、アメリカによる成長規範（資本投下）の立法化に触発された、国

際社会における開発援助構想も実現に至らない。1950年、英連邦外相会談で提案されたコロンボ・プランは、英連邦諸国が中心となって南アジア・東南アジア諸国に開発援助を供与するという構想であった。しかし、肝心のイギリスが自国の財政問題に集中的に取り組み、コロンボ・プランには積極的に関与しなかった。開発援助の重要性はまだまだ低かったのである。結果的に、コロンボ・プランは開発援助計画の青写真に止まり、具体性を伴う計画にも発展しなかった[47]。

　二国間援助にも多国間援助にも実効性が伴わなかったのは、ヨーロッパ諸国がまだ十分戦後復興を遂げていなかったからであり、植民地関係の存続ゆえ、被援助国となる途上国があまり誕生していなかったからである。しかし各国の成長規範（資本投下）に対する理解や支持が不十分だった、すなわち成長規範（資本投下）の拡散が不十分だったことも見逃せないのである。

（2）成長規範（資本投下）の制度的粘着性と国際開発庁の設立

　では、1950年国際開発法と技術協力局（TCA）の成立という形で、成長規範（資本投下）が形式的に内面化されたことには、どのような意義があるのだろうか。

　それは、紛れもなく、成長規範（資本投下）が制度的粘着性を発揮し、後年のアメリカ開発援助政策における法制度的な基礎を築いたことにある。

　まず成長規範（資本投下）を体現する1950年国際開発法の規定が、その後のアメリカ対外援助法の中でどのような足跡をたどったのか、検討してみたい。表3-1は、1950年国際開発法の規定が頻繁に改正される対外援助法の中で、どのプログラムの法規定として取り込まれたか、をまとめたものである。

　1950年代の対外援助の法的根拠となったのは、MSAである。MSAは自由世界の相互安全保障と個別的、集団的防衛強化を目的に掲げ、冷戦戦略の一環として成立させられた法律である。1951年に成立して以来、1960年まで毎年多少の修正が加えられながら、MSAは存続する。そのたび重なる修正作業にもかかわらず、1950年国際開発法の規定が削除されることなく、分類を変えながらも生き残る。1951年MSAと1952年MSAは、地域ごとに法規

定を設けている。そのため、第2部中東・アフリカ、第3部アジア・太平洋、第4部ラテンアメリカの中に、1950年国際開発法の規定はそれぞれ取り込まれた。1953年MSAは法規定が地域別編成から機能別編成に移行し、1950年国際開発法の規定は第4章技術援助として再びまとめられ取り込まれた。1954年MSA、1955年MSA、1956年MSA、1957年MSAでは、1950年国際開発法の規定は第2部開発援助、第3部技術協力の中に取り込まれた。1958年MSA、1959年MSA、1960年MSAでは第2章経済援助の中の第203条開発融資基金（DLF）、第204条技術協力の中に取り込まれた。1950年代、対外援助政策は冷戦戦略の一環として展開され、成長規範（資本投下）の実行はままならないものの、1950年代の毎年の法律改正の中で分類を変えながらも、1950年国際開発法の規定は生き残る。

表3-1：1950年国際開発法の規定に相当する法規定の変遷

1951年MSA 1952年MSA	第2部 中東・アフリカ：第203条 第3部 アジア・太平洋：第302条 第4部 ラテンアメリカ：第402条、など
1953年MSA	第4章 技術援助
1954年MSA 1955年MSA 1956年MSA 1957年MSA	第2部 開発援助 第3部 技術協力
1958年MSA 1959年MSA 1960年MSA	第2章 経済援助：第203条DLF、第204条技術協力
1961年対外援助法	第1部 第2章 開発援助：開発融資、贈与、投資保証など

出典）United States, Congress, *United States Statutes at Large*, various years を基に、筆者作成。

1961年、ケネディ大統領は、かつて大きな注目を集めたポイント・フォア計画を再び基軸に据える形で、アメリカ対外援助政策を抜本的に改革した[48]。ケネディ大統領は1950年国際開発法やTCAを参考基準として、新たな対外援助政策を考案したのである。その結果、1950年国際開発法の規定は、軍事援助の一部ではなく対外援助の中心的な柱として、アメリカ対外援助法の最優先課題に押し上げられるのである。1961年対外援助法は、1950年国際開発法の規定を、第1部第2章開発援助の中の開発融資、贈与、投資保証などの分類に、より一層拡充された形で取り込んだ[49]。1961年対外援助法は、1973年に大幅な修正を加えられることになったが、今日に至るまでアメリカ対外援助政策の法的根拠として存続している。成長規範（資本投下）は、アメリカ対外援助法の中で粘着性を発揮し、さらに生き続けることになったといえるのである。

次に、成長規範（資本投下）を実行するTCAが、その後のアメリカ対外援助をめぐる制度改革の中でどのような足跡をたどったのか、検討してみたい。

表3-2は、アメリカの対外援助機関の設立状況をまとめたものである。この表からは、アメリカが頻繁に対外援助機関を設立、改編してきたことがわ

表3-2：援助機関の設立状況

設立年	援助機関	設立目的
1948年	経済協力局（ECA）	マーシャル・プラン実施
1950年	技術協力局（TCA）	ポイント・フォア計画実施
1951年	相互安全保障庁（MSA）	相互安全保障法実施
1953年	対外活動局（FOA）	非軍事援助の統合
1955年	国際協力局（ICA）	FOA業務のさらなる統合
1957年	開発融資基金（DLF）	長期開発融資の実施
1961年	国際開発庁（USAID）	ICA、DLF、輸銀の一部の業務を統合

出典）筆者作成。

かる。朝鮮戦争後、アメリカ国内では対外援助反対論が盛り上がる。対外援助は浪費にすぎない、非効率である、組織や運営が貧弱であるなどの批判が各方面から寄せられる。これに対し、政府は、頻繁に対外援助機関を改革することで対応しようと試みた。1953年にはMSAを改組し、対外活動局（FOA）を設立した。そのわずか2年後の1955年にはFOAを改組し、国際協力局（ICA）を設立した。この一連の対外援助機関改革は、問題点の改善や業務の効率化を図るものであったことは間違いないが、それ以上に「看板の架け替え」という意味合いが大きかった。TCAの機能は後継の援助機関に継承されていった。そして既存の対外援助プログラムを統合し一括して管轄するUSAIDが設立されると、TCAが担ってきた開発援助業務はUSAIDの中心的な業務になるのであった[50]。

USAIDは成長規範（資本投下）の実施のために、充実した機能を備えた開発援助機関であった。それはケネディ大統領の開発援助に対する理解度によるところが大きい。ケネディ大統領は長期的な視野に立ち、途上国の主体性を重視し、途上国の実情に合わせたきめ細かい支援・指導を提供するべきだと考えた。その考えに基づいて、図3-1のように、USAIDには機能局に加え、各地域担当の地域局が設置され、その地域局の下には、現地事務所が配置された。

途上国の実情に合わせた援助計画を実施できるよう、USAIDの現地事務所には、援助プログラムの立案・作成における権限までが委譲されている。現地事務所は、本部からのアメリカ外交政策指導およびプログラム指導に基づき、また途上国政府との協力体制のもと、援助プログラム計画および予算見積書を作成し、援助プログラムを実施するのである。この途中段階でUSAID本部および議会の承認が必要となるが、現地事務所には援助プログラムの立案・作成における最大限の権限が認められている[51]。

さらに現地事務所には各国の事情とニーズに合わせた援助プロジェクトを立案、実施できるよう、多数の人員が配置されることになった。それら現地事務所勤務の正確な職員数は定かではないが、表3-3のUSAID職員数とその構成から推測することができる。USAIDは政府機関としては珍しく、その

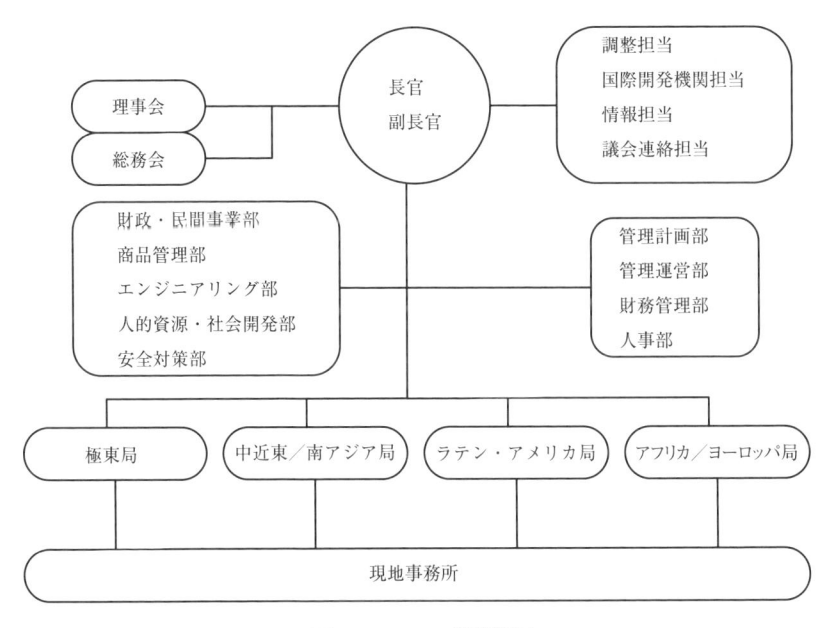

第3章　成長規範の拡散と国際開発庁の設立　131

```
                        ┌─────────┐      ┌──────────────┐
                        │  長官   │      │ 調整担当     │
        ┌──────┐        │ 副長官  │──────│ 国際開発機関担当│
        │理事会│────────└─────────┘      │ 情報担当     │
        └──────┘            │            │ 議会連絡担当 │
        ┌──────┐            │            └──────────────┘
        │総務会│────────────┤
        └──────┘            │
 ┌──────────────────┐       │      ┌──────────────┐
 │ 財政・民間事業部 │       │      │ 管理計画部   │
 │ 商品管理部       │       │      │ 管理運営部   │
 │ エンジニアリング部│──────┼──────│ 財務管理部   │
 │ 人的資源・社会開発部│     │      │ 人事部       │
 │ 安全対策部       │       │      └──────────────┘
 └──────────────────┘       │
    ┌───────┬───────┬───────┴───────┬───────────────┐
  ┌───┐ ┌─────────┐ ┌─────────────┐ ┌─────────────────┐
  │極東局│ │中近東／  │ │ラテン・    │ │アフリカ／      │
  │     │ │南アジア局│ │アメリカ局  │ │ヨーロッパ局    │
  └───┘ └─────────┘ └─────────────┘ └─────────────────┘
              │
     ┌────────────────────────────────┐
     │          現地事務所            │
     └────────────────────────────────┘
```

図 3-1：USAID 機構概要

出典）佐藤眞理子『アメリカの教育開発援助―理念と政変―』明石書店、2005年、図3-4、110頁。

表 3-3：USAID 職員数（1961年度）

USAID 合計 18,106	直接雇用職員合計 14,584	アメリカ人 6,355
		（本部）2,428
		（海外）3,927
		外国人 8,409
	その他政府機関職員（*）合計 568	
	契約職員合計 2,954	アメリカ人 1,704
		外国人 1,250

* USAID の活動に従事する他の政府機関の直接雇用職員。

出典）以下より筆者作成。[Briefing Material: Agency for International Development Global Trends By Manpower Category, 9/20/73, Folder: "[Briefing Materials: AID]," Box87, SMOF, Staff Secretary Files, WHSF, Nixon Presidential Materials, National Archives.

職員の半数近くが外国人であった。これはおそらくUSAIDが、途上国の現状調査やプロジェクト発掘などに力点を置くため、途上国の事情に精通する外国人を多く雇用した結果であると考えられる。それは直接雇用、あるいは契約職員の外国人の多くが現地事務所勤務であるということを意味し、これらの外国人に直接雇用の海外勤務アメリカ人職員も加えるなら、USAID職員の大半が現地事務所勤務であったことになる。

このような現地事務所が世界各地に設置されている。実数は不明だが、1973会計年度末時点での現地事務所数のデータから推測できる。1973会計年度末時点でラテンアメリカ、アフリカ、アジア、中東に開設されていた現地事務所数は124カ所であったことを示している。1973会計年度末には、1960年代後半以降進められたUSAID職員のリストラと現地事務所の閉鎖がほぼ完了していたことを考えると、1960年代には世界各地域・各国に設置されていたということが推察される[52]。1984年9月末時点の各国の国際援助機関現地事務所数のデータでみても、フランスは32、日本は12、イギリスは5、ドイツは0であるのに対し、アメリカは122という桁違いの数となっていることから、いかにアメリカが現地事務所を重視していたかがわかる[53]。

また成長規範（資本投下）に相当するUSAIDの主管する開発援助に対して、多額の予算が割あてられている。開発融資に対しては初年度12億ドル、その後4年間は毎年15億ドル、開発贈与に対しては初年度約4億ドルが割りあてられた。また投資保証の上限も10億ドルまで認められた[54]。

つまり、開発プロジェクトの立案・実施に大きな権限をもち、多数の職員を配備したUSAIDの現地事務所が、世界各国に設置されたことで、各国の実情やニーズに合わせて、成長規範（資本投下）を実行する体制が整備されたのである。また多額の予算割りあては、各国において成長規範（資本投下）の実行に相当するインフラ整備プロジェクトを多数実施できるようにしたのである。

要するに、成長規範（資本投下）が内面化されると、たとえ形式的なものにすぎなかったとしても、成長規範（資本投下）は制度的粘着性を発揮するのである。1950年代には成長規範（資本投下）はほとんど実行されず、国際

社会に拡散もしなかった。しかし成長規範(資本投下)を実行するための法規定と実施機関ができあがると、その法規定は運用され、実施機関は活用される。開発援助に従事する関係者は、その中で、成長規範(資本投下)について学習する機会を得、成長規範(資本投下)を実行するという経験を積むことができる。法規定や実施機関が改編されても、成長規範(資本投下)の意義を認識する国内集団がいる限り、成長規範(資本投下)の法規定や実施機関は修正を加えられながらも生き残る。そして、1961年、開発援助に意欲的なケネディ大統領は、成長規範(資本投下)の法規定や実施機関を、大幅に拡充、発展する形で、1961年対外援助法とUSAIDを創設した。1961年対外援助法は成長規範(資本投下)を中心的な柱に据え、多額の予算を割りあてた。USAIDは成長規範(資本投下)を実行するための様々な機能・権限を付与された。その結果、1961年の成長規範(資本投下)の内面化は、1950年の内面化と比べ物にならないほど、成長規範(資本投下)の実行に対する人々の期待を高めた。USAIDは多くの正規職員および契約職員を雇用し、それら多数の人が成長規範(資本投下)の実行に従事するようになったのである。

　しかし結果的に、1961年に内面化された成長規範(資本投下)は、ほどなくして制度的粘着性を発揮しなくなった。国際環境は依然高い緊張状態にあり、ケネディ大統領自身も民主主義を拡散する手段として開発援助を位置づけるなど、開発援助が冷戦戦略であることには変わりなかったからである[55]。ケネディ大統領は成長規範(資本投下)の内面化・拡散を主導しながら、その意義をどこまで理解できていたのかという疑問が生じる。かねてより開発援助に関心があったと言われるが[56]、実際のところ、成長規範(資本投下)を便宜的に利用した側面があったことも推察される。

　また次章で述べるように、ケネディ大統領の理想主義が裏目に出る形となり、1961年に内面化された成長規範(資本投下)は、人々の期待を裏切る結果となってしまった。実際、1961年に内面化された成長規範(資本投下)は、1950年代と比べて、成長規範(資本投下)の実行程度を相対的に増大させることにはなった。しかし成長規範(資本投下)の実行程度を十分上げる前に

人々の期待を裏切り、制度的粘着性を十分に発揮できなかったのである。

1960年代における成長規範(資本投下)の拡散に関しては、やはり1950年代よりも進展が見られる。成長規範(資本投下)はその後人々の期待を裏切り、制度的粘着性を十分に発揮できなくなったが、ケネディ大統領は、成長規範(資本投下)の内面化とほぼ同じタイミングで、国際社会における成長規範(資本投下)の拡散を進めていたため、広く拡散した。ケネディ大統領は、国連で60年代を「国連開発の10年」にしようと訴える。また開発援助委員会(DAC)を発足させ、ヨーロッパ諸国および日本が加盟国となり、良質な開発援助の増大に取り組むことを誓う。DAC諸国は加盟とほぼ同時期に、アメリカと同様に成長規範(資本投下)を実行する開発援助機関を創設している。その他、国際開発協会(IDA)、米州開発銀行(IDB)などの開発援助を行う国際機関も相次いで創設される。60年代はまさに国際開発協力の時代となった。

注

1 本節は拙稿「開発分野におけるレジームの動態―レジーム競合と協力の動因としてのアメリカ―」『国際政治』第153号、2008年、第1節を加筆、修正したものである。
2 Morgenthau, Henry, "The United Nations Monetary and Financial Conference: Address by the Secretary of the Treasury," *Department of State Bulletin* (以下、*DSB*), July 30, 1944, p.112; Baldwin, David A., *Economic Development and American Foreign Policy 1943-62*, Chicago and London; The University of Chicago Press, 1966, pp.16-17.
3 Oliver, Robert W., *Early Plans for a World Bank*, Princeton; Princeton University Press, 1971, p.4, 23, 49; Gwin, Catherine, *U.S. Relations with the World Bank 1945-1992*, Washington, D.C.; Brookings Institution, 1994, p.3.
4 Mason, Edward S., and Robert E. Asher, *The World Bank Since Bretton Woods*, Washington, D.C.; The Brookings Institution, 1973, p.12；リチャード・N・ガードナー著、村野孝・加瀬正一訳『国際通貨体制成立史―英米の抗争と協力―』東洋経済新報社、1973年、18頁。
5 Mason and Asher, *op.cit.*, p.44.
6 Gwin, *op. cit.*, pp.9-12; Lumsdaine, David H., *Moral Vision in International Politics: the Foreign Aid Regime, 1949-1989*, Princeton, NJ; Princeton University Press, 1993, pp.233-

第3章　成長規範の拡散と国際開発庁の設立　135

234.
7 World Bank, *World Bank Group Historical Chronology*, http://web.worldbank.org/WBSITE/EXTERNAL/EXTABOUTUS/EXTARCHIVES/0,,contentMDK:20035653~menuPK:56305~pagePK:36726~piPK:36092~theSitePK:29506,00.html, Accessed on April 15, 2007.
8 IBRD, *IBRD Articles of Agreement: Article I*, http://web.worldbank.org/WBSITE/EXTERNAL/EXTABOUTUS/0,,contentMDK:20049563~pagePK:43912~menuPK:58863~piPK:36602,00.html#I1, Accessed on March 30, 2007.
9 Rao, V. K. R. V., "An International Development Authority," *India Quarterly*, Vol.8, July-September, 1952, pp.238-240, 242-234.
10 Baldwin, David A., *op. cit.*, p.28.
11 Owen, David, "The United Nations Program of Technical Assistance," *The Annals of The American Academy of Political and Social Science*, Vol.270, July 1950, pp111-112; Baldwin, *op. cit.*, p.28
12 United Nations, *General Assembly Resolution*, 198 (III) and 200 (III), December 4, 1948.
13 Owen, *op.cit.*, pp.111-112.
14 United States, Department of State, *United States World Affairs*（以下、*USWA*), 1949, pp.333-334.
15 Gwin, *op.cit.*, p.9, 11.
16 Rao, *op.cit.*; Lumsdaine, *op.cit.*, pp.234-236.
17 United Nations, *General Assembly Resolution*, 69 (I), December 14, 1946.
18 砂田一郎『新版　現代アメリカ政治－20世紀後半の政治社会変動－』芦書房、1999年、65-66頁。
19 Clifford, Clark, with Richard Holbrooke, *Counsel to the President: A Memoirs,* New York; Random House, 1991, p.249; *Oral History Interview with Francis Russell*, July 13, 1973, p.33, Truman Library, http://www.trumanlibrary.org/oralhist/russellf.htm, Accessed on March 31, 2007; Shenin, Sergei Y., *The United States and the Third World: The Origins of Postwar Relations and the Point Four Program*, Huntington, NY; Nova Science Publishers, Inc., 2000, pp.7-8.
20 Clifford, *op.cit.*, p.247; Phillips, Cabell, *The Truman Presidency: the History of a Triumphant Succession*, Baltimore; Penguin Books, 1969, p.272; Shenin, *op.cit.*, p.8. ただし、以下を引用している。Lowry, M., "Ben Hardy's Role in the 'Point Four' Story," *The Atlanta Journal,* June 18, 1950.
21 Clifford, *op.cit.*, pp.249-250; *Oral History Interview with Francis Russell, op.cit.,* pp.33-34; Shenin, *op.cit.*, pp. 8-11. ただし、以下を引用している。"Benjamin Hardy to Jonathan

Daniels," November 19, 1950, Point IV File, Folder 2, Box 1, Hardy Paper, pp.1-2, Truman Library.

22   Truman, Harry S., "Inaugural Address," January 20, 1949, http://www.truman library.org/publicpapers/index.php?pid=1030&st=&st1, Accessed on October 10, 2006.

23   Clifford, *op.cit.*, p.250; Shenin , *op.cit.*, p.11. ただし、以下を引用している。Lowry, *op.cit.*

24   Rotter, Andrew Jon, *The Big Canvas: The United States, Southeast Asia and the World: 1948-1950*, Stanford University Ph.D. Dissertation, University Microfilms International, 1981, p.26. ただし、以下を引用している。"Clark Clifford to Herbert Feis," July 16, 1963, Elsey Papers, Speech File, Box 36, Truman Library.

25   Clifford, *op.cit.* pp.248-253; Ruttan, Vernon W., *United States Development Assistance Policy: The Domestic Politics of Foreign Economic Aid*, Baltimore and London: Johns Hopkins University Press, 1996, p.50.

26   Acheson, Dean, *Present at the Creation: My Years in the State Department*, New York; Norton, 1969, p.254; Rotter, op.cit., p.33.

27   Paterson, Thomas G., *On Every Front : the Making of the Cold War*, New York: W. W. Norton & Company, 1979, p.108. ただし、以下を引用している。"Memorandum for Files by David D. Lloyd," December 3, 1949, Chronological File, David D. Lloyd Papers, Truman Library.

28   President Truman to Congress, Press Release, Papers of Harry S. Truman; Files of David D. Lloyd, June 24, 1949, Doc.19, *Documentary History of the Truman Presidency* (以下、*DHTP*), pp.108-112.

29   Dean Acheson to Truman, "Progress Report on Point IV," March 14, 1949, RG59: General Records of the Department of State, NARA, College Park, MD, Doc.12, *DHTP*, pp. 55-56; Advisory Committee on Technical Assistance, Robbins P. Gilman, "ACTA D-30a, Point Four Program to Dependent Areas," July 27, 1949, Papers of Harry S. Truman: Files of David D. Lloyd, Doc.24, *DHTP*, pp.138-143.

30   Report of National Foreign Trade Council, "International Technical Cooperation Act of 1949 ("Point IV" Program)," *Hearings before the Committee on Foreign Affairs, House*, 81st Congress, 1st Session, October 3, 1949, pp.100-110.

31   Statement of Austin T. Foster (Chairman, Treaty Committee, National Foreign Trade Council, Inc.), *Ibid.*, October 3, 1949, p.111; Statement of Christian A. Herter (Representative in Congress from the State of Massachusetts), *Ibid.*, October 5, 1949, p.184.

32   Statement of James E. Webb (Acting Secretary of State), *Ibid.*, September 27, 1949, pp. 4-9; *Statement of Willard L. Thorp (Assistant Secretary of State for Economic Affairs), Ibid.*, Sep-

第3章　成長規範の拡散と国際開発庁の設立　137

tember 27, 1949, pp.9-20; Statement of Charles F. Brannan(Secretary of Agriculture), *Ibid.*, September 28, 1949, pp.43-63; Statement of Maurice J. Tobin (Secretary of Labor), *Ibid.*, October 7, 1949, pp.273-277; Statement of Philip M. Kaiser (Assistant Secretary of Labor), *Ibid.*, October 7, 1949,pp.277-294; *Congressional Quarterly Almanac*（以下、CQA）, 1949, pp.397-400.

33　Statement of Austin T. Foster (Chairman, Treaty Committee, National Foreign Trade Council, Inc.), *op.cit.*, October 3, 1949, pp.111-117; Report of Special Committee on Point IV program, Chamber of Commerce of the United States, *Ibid.*, October 4, 1949, pp.154-162; Statement of Christian A. Herter (Representative in Congress from the State of Massachusetts), *Ibid.*, October 5, 1949, pp.180-207; Rayford Logan (representing the National Association for the Advancement of Colored People), *Ibid.*, October 5, 1949, pp.208-213; Statement of Squruille Braden (formerly Assistant Secretary of State in charge of American Republic Affairs), *Ibid.*, October 6, 1949, pp.219-256.

34　*USWA*, 1949, pp.101-102.

35　[John R. Steelman], Press Release, November 9, 1949, Papers of Harry S. Truman: Files of David D. Lloyd, Doc. 38, *DHTP*, pp. 219-228.

36　[Office of Public Affairs, Department of State], "Point Four: Cooperation Program for Aid in the Development of Economically Underdevelopment Areas," January 1950, RG59: General Records of the Department of State, NARA, College Park, MD, Doc. 42, *DHTP*, pp. 247-248.

37　[David D.] Lloyd to W[alter] Salant, "Summary Outline of Discussion of Long Term International Problems for January 1950 Economic Report," November 17, 1949, Papers of Harry S. Truman: Files of David D. Lloyd, Doc. 39, *DHTP*, pp.229-233; [Economic Cooperation Agency], "The Problem of the Future Balance of Payments of the United States," ca. December 1949, Papers of Harry S. Truman: Files of David D. Lloyd, Doc. 40, *DHTP*, pp.234-237.

38　*CQA*, 1950, p.210.

39　*Ibid.*, pp.211-217.

40　"Act for International Development, sec. 402, sec. 403," *United States Statutes at Large*, 1950-1951, Vol.64, Part 1, USGPO; Washington, D.C., 1952, p.204.

41　第3節より、世銀の組織綱領を成長規範(資本投下)と表記するのは、アメリカが世銀の組織綱領を立法化したことによって、それが国際社会に拡散し、国際規範の地位を獲得するようになったためである。

42　*DSB*, Vol.23, No. 598, December 18, 1950, p.971; *USWA*, 1950, pp.96-97.

43　*CQA*, 1948, p.170.

44 Mason, Edward S., and Robert E. Asher, *The World Bank since Bretton Woods*, Washington, D.C.; The Brookings Institution, 1973, pp.813-814.
45 Atwood, Rollin S., "The United States Point Four Program: A Bilateral Approach," *The Annals of the American Academy*, 1959, p.34.
46 Lumsdaine, David H., *Moral Vision in International Politics: the Foreign Aid Regime, 1949-1989*, Princeton, NJ; Princeton University Press, 1993, pp.238-239.
47 *Ibid.*, pp.236-238.
48 Ruttan, *op.cit.*, p.69. ただし、以下を引用している。*New York Times*, June 4, 1961, 6E.
49 "Act for International Development," *op.cit.*, pp.204-209.
50 De Angelis, Manlio F., "Foreign Aid: The Transition From ICA to AID, 1961," November, 1974. [USAID Order No.; PN-ABF-703], pp. X4-5; Sean P. Duffy, *The Origins of the Agency for International Development: Foreign Assistance Reorganization in 1961*, July, 1991[USAID Order No.; PN-ABL-500].
51 USAID, *Integrated Foreign Aid Agency: Draft Operation Plan*, March, 1961 [USAID Order No.; PN-ARE-963], pp.28-34.
52 海外事務所は、その国の業務を担当する現地事務所と、その地域全体の業務を担当する地域事務所に大きく分けられるが、ここに挙げた数字はこれらの合計数である。Briefing Material: Agency for International Development Global Trends By Manpower Category, 9/20/73, Folder: [Briefing Materials: AID], Box87, SMOF, Staff Secretary Files, WHSF, Nixon Presidential Materials, National Archives.
53 西村保男・広田幸紀「米国国際開発庁の海外組織」『基金調査季報』No.50、1985年、88-90頁。
54 *CQA*,1961, p.294.
55 第2章、注30参照のこと。
56 Rostow, W. W., *Eisenhower, Kennedy, and Foreign Aid*, Austin; University of Texas Press, 1985, pp.57-72.

第4章　貧困規範の利用による国際開発庁の再生

　1960年代後半になると、戦後国際秩序の変容が顕在化するようになる。軍事介入による封じ込め政策は行き詰まり、国際社会の多極化が進展する中で、アメリカはその相対的な地位の低下を感じるようになった。また同時期、開発援助をめぐる状況も転機に直面していた。援助国や国際援助機関が増大するなど、国際開発協力体制は発展を続けてきたが、国際経済格差はなかなか是正されず、途上国の貧困問題も解決に向かっていないことが問題視されるようになった。その結果、成長規範（資本投下）は衰退に向かい、新たにBHNという規範候補アイデア（以下、貧困規範（BHN））が提起されるようになった。

　そこで本章は、なぜ貧困規範（BHN）という規範候補アイデアが提起されるようになったのか、また貧困規範（BHN）がニクソン政権期のアメリカにどのような影響を与えたのか、その結果、なぜ貧困規範（BHN）の実行程度は増大するようになったのか、を検討するものである。

１．新たな規範候補アイデアの誕生

（１）国連と世銀の規範起業家化

　1960年代後半になると、国際社会における国際開発協力体制は大いに発展し、それに伴って、アメリカの相対的な地位の低下が顕在化するようになった。

　その変化の一つには、援助国の増加が挙げられる。1961年、11カ国によって結成されたDACは、1969年にはその加盟国を17カ国に増やし、DAC諸国

のODA総額は、1961年の約52億ドルから、1969年には約66億ドル、1973年には約94億ドルと増大した。それに伴って、DAC諸国ODA総額に占めるアメリカのODAの割合は、1961年の57％から1969年には47％、1973年には32％と落ち込み、アメリカの相対的な地位は低下していった[1]。

次に、援助国の増加に伴う、開発援助に従事する国際機関の総数および活動規模の増大が挙げられる。例えば、世銀の加盟国は、1945年のわずか27カ国から1969年には112カ国に、国際開発協会（IDA）の加盟国は1960年の36カ国から1969年には103カ国に増えている。これら諸機関に対するドイツ、日本、カナダの出資額は大幅に増加し、それらの活動規模も膨らんだ。それによって、第二次世界大戦終結直後には、アメリカ一国の開発援助額が世界銀行諸機関、国連諸機関、地域開発銀行などの国際機関の援助総額よりも圧倒的に上回っていたが、国際機関の援助総額が漸増し続け、1969年には国際機関の援助総額が約28億ドルに達し、ついにアメリカ開発援助額の約17億ドルを抜き、その後、その差は開き続けた[2]。

さらに、国際機関の世銀の対米自律性も増大してきた。世銀は当初、その人材においても、その活動資金においても、アメリカに依存する形で活動を展開してきたが、次第にアメリカへの依存度を低下させていく。戦後復興を遂げた先進諸国の資本市場の復活・成長によって、国際資本市場からの借入金が増大し、1948年には98％であった世銀のアメリカ資本市場からの資金調達率は、1970年には42％にまで低下した。また世銀自体の融資活動が軌道に乗ってきたことで、債権の売却金、元本返済金、活動の収益金が増大するようになり、加盟国の出資金に依存する割合自体を大幅に低下させた。活動資金全体に占める相対的割合を低下させてきた加盟国の出資金であるが、加盟国の増大により、アメリカの保有する投票権比率は1947年の34.23％から1970年には24.53％にまで低下することになった[3]。このように活動資金面での対米自律性の高まりに加え、1968年に世銀総裁に就任したマクナマラの独自路線も、ニクソン政権のアメリカとの関係を微妙なものにした。その結果、当初、ニクソン政権はマクナマラを第2期目の世銀総裁として指名することを拒むという事態に発展した[4]。

そして同じ頃、国連も1950年代後半以降の加盟国の増大に伴い、対米自律性を増大させてきた。設立当初、国連開発計画（UNDP）およびその前身機関に対するアメリカの分担金比率が40％強だったのが、60年代半ばになるとその比率は低下を始め、60年代後半には30％強に、80年には20％以下に、90年になると10％にまで落ち込んでいる[5]。アメリカは国連の対米自律性の増大に苛立ち、国連予算の分担金の拠出を滞納するようになったり、その分担金比率の引き下げを要求するようになったりした[6]。

また1960年代半ば、国連は開発援助主体としての機能強化に着手するようになった。国連はFAOやWHOなどの多数の専門機関を擁し、多岐にわたる活動を展開してきたが、効率的かつ効果的に活動が展開されてきたとはいえなかった。というのは、それら専門機関が各自運営委員会や予算をもち、独自に援助活動をしてきたために、それらの活動の間には一貫性が見られず、時に矛盾も生まれることになったからである。次第に、国連は国連システム全体の開発援助活動の調整をはかる中央集権的機関が必要であると考えるようになった[7]。1966年、その重責を担うべく設立されたのがUNDPであった。しかしその主要財源を各国の自主的な拠出金にしており、期待された役割を果たすことなどできなかった。そこで、1968年、UNDPの行政能力を大幅に拡大するために、オーストラリア出身のジャクソン卿（Sir Robert Jackson）を中心とした研究が開始される。その研究結果は、「国連開発能力の研究」（A Study of the Capacity of the UN Development System）と題する報告書にまとめられ、1969年11月に提出された。この報告書でジャクソンが提案したのは、UNDPを強化、再組織化し、その内部に中央集権的な政策決定機構を発足させるという、UNDPの包括的な改革案であった[8]。

このように、援助国・援助機関の増大、世銀・国連の対米自律性の高まり、国連の組織強化への動きなどに見られるように、国際開発協力体制は発展し、アメリカの相対的な影響力が低下してきたのである。この時点でもなお、アメリカが最重要な援助国であることには変わりはないものの、もはや援助供給や分析力やアドバイス提供力において、アメリカが圧倒的な支配力をもつことはなくなった。このことは、アメリカが「開発援助システムの専制君

主」から、「開発援助システムの一参加者」に変わってしまったことを意味するものであった[9]。

その結果、国連と世銀は開発実施主体としてではなく、規範起業家として存在感を発揮するようになった。世銀も国連もともに各国に開発援助の重要性を認識させるべく、研究報告書を作成し、各開発主体に向けて行動原則を提示する。そして専門家集団である両機関が行動原則を提示すると、開発主体側もその行動原則に関する協議を行おうとしたり、政策に取り入れようとしたりと、両機関の行動原則を重要な基準とみなすようになる。つまり、これら行動原則は、「開発援助共同体の構成員に対して提示される望ましい行動基準」、すなわち「規範（あるいは規範候補アイデア）[10]」に相当し、両機関は規範を作成する規範起業家として存在感を発揮するようになったのである。

（2）成長規範（資本投下）の衰退と貧困規範（BHN）の誕生

1960年代後半はまた、国際開発協力を開始した当初は想像もしなかったような、様々な問題が、顕在化するようになった時期でもある。途上国全体の顕著な経済発展が見られないばかりか、途上国国内の経済格差は拡大し、貧困や飢餓問題が深刻化していく事例が増えた。そのため被援助国からは対外援助に対する批判や不満の声が上がり、援助国の間には援助疲れが蔓延するようになった。その結果、国際開発協力自体を望ましいとする目的規範の価値が根底から覆されることはなかったものの、そのフラストレーションは成長規範（資本投下）に向けられることになった。成長規範（資本投下）は衰退に向かったのである。

成長規範（資本投下）を見直す動きに真っ先に着手したのは、サセックス大学のダドリー・シアーズ（Dudley Seers）やILOであった。シアーズは、成長規範（資本投下）の有効性に異議を唱え、開発とは本来何を意味するものかを問いかけた[11]。ILOは世界雇用計画を立ち上げ、貧困問題を雇用という観点から理解するプロジェクトに取りかかり、雇用促進そのものを開発目的に据えるという雇用志向開発戦略を提唱した。ILOはその後も途上国の現状調査を進める中で、問題関心を深め、開発を進める上で、貧困の根絶、公平

性の実現、再分配などの必要性を訴えるようになった[12]。

この動きに触発されるように、世銀や国連という規範起業家は独自に専門家を雇い、成長規範（資本投下）の体系的な見直し作業を始めた。

マクナマラ世銀総裁は成長規範（資本投下）の見直しを図るために、ピアソン前カナダ首相（L. B. Pearson）を委員長とする国際開発委員会（Commission on International Development）を組織した。同委員会が作成した「開発におけるパートナーシップ」（Partners in Development: Report of the Commission on International Development；通称「ピアソン報告」）は、「開発は社会システム全体を向上させることだ」というミュルダール（Gunnar Myrdal）の言葉を引用し、これまでのGNP指標に基づく開発の進め方を批判した[13]。その後、マクナマラ世銀総裁は「ピアソン報告」に依拠し、GNPは開発の必要条件であるが十分条件ではなく、開発の質こそが重要であり、人間開発が今後の開発の課題となることを述べた[14]。さらに大規模な貧困に立ち向かい、経済成長をより公平な所得配分に結びつける緊急の必要性があるなど、社会的公平性にも言及するようになった[15]。その延長線上に位置づけられるナイロビ・スピーチは、絶対的貧困の撲滅を初めて提唱したということで、国際社会に大きなインパクトを与えた。「今世紀末までに、絶対的な貧困を根絶させるべく取り組まなければならない。具体的には、栄養失調や文盲の根絶、幼児死亡率の低下、寿命を延ばすことである。そのためには小規模農業の生産性を増大することが不可欠である[16]。」こうして世銀もこれまでのGNP指標による開発を反省し、その最優先課題に貧困を掲げたのである[17]。

国連もまた成長規範（資本投下）の見直しのために、ティンバーゲン（Jan Tinbergen）を委員長とする国連開発計画委員会（Committee for Development Planning）を組織する。同委員会は「第二次国連開発10年のためのガイドラインおよびプロポーザル」（Towards Accelerated Development: Proposals for the Second United Nations Development Decade；「ティンバーゲン報告」）の中で、開発の意味を問い直し、新たな開発目標を掲げた。開発とは「単に生産能力の増大にとどまらず、社会経済構造の大きな変化」であり[18]、開発の究極の目的とは、「住民がすべての分野でよりよい生活を送ることができる機会を提供す

ること」であると定義する。そしてその目的実現のために、「途上国に広まっている『所得と財産の分配』に関する極端な不平等は排除されなければならない。…特に重要なことは途上国に蔓延している大衆の貧困、社会的不平等を排除することである。新しい雇用機会、食糧供給の増大、より栄養価の高い食物、よりよい教育、保健施設の整備などが、増加する人口、特に社会の下層とよりよい将来への期待を代表する青少年たちに供給されねばならない」のであった[19]。そしてこの報告書に基づいて「第2次国連開発の10年」に向けた取り組みが始まることになった。国連は開発の意味を根底から問い直し、そのための重要課題を包括的に取り上げた。

世銀と国連はともに開発の意味や対外援助の質を問題とし、途上国の貧困問題を解決することが重大であること、そしてそのためには雇用拡大、公正な所得配分、ベーシック・ニーズ充足などを課題とすべきことを説いている。しかし世銀の貧困戦略はあくまでも経済成長優先主義を前提としていたのに対し、国連が提言した、人間の基本的な生活必要性（BHN）（保健、医療、食糧、雇用など）の充足は、貧困削減アプローチに準拠するものであり、より画期的なものとして受け止められることになった。そのため、成長規範（資本投下）に代わって、国連が提唱したBHNは、この時代を象徴するスローガンとなり、貧困規範（BHN）が新たに優越性を確立していくことになった。

2．成長規範（資本投下）体制の解体

（1）成長規範（資本投下）体制への批判

成長規範（資本投下）を実行してきたにもかかわらず、国際的な経済格差の是正や途上国の貧困問題解決に貢献することになっていないことが認識されるようになると、アメリカ国内では対外援助に対する激しい批判が起こった。これは目的規範の「当たり前さ」さえ覆すような勢いであった。

その背景には、ヴェトナム戦争の泥沼化とそれによって引き起こされた経済状況の悪化があった。アメリカ国内では激しい対ヴェトナム政策批判が噴出し、それはヴェトナムからのアメリカ軍撤退要求へ、そしてインドシナに

おける援助資金の使用を制限しようとする動きへとつながっていった。その東南アジアにおけるコミットメント縮小機運は、世界各地域のコミットメントにも波及し、対ギリシア、パキスタン、カンボジア軍事援助が、事実上の独裁政権支援にすぎないことへの怒りや、膨れ上がったヴェトナム戦費がもたらした財政赤字とドル相場下落からくる不安が、国内問題優先志向を生み、対外援助を行うこと自体に対する批判が強まったのである[20]。

　その結果、対外援助を批判したり、その廃止を要求したりする、数々の著書や報告書が刊行されることになった。その急先鋒を担ったのが納税者委員会（Taxpayers Committee）である。納税者委員会は、市民対外援助委員会（Citizens Foreign Aid Committee）を前身とし、対外援助計画の全廃を主な目的とする圧力団体として長く活動を展開してきた[21]。その納税者委員会は、その当時もまた、いかに対外援助がアメリカ国民生活とアメリカ経済に悪影響をおよぼすかについて述べた上で、対外援助の廃止を要求した。具体的には、対外援助は重税となって国民生活を圧迫すること、競争相手育成や技術移転によってアメリカの貿易にダメージを与えること、国内の購買力を引き下げインフレを生むこと、ドルの価値は相対的に衰退し国際収支は悪化することなどを述べている[22]。また納税者委員会以外からは「途上国は開発援助資金を有益に活用することができない」、「途上国の経済社会的状況に適合しない無駄なプロジェクトに開発援助資金が投入される」、「対外援助、特に軍事援助は、途上国国内問題への介入の危険性をはらむ」、「対外援助によって友人を買うことはできない」などといった批判が寄せられた。対外援助はアメリカ経済、途上国経済開発、外交政策などあらゆる点から、厳しい批判にさらされていたのである[23]。

　対外援助そのもの、すなわち目的規範に対する疑念や不満は、アメリカ対外援助歳出額の減少傾向に如実に表れている。図4-1によると、1951会計年度をピークに、その要求額も歳出額も減少を続けたにもかかわらず、議会がその対外援助予算要求額を削減する比率は、次第に大きくなった。1969会計年度に至っては、その対外援助予算要求額は、その前年までの30億ドル台を割り込む29億2,000万ドルにまで削減された。これは議会の対外援助

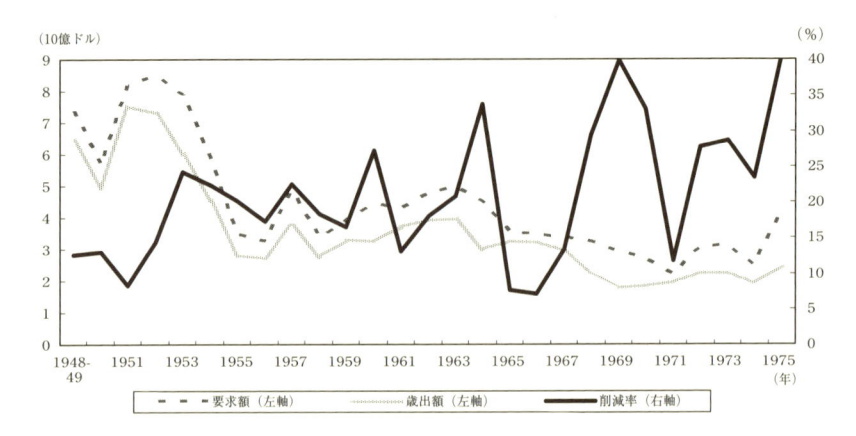

図4-1：アメリカ対外援助要求額・歳出額・削減率

出典）United States, Congress, *CQA*, 1975, p.857 より筆者作成。
注）要求額は、対外援助授権審議の際に最初に要求された額。

に対する厳しい目を十分意識したものであったにもかかわらず、議会は対外援助予算を大幅に削り、最終的な歳出額は史上最低の17億6,000万ドルにまで落ち込み、削減率は40％弱と史上最高を記録した。アメリカ国内では、目的規範の「当たり前さ」が大きく揺らいだ格好になった。

対外援助批判は、開発援助の実施機関であるUSAID批判にも結びついた。

USAIDは、成長規範（資本投下）の実行組織として設立された。成長規範（資本投下）が優越していた時期には、途上国のGNPや1人当たり所得の増大を図ることが目的とされ、国単位でそれぞれが抱えている個別の経済発展阻害要因に取り組み、産業化を図るための大規模資本投資が必要であると考えられていた。そのため、USAIDは世界各国に海外事務所を設置し、多数の職員を配備した。現地途上国からも職員を採用し、現地の事情や必要性にあわせた開発プロジェクトを入念に作成できるよう、海外事務所には大きな権限が与えられていた。USAIDは、多大な人材、資本、時間、労力を投入し、世界各国で、成長規範（資本投下）の実行計画、すなわち大規模インフラ整備計画を展開してきたのである（第3章第3節参照）。

しかし、実際には、USAIDの開発事業は難航した。国ごとの経済事情の

相違に配慮しながら、大規模な資本投下を進めても、経済発展は進まず、経済発展を阻む数々の複雑な問題が認識されるようになった。人口が急増し続け、途上国の貧困を深刻化する。国民大衆の多くは雇用機会が大幅に不足しているために、貧困生活から抜け出すことができない。途上国国内の経済格差は拡大し、社会的公平性を損う。絶対的に食糧が不足している。1960年代初期には予測していなかった諸問題が、多くの途上国に共通に見られるようになったのである[24]。

その結果、新たに提起された貧困規範（BHN）の観点から、開発援助政策が見直されることになった。大規模な資本投下を行うよりも、新しい技術と知識をより巧妙に適用することによって、効果的な解決が見込めるのではないか。そのためにも各国・地域の事情に精通する現地事務所およびそれを管轄する地域局よりも、特定問題を熟知し優れた専門能力を有する機能局がイニシアチブをとった方が望ましいのではないか。対外援助予算も地域ごと国ごとに配分されるよりも、重要なセクターに重点的に配分されるべきなのではないか[25]。USAIDには、新たに優越してきた貧困規範（BHN）を実行できないと考えられ、その存在意義を問い直されることになったのである。

それに加え、USAIDは組織としての不健全さが次第に顕著になってきた。対外援助批判の高まりに伴い、対外援助予算は年々減少し、1963年に82だった被援助国数は、1971年には42にまで落ち込み、計画自体の規模も現地事務所の規模も縮小するようになった[26]。にもかかわらず、表4-1はUSAID職員数が増加の一途をたどっていたことを示している。ケネディ、ジョンソンと民主党政権が続き、政府規模は拡大傾向を示し、1961年に約18,000人だったUSAID職員はわずか7年で8,000人増加し、1968年には約26,000人にまで膨らんだ。予算も仕事もない機関が、どんどん職員を雇用していったことになる。

また1960年代末のUSAIDの運営には、中途半端な機構改革が加えられてきたために、様々な弊害やコストが生じるようになっていた。設立当初、USAIDは被援助国の現地事務所、およびそれを管轄する地域局に大きな権限を与えるという分権体制をとった。しかし地域局は現地事情に精通するも

表 4-1：USAID 職員数の変遷（1961 ～ 1968）

	1961	1965	1968
USAID 合計	18,106	20,371	26,472
直接雇用職員　合計	14,584	14,713	17,569
アメリカ人	6,355	6,469	8,306
（本部）	2,428	2,930	3,468
（海外）	3,927	3,539	4,838
外国人	8,409	8,244	9,263
その他政府機関職員（*）	568	634	1,246
契約職員　合計	2,954	5,024	7,657
アメリカ人	1,704	2,769	2,510
外国人	1,250	2,255	5,147

＊USAID の活動に従事する他の政府機関の直接雇用職員。
出典）以下より筆者作成。[Briefing Material: Agency for International Development Global Trends By Manpower Category, 9/20/73, Folder: "[Briefing Materials: AID]," Box87, SMOF, Staff Secretary Files, WHSF, NPMS, NA.

のの、人材育成や契約や調達などの面では十分能力を発揮し得ないことが次第に明らかになる。また地域局内の各事務局間の業務の重複やコミュニケーションの欠如により、地域局自体の運営の効率の悪さがめだつようになってきた。そこでUSAID本部は地域局に大きな権限を与える分権体制を改め、中央集権化を図ろうと考えた。USAID本部は、相次いで政策立案や資源配分や技術援助のための、より強力な部局および中央行政局を中央に設置した。しかし地域局に計画立案の全権限を付与するという体裁をとり続けたことから、地域局から中央局への大幅な権限委譲をするに至らず、USAIDの権限が地域局にも中央局にも分散してしまう結果になった。そのため人材・運営の点で様々なコストを生じさせることになったのである[27]。

さらに、USAID職員の業務の非効率さ、やる気のなさ、無能力もめだつようになった。ケネディ民主党政権下で設立されたUSAIDは、すべての職員に対し平等に昇進の道を開いた。そのためUSAID設立後数年も経つと、

現場の職員よりも管理職の方が多くなるという事態が生じた。管理職の増加は意思決定過程を複雑にし、円滑なコミュニケーションを阻害するとともに、責任の所在を拡散させることになった[28]。また職員の能力評価が厳格な基準によってなされることもなく、職員の中には明らかに能力がないと考えられる者も出てきた[29]。そしてUSAID職員は、新しい大胆なアイデアに耳を貸すよりも、むしろ間違いが少なく見える古いアイデアを採用し、未知の領域に足を踏み入れるよりもまず、過去に出された要求に見合うよう報告書を作成するといわれるようになった[30]。USAID職員自身もまた有能でもなく、一生懸命、効率的に働くこともなくなった。

貧困規範（BHN）の提起を背景に、組織としての不健全さを露呈させていたUSAIDは、国民から怒りをぶつけられるようになり、政府にとってもその存在自体が重荷になっていくのであった[31]。

（2）二国間開発援助からの撤退

国際開発協力体制におけるアメリカの相対的な影響力は低下し、国内においてはの対外援助およびUSAID批判が興隆する中、ニクソン共和党政権は対外援助の包括的改革への着手を迫られていた。

ニクソン大統領にとっての対外援助改革とは、軍事援助の増大であった。ニクソン政権の最大の課題は、軍事介入を中心とする冷戦封じ込め政策からの脱却を図り、ベトナム戦争を終結させることであった。ニクソン大統領は、ニクソン・ドクトリンにおいて、封じ込め政策の見直しの一環として、アメリカが世界各地における軍事的な直接介入を控えると宣言した。この宣言には、直接的な軍事介入に代わるものとして、軍事援助の役割を重視するということが含意されていた。ニクソン大統領にとっては、外交戦略の中心となる軍事援助に最大限の資源を投入し、外交戦略に直結しない開発援助は最大限削減するという対外援助改革を実施したかったのである。しかし当時のアメリカ国内では、対外援助に対する数々の批判が寄せられ、中でもベトナム戦争の端緒を開くことになった軍事援助に対しては、激しい非難の声が上がっていた。そのためニクソン大統領が最も力を入れたい軍事援助を大幅に増

大することはきわめて難しかった。

そこで、ニクソン大統領ら政府首脳は、軍事援助の増大を実現するべく、諮問委員会を発足させる。バンク・オブ・アメリカ総裁のピーターソン（Rudolph A. Peterson）を委員長に据え、銀行や大企業のトップなどの民間人をメンバーとする国際開発諮問委員会（「ピーターソン委員会」）を新たに発足させたのであった[32]。というのも、ピーターソンが軍事援助の立法化に協力してくれる人物だったからである。銀行家一筋に歩んできたピーターソンは、外交政策や対外援助政策に無知であった。多くの政府関係者、有識者、実業家が軍事援助に完全に反対する中、軍事援助に対するマイナス・イメージがない稀有な人物であった。アメリカの軍事援助が世界各国の独裁政権を維持することになっているという批判に耳を傾けることもなく、軍事的あるいは右翼的指導者が悪人であるという先入観もなく、ラテンアメリカには新種の軍人がいるというニクソン大統領らの説明に納得してしまうほどであった。また彼の銀行家としての輝かしい経歴は、対外援助に批判的な目を向けるアメリカ国民に、対外援助の効率的かつ効果的な実施に向けた改革を期待させることにもなると考えられた[33]。

1970年3月初旬、ピーターソン委員会は、誕生したばかりの貧困規範（BHN）を利用して、ニクソン大統領の外交方針を忠実に反映させた報告書（「ピーターソン報告」）を作成した。ピーターソン報告は、（1）国際安全保障協力法の立法化、（2）福祉・緊急援助の一括運営、（3）開発援助計画の多国間化・民営化・効率化という3つの基本方針を提案する。（1）の国際安全保障協力法とは、アメリカの国益追及に軍事援助が基幹的政策となってきたという認識に基づき、開発援助とは切り離した上で、安全保障目的関連のプログラムを統合し、効率的に安全保障を実現することを目指す計画である。（2）の福祉・緊急援助の一括運営とは、複数の福祉・緊急援助プログラムを、一括して運営する担当部署を設けることを提案したものである。そして（3）の開発援助計画の多国間化・民営化・効率化とは、貧困規範（BHN）を実行するために打ち出された方針である[34]。

ピーターソン報告が考案した貧困規範（BHN）の実行計画の特徴は、なん

といっても、多国間枠組みでの実行であろう。ニクソン共和党政権は対外援助改革において、多国間化、民営化、効率化という基本方針を打ち出していた。その方針に従い、貧困規範（BHN）の実行は、アメリカ政府ではなく、国際機関や民間セクターといったアメリカ政府以外の主体に任せようというものだった。ピーターソン報告は、開発援助計画を真の国際協力事業にするために、具体的には、（1）途上国を開発援助努力の主体とすること、（2）国際融資機関を開発援助の主要な経路とすること、(3) 残りの二国間援助はその大部分を国際機関が敷いた枠組みの中で供与すること、を原則として掲げている[35]。

ピーターソン報告がいう、開発援助計画の多国間化とは、それ以前の多国間化とは一線を画するものであった。ピーターソン報告以前にも同様の主旨の政策方針が繰り返され、対外援助の多国間化が進められてきたが、ピーターソン報告が目指す多国間化とは、アメリカ開発援助のほぼ完全なる多国間化である。ピーターソン報告はアメリカの開発援助の大半を多国間援助に切り替え、国際機関の融資能力拡大や活動調整能力の発展に協力すべきであるというのである。世界銀行グループはすでに開発融資において主導権を発揮しうる状況にある。そして将来的には、地域開発銀行やUNDPもまた、開発援助活動における主導権を発揮すべきである。それゆえ、IDA、米州開発銀行（IDB）、アジア開発銀行（ADB）、アフリカ開発銀行（AfDB）を始めとする諸機関への増資が必要である。IDA増資に関しては、アメリカが加盟諸国の拠出金の大幅引き上げを主導すべきであるという。当時、加盟諸国の年次拠出金は4億ドルであったが、1972年までに約10億ドルに、1975年までには約15億ドルにまで引き上げるべきことをも目標として掲げている[36]。

その一方で、ピーターソン報告は、二国間経済援助は民間資本に担わせることを考えていた。具体的には、アメリカ民間資本・産業技術の開発過程への参加を促す対外民間投資公社（OPIC）と、アメリカにとって特別な利益のある国や計画に融資するアメリカ国際開発銀行（IDB）を通じて実施されるという[37]。

その結果、二国間援助機関であるUSAIDは不必要になり、USAIDに代わ

る2つの小さな機関が新設されることになった。その一つは、アメリカ国際開発委員会（IDC）である。IDCは、貿易、投資、金融、農業、輸出促進政策などのアメリカの国際経済政策と国際開発政策との整合性を確保すること、国際開発政策の本来の目的である長期開発が効果的に追及されているかどうかを審査すること、そしてアメリカの国際開発政策と国際機関の活動を調整することを目的とするものである[38]。そしてもう一つは、国際開発機関（IDI）である。IDIは、途上国の経済開発を阻む重大問題の解決のために、アメリカの科学技術を適用するべく研究活動を行うことが目的とされた[39]。IDI新設の背景には、途上国における急激な人口増加があった。もし15〜20年後に人口が倍増するなら、それによって生じる経済発展や社会福祉や政治における変動に、世界各国は対処できなくなるであろう。しかし家族計画は個人的かつデリケートな問題であり、家族計画を取り巻くその地域特有の伝統や慣習が存在し、人口増加を抑制するのは非常に困難である。そこで家族計画支援に関する知識を集積し、その支援方法を研究する必要が認識された。また増加した人口を養うために、アメリカの最新科学技術を用いて、米や小麦の品種改良の進展や増産をすることが期待されるようになった。さらに、長期的な視点に立った、農業、保健、教育などの分野における支援にも積極的に乗り出していくべきことが求められたという事情があった[40]。IDCとIDIは、まさに多国間枠組みにおける貧困規範（BHN）の実行計画を軌道に乗せ、その中でアメリカが新たなリーダーシップを発揮していくための、アメリカ側の制度的基盤を担うことが期待されたのである。

　USAIDに代わる新機関の設立は、これまでに繰り返されてきた「看板の架け替え」としての対外援助機関改革とは全く異なるものであった。これまでの機構改革においては、対外援助機関の名称を変えることで、対外援助のイメージを刷新し、旧機関の業務の大半を新機関がそのまま引き継ぎ、旧機関の職員もそのまま新機関で勤務し続けていた。しかし今回はそれらとは事情が大きく違っていた。USAIDは成長規範（資本投下）実行体制の象徴であり、インフラ整備を中心とする開発プロジェクトを実施する機関であった。USAIDはそれら開発プロジェクトが、各国の経済事情やニーズに見合うよ

う、時間と労力を投じてその開発プロジェクトを考案し実施してきた。そのため、USAIDは各国に設置する多数の現地事務所と、それを統括する地域局という、二国間経済援助の制度的基盤を備え、多大なる予算が投じられ、約26,000人（1968年当時）の職員を雇用していた[41]。つまり、USAIDは成長規範（資本投下）を実行するのに必要な人員と予算と組織を備えた機関だったのである。これに対し、新設が予定されていた機関は、最大限民営化、合理化が進められ、職員数はたった400人未満と見積もられる、小さな調整機関と研究機関である。これら機関が新設されたなら、USAID職員の大部分が退職を余儀なくされ、各国に設置された大多数の現地事務所は閉鎖されることが予想された[42]。

　要するに、ニクソン大統領とその側近の見解のみを忠実に具現化するピーターソン報告は、国際開発協力体制の多角化を背景に、新たに提起された貧困規範（BHN）を利用して、軍事援助を激増させ、それ以外の安全保障に直結しない経済援助や技術援助を最大限切り捨てることを提案していたのであった。この国際開発計画のメリットは、第1に、大規模な資金と人材を投入する成長規範（資本投下）の実行計画を廃止することで、アメリカの財政負担を減らせること、第2に、貧困規範（BHN）実行計画を国際機関に担わせ、アメリカがその国際機関の活動を支援することで、少ない資金と人材だけでアメリカの影響力を維持できることであった。しかしその実態は、成長規範（資本投下）を実行するのに必要な人員と予算と組織をもつUSAIDを解体することで、アメリカの成長規範（資本投下）の実行体制を解体することであり、また貧困規範（BHN）を実行する役割を国際機関に担わせることで、アメリカが開発援助事業から実質的に撤退することであった。

（3）多国間開発援助体制の構築への動き

①国連開発計画（UNDP）の育成
　多国間枠組みにおける貧困規範（BHN）の実行計画の成立のカギを握るのは、やはり議会であった。議会は国際機関に対する根強い不信感をもち、国

際機関を主体とする計画には難色を示すことが予想された。そこで、国際機関を議会の信頼を得られる存在にすべく、まず、ニクソン政権は計画の制度的基盤となる国際機関の能力を向上させ、その活動規模を拡大しようと考えた。

そこでニクソン政権が目をつけたのがUNDPである。UNDPは貧困規範（BHN）を生み出すのみならず、自らも貧困規範（BHN）を実行する国連最大の技術援助機関である。多国間枠組みにおける貧困規範（BHN）の実行体制をつくり上げるにあたって、屋台骨としての役割がUNDPに期待されることになったのである。UNDPは主要な貧困規範（BHN）の実行主体であると同時に、国連諸機関の開発活動の調整役でもあった。このようなUNDPをアメリカが支援することによって、アメリカの国益にも適うことが期待された。UNDPの活動資金の規模自体が、他の国際金融機関とは比べ物にならないほど小さく、アメリカ対外援助予算に占めるUNDP資金拠出額もきわめて小さい。たとえアメリカがそのUNDP資金拠出額を増額したとしても、全体に占める割合はわずかである。そのわずかな負担増によって、アメリカが国連の貧困規範（BHN）の実行活動に協力する意思があることを途上国民に示すことができ、アメリカが得られるメリットは小さくなかった[43]。ニクソン大統領は潜在的な重要性をもつUNDPに対し、貧困規範（BHN）の中心的実行主体としての活動を期待するようになった。

ニクソン政権は、UNDPに貧困規範（BHN）の中心的実行主体としての役割を果たさせるべく動き出した。まず、国連諸機関の開発活動の規模拡大およびその質的向上を図る、同時期のUNDP改革に積極的な支持を与える意志を表明した[44]。次に、ニクソン政権は、国連を中心とした貧困規範（BHN）の実行計画の発展の必要性を訴えた。さらに、各国に対し、貧困規範（BHN）の実行計画に対する協力を要請した。ニクソン大統領は、今後5年間にUNDP予算額を倍増するにあたって、アメリカはその予算の40％を負担するので、他国は全体で残りの60％の資金を負担するべきであると述べている[45]。

その上で、ニクソン政権は育成中のUNDPをアメリカの支配下に置こう

第4章　貧困規範の利用による国際開発庁の再生　155

とする。キッシンジャー国家安全保障担当大統領補佐官（Henry A. Kissinger）は、UNDPの次期局長には、アメリカ人を据えることを望んだ。アメリカ人UNDP局長が誕生することで、以下のようなメリットを得られることが期待されたからである。第一に、多国間援助の増大に対する議会の承認を継続的に確保できること、第二に、国連の経済活動の拠点をジュネーブに移そうという強力な圧力に抵抗できること、第三に、ワシントンの世銀グループとの地理的近接性や機能的近接性を保てること、第四に、技術援助分野においてアメリカがリーダーシップを発揮できること、である[46]。アメリカ政府にとって次期UNDP局長にアメリカ人を就任させることは、それだけ価値があることであった。

　そこで1971年8月、ニクソン大統領は次期UNDP局長に国際開発諮問委員会議長を務めるピーターソンを任命した。ピーターソン報告が提案する、多国間枠組みにおける貧困規範（BHN）の実行体制の確立の成否は、屋台骨としてのUNDPの能力如何にかかっていた。そのためには、まず国連の貧困規範（BHN）の実行活動の要であるUNDPの活動幅および権限を拡大しなければならず、それによってUNDPが国連諸機関の貧困規範（BHN）の実行活動のリーダーとして、そしてそれら諸機関の調整者としての能力を発揮することが不可欠であった。つまり、ニクソン大統領がピーターソンを任命したのは、貧困規範（BHN）の実行計画の制度的基盤をつくるという重責を、ピーターソン本人に任せたためであると考えられる。かくして1972年1月、ピーターソンは正式にUNDP局長に就任した[47]。

②国際機関への業務の移管
　UNDPを育成するのと同時並行的に、アメリカ国内ではUSAIDの不要論に対処する動きが進展していた。1969年対外援助法によって、USAIDには部分的な組織改編が加えられることになったのである。貧困規範（BHN）を実行するために新技術援助局が設立され、USAID予算の公正かつ効率的な活用を監督するためには会計監査局が設立され、対外民間投資促進のためにはOPICが設立されたのである[48]。またUSAID自身も自主的に、活動の中央

集権化とスタッフ削減、運営コストの削減、監査・調査などの改良、計画評価技術の向上など、様々な活動効率を上げる取り組みに着手した[49]。

しかし、もはや小手先の処置ではUSAID不要論を抑え込めなかった。1970年に提出されたピーターソン報告は、1969年対外援助法でUSAIDに加えられた機構改編を不十分なものとし、抜本的な機構改革案を提示するに至った。ピーターソン報告は貧困規範（BHN）の中心的な実行主体を国連諸機関とし、インフラ整備支援などの成長規範（資本投下）の実行計画の運営を、民間ベースで運営される小規模な銀行のIDBと、研究所のIDIに任せようとしていた。これによって成長規範（資本投下）を実行していたUSAIDは不要になる。ピーターソン報告が承認されるなら、USAIDは完全に廃止されることになった。

USAIDは完全に廃止されるまでの間、貧困規範（BHN）の実行体制を整備するための移行作業となる内部改革に従事するしかなかった。USAIDの分裂を最小限にとどめ、ニクソン大統領の対外援助改革を進めていくためには、内部改革が不可欠であったからだ。内部改革は、USAIDの組織構造、計画内容、活動手法、在外勤務のUSAIDスタッフの役割や規模にまでおよぶものだった[50]。

さらに、貧困規範（BHN）の実行計画の要である、IDIの立ち上げに向けた準備も開始される。1971年2月、USAIDは自らが管轄してきた技術援助業務を、新設予定のIDIに移行するために、USAIDの技術援助計画とその運営の見直しに着手した。各地域局の局長や現地事務所の所長に対しても、ピーターソン報告実現のための全技術援助計画の見直しを依頼した。また貧困規範（BHN）の実行計画を多国間枠組みで行うために、USAID各局はそれらの技術援助活動を国際開発機関に移転し始めた。マラリア撲滅基金は1973会計年度に終了し、この業務はWHOに移行される。ラテンアメリカ地域局は、人口、保健、資本市場、輸出振興などの分野のプロジェクトを国際機関に移行させる。中東・南アジア地域局管轄下の現地事務所は、国連特別機関の活用を途上国側に促していた[51]。これらに加え、安全保障援助を開発援助から分離するために、複数の経済安全保障計画を一括して、新設のサポート

援助局に管轄させた。USAIDの海外活動を縮小するために、1971会計年度、USAIDはアメリカ人海外勤務スタッフを10％、現地人スタッフを8％削減した。そして、モーリス・ウィリアムズUSAID副長官（Maurice Williams）の主導のもと、これまでUSAIDが管轄してきた融資活動の中央集権化を進めることなども行われた[52]。

こうして、貧困規範（BHN）の実行計画の実現に向けた動きは、着々と進展した。実際に、貧困規範（BHN）の実行計画の実現に向けた動きが進み始めると、ハンナUSAID長官（John A. Hannah）もその動きに逆らうことはできなかった。USAIDは成長規範（資本投下）を実行するための中核となってきた機関である。にもかかわらず、USAIDは自らの組織を解体し、貧困規範（BHN）の実行体制を整備するための移行作業に従事するしかなかった。ハンナUSAID長官は、ニクソン大統領の指導のもと、コスト削減や人員削減などの合理化はもとより、USAIDがこれまで担当してきた技術援助活動を、徐々に多国間機関に任せるようになったのである[53]。

（4）国際開発庁の廃止決定

多国間枠組みにおける貧困規範（BHN）の実行に向けた動きが進展する一方で、国務省とUSAIDはその動きを阻もうと画策し始めた。それは、ニクソン大統領による国務省排除方針の結果でもあった。ニクソン大統領は、かねてより国務省に対する根深い不信感をもち[54]、それまで外交政策決定に重要な役割を果たしてきた国務省の影響力を徹底的に削ぎ、大統領府が外交政策決定における主導権を掌握しようとした[55]。そのため、対外援助政策においても、その原案づくりの段階から、国務省とその下部組織であるUSAIDが排除されてしまい、政策が実現に向かって動き始めた段階になって、国務省とUSAIDが異議申し立てをするという格好になったのである。

国務省とUSAIDは、貧困規範（BHN）の実行計画の問題点を次々と指摘することによって、その実現を阻もうとした。

国務省は、貧困規範（BHN）よりもむしろ外交政策の観点から、二国間枠組みの重要性を指摘した。ロジャーズ国務長官（William P. Rogers）とリチャ

ードソン国務長官代理（Elliot L. Richardson）は、経済援助と技術援助を統合し、外交手段として活用する二国間援助の存続を訴えた。ピーターソン報告の提唱する貧困規範（BHN）の実行計画は、技術援助を多国間枠組みで実行し、資本援助を民間セクターに実行させる計画である。この計画が実現されるなら、これまでUSAIDが同時に行っていた資本援助と技術援助を分離することになり、それによって損なわれる経済開発効果ははなはだ大きいと主張した[56]。ロジャーズ国務長官はまた、二国間援助によって、ラテンアメリカ、インドネシア、東南アジアにおけるアメリカの特別な外交利益や外交関係を支援することができ、対外民間投資促進や人口問題への取り組み、農業生産性の向上などといった特別な目的を達成することに貢献しうると発言して、外交政策としての二国間援助を存続すべきであると訴えた[57]。

　ハンナUSAID長官は、貧困規範（BHN）の実行計画が効果を上げるためには、多国間枠組みでの実行は適当ではないと指摘した。下院には根強い多国間枠組みに対する反対論が存在している。フランス・ドイツ・イタリアなどは、国際機関の役割についてより狭隘な見解をもっているため、国際機関の発展に協力を得るのは難しい。ピーターソン報告が新たに重点を置こうとしている貧困規範（BHN）の実行計画は、国際機関が得意とする分野ではなく、途上国の社会開発や貧困問題解決に効果的に対応することはできない。また国際機関の役割を増大させることが、必ずしも政治色を薄めるとは限らない、という理由を並べ立てた。その上で、ハンナUSAID長官は、ピーターソン報告で掲げられている対外援助政策目的を追求するには、二国間枠組みが適当であると主張した。二国間枠組みに対する議会の支持を得て、安定した二国間枠組みの基礎を築けるなら、開発援助に対する予算の増大が期待できる。二国間枠組みに対する予算の増大は、効果的な開発援助を可能にする。開発援助政策が効果を上げることで、二国間枠組みのみならず、多国間枠組みでの活動予算の増大にもつながる。その結果、国際機関の活動規模が拡大し、その能力の向上も期待できるのである。それゆえ多国間枠組みでの貧困規範（BHN）の実行計画を推進しようとするならば、あえて二国間枠組みでの貧困規範（BHN）の実行体制を発展させていくことが重要であると説いた

第4章　貧困規範の利用による国際開発庁の再生　159

のである[58]。

　しかし、国務省とUSAIDによる貧困規範（BHN）の実行計画の実現を阻む動きは奏功しない。国務省およびUSAID側が指摘するピーターソン報告の問題点は、当然、キッシンジャー国家安全保障担当大統領補佐官も十分承知していた。完全な多国間枠組みによる貧困規範（BHN）の実行計画を進めるには、国際開発機関の十分な発展が決定的な重要性をもつ。国際開発機関がより大きな役割を果たせるようになるまでには、アメリカおよび他の援助国による支持と協力が不可欠であり、暫く時間がかかることは間違いなかった[59]。だからこそ、キッシンジャー国家安全保障問題担当補佐官もニクソン大統領も、多国間枠組みでの計画実現のために惜しみない努力を続けた。国際開発機関に対する増資を各国に呼びかけ、自国では世界銀行、IMF、IDA、IDB、ADB特別基金の増資法案に対する承認を議会に求める[60]。またUNDP改革に積極的な支持と支援を表明し、改革にお墨つきを与えた。キッシンジャー国家安全保障担当大統領補佐官は、成長規範（資本投下）と結びついた二国間開発援助を存続させるぐらいなら、多少の時間がかかっても、国際機関の育成に力を注ぎ、多国間枠組みのもとで貧困規範（BHN）を実行するべきであると考えていたのである。

　キッシンジャー国家安全保障担当大統領補佐官は、ニクソン大統領に対し、ピーターソン報告が目指す、多国間枠組みでの貧困規範（BHN）の実行計画を、あえて推進すべきことを説いた。もし多国間化を思い切って進めないのなら、国際開発協力の非政治性に対する疑いを増幅し、対外援助全体のイメージ刷新を台無しにする可能性がある。ゆえに国際開発協力を最大限多国間化することは不可欠だ。1975年までに国際開発協力を完全に多国間化するという目標を立てるべきである。しかし軍事援助計画と小規模の二国間開発融資計画は存続させる。しかもそれをほぼ完全に民間ベースで行うことで、財政に負担をかけることもない。このように、キッシンジャー国家安全保障担当大統領補佐官は、多国間枠組みでの貧困規範（BHN）の実行計画を全面的に支持していた[61]。

　その結果、多国間枠組みでの貧困規範（BHN）の実行計画は、ニクソン政

権内での合意事項となった。1970年8月、ピーターソン報告を下敷きにしてつくられた対外援助教書の原案が、国家安全保障決議覚書（NSDM）第76号として提出されることになった。このNSDM76は、ピーターソン報告に若干の修正が加えられただけのものであり、貧困規範（BHN）が完全に多国間枠組みで実行されることが再確認されることになった[62]。USAIDと国務省はNSDM76の再考を求めたものの、彼らの意見は全く生かされることなく、1970年9月、対外援助教書が発表されることになった[63]。

ニクソン大統領もキッシンジャー国家安全保障担当大統領補佐官も、多国間枠組みでの貧困規範（BHN）の実行計画を全面的に支持していた。それは、裏を返せば、既存の成長規範（資本投下）を実行する仕組みを完全に解体することを目指していたことになる。国内外の激しい対外援助批判にさらされる中で、対外援助に対する支持を取り戻すためには、新たな国際規範を実行することを訴えるだけでなく、既存の国際規範から完全に脱却したことを示す必要があると考えていたことが推察される。

3．貧困規範（BHN）の制度的粘着性

（1）国際開発庁の廃止猶予

ニクソン大統領らがピーターソン報告に忠実に進めてきた対外援助改革も、いよいよ大詰めを迎える。ニクソン政権は、成長規範（資本投下）の実行体制の解体作業として、貧困規範（BHN）の実行組織となるUNDPの育成に着手し、USAIDから国際機関への業務移管に取りかかった。そして成長規範（資本投下）実行体制の解体作業は、それまで順調に進行し、あとは成長規範（資本投下）を象徴するUSAIDを廃止するだけであった。

しかし、ニクソン政権の対外援助改革は、その立法化のための協力を全く得られなかった。議会は軍事援助に反対していた。USAIDはこの法案実現に向けロビー活動するというインセンティブを欠いていた。というのも、この法案が成立したなら、これまでのUSAIDとは全く異なる小さな援助機関が新設され、USAIDの事実上の廃止とその職員の大部分のリストラが決定

的なものになるからであった[64]。国務省にとっても、影響力の根源としての二国間援助を喪失することは好ましからざることであり、熱意をもって法案成立のために活動しなかった[65]。

ニクソン政権は、議会の冷淡な態度に直面して、その会期中の対外援助改革を諦めざるを得なくなった。1970年9月、ニクソン政権が、ピーターソン報告に基づく対外援助基本方針を発表するも、議会の強い反対から立法化に向けた動きは全く見られなかった。1971年4月、ニクソン大統領は、議会の重い腰を上げさせるために、再度、同様の対外援助特別教書を提出した[66]。こうして、ニクソン政権は、なんとか政府法案の上程にこぎつけたが、下院外交委員会によって門前払いを食わされる。政府法案には十分な時間をかけた審議と綿密な分析が必要であり、その会期中の可決を見送るべきであると拒否されてしまう。そのため、ニクソン政権は次善の策として、既存の対外援助政策を継続する方針に転じざるを得なかった。対外援助改革を実現するための政府法案は、既存の対外援助法を踏襲するよう、全面的に書き直して再提出され、同年8月、下院本会議で賛成202票、反対192票で可決された[67]。

しかし、かろうじて対外援助を継続できそうだという政府の見込みも、上院の対外援助に対する根深い不信感によって打ち砕かれた。上院外交委員会は政府法案に関する公聴会を開催したが、扱う問題の複雑さに見合うだけの時間を審議にかけることができなかった。そのため応急処置的に既存の対外援助法を可決する方針に転じ、10月20日、下院本会議で可決された法案を賛成11票、反対5票で、上院本会議に報告することを決定した[68]。この決定は事実上の対外援助改革の見送りであり、既存の対外援助政策の継続を意味するものであった。しかし上院本会議は対外援助に対する根深い不信感のために、対外援助開始以来、初めて対外援助法案を賛成27票、反対41票で否決し[69]、その継続さえも許さないという議決をした。

つまり、ニクソン政権は軍事援助に特化するために、貧困規範（BHN）の登場を背景として、多国間枠組みにおいて貧困規範（BHN）を実行するという計画を考案した。しかし、対外援助自体に対して不信感を募らせた議会は、

軍事援助と開発援助を抱き合わせた政府法案の実現に反対した。そこで会期中の改革を諦め、対外援助を継続させるという次善の策を打ち出すことにしたが、上院はその次善の策さえも認めなかった。つまり、対外援助開始以来初めて、議会は対外援助を行うという目的自体、すなわち目的規範の価値さえ否定したことになる。

ところが、対外援助改革の失敗によって、その廃止を猶予されたUSAIDこそが、対外援助の存続に大きな役割を果たすことになる。翌10月30日、ニクソン大統領やキッシンジャー国家安全保障問題担当大統領補佐官などは緊急会議を開き、対外援助法案の即時復活に全力を挙げることを方針に掲げた[70]。しかしフルブライト上院外交委員長（William Fulbright）など、軍事援助の増大を目指すニクソン大統領の対外援助法案に反対する勢力の抵抗は激しく、対外援助法案の復活は苦戦を強いられた。そこで、政府法案の否決により面目をつぶされた、ニクソン大統領やキッシンジャー国家安全保障問題担当大統領補佐官に代わって、存在感を発揮するようになったのが、ハンナUSAID長官であった。

ハンナUSAID長官は、1940年から1960年までミシガン州立大学学長を務める傍ら、トルーマン政権以来、外交政策決定に関与してきた[71]。彼は開発に対する人間志向アプローチに強い関心をもち、米国議会でも尊敬され政治的にもしたたかな人物であった[72]。そしてUSAID長官として、ニクソン大統領主導の対外援助改革が引き起こす、外交手段としての二国間経済援助の喪失とUSAID職員の雇用問題を憂慮していた。しかし大統領府主導下で外交政策を決定しようとするニクソン大統領により、ロジャーズ国務長官やハンナUSAID長官は、それまで対外援助改革をめぐる中心的な政策決定の場から排除されてきた。ニクソン大統領主導の対外援助改革の失敗は、このような立場にあったハンナUSAID長官に、対外援助政策決定過程への参加を可能にする好機を与えたのであった。

ハンナUSAID長官は、国際社会の平和と安定という観点から、いかに対外援助が重要なのかという説得力のある主張を展開し、対外援助とUSAIDの存続を図った。長官は、これまでアメリカが国際平和と繁栄のために大き

な貢献をしてきたこと、その中で対外援助が基幹的な部分を担ってきたこと、そしてUSAIDがその実施機関として重要な役割を果たしてきたことを述べた。さらに上院が対外援助法案を否決したことは、これまでのUSAIDの功績に泥を塗り、アメリカの国際社会における重要な役割を損うことを意味すると上院の対外援助法案否決を非難した。対外援助が廃止されることによって、途上国支援のための高度な知識や技術、経験などをもつ12,000人のUSAID職員の生計が脅かされることになる。それに何よりも、ニクソン・ドクトリンに反し、ベトナムの経済を崩壊させ、東南アジアの安定をもたらす努力をすべて台無しにすることになる。その結果、相互依存関係にある途上国の不安定さは、アメリカの安定をも損なうことになりかねないと長官は主張した[73]。そしてハンナUSAID長官は、フラニガン経済問題担当大統領補佐官（Peter M. Flanigan）、ヘイグ国家安全保障問題担当大統領副補佐官（Alexander M. Haig）、ロジャーズ国務長官、行政管理予算局（OMB）などの力を借りて、1972会計年度の継続支出決議を可決させ、対外援助活動を存続させることに大きく貢献したのである[74]。

つまり、成長規範（資本投下）を象徴するUSAIDが、その廃止を猶予されたことで、対外援助改革をめぐる状況は、ニクソン大統領らが当初予想することなどできなかった方向へと展開した。議会が対外援助改革法案を否決したことで、ニクソン大統領らが面子を潰された格好になると、ハンナUSAID長官がイニシアチブを発揮し、対外援助の継続に成功した。その結果、USAIDは存在感を増すようになったのである。

（2）貧困規範（BHN）を利用する国際開発庁

ニクソン大統領らの対外援助改革の失敗は、成長規範（資本投下）を象徴するUSAIDにとって、願ってもない好機となった。実は、ニクソン大統領らの対外援助改革に向けた動きの背後で、ハンナUSAID長官はUSAIDの存続に向けた動きを早々に開始していたのである。1971年秋に入り、議会が対外援助法案に対する審議を遅延させることが明らかになると、ハンナUSAID長官は、当時世銀に勤務していたスターン（Ernest Stern）をUSAID機

構改革委員会（「スターン委員会」）の委員長に任命し、その内部改革過程を加速するための作業に取りかかった[75]。

1971年12月、スターン委員会はUSAIDの役割に関する報告書（「スターン報告書」）を提出した。同報告書によると、USAIDは開発援助の専門機関という役割を果たすべきであり[76]、そのためには以下の3点が必要であるという。すなわち、（1）USAIDは、国内外の政策決定過程における発言力を高めなければならない。具体的には、①他の援助国との調整能力を強化し、国際社会におけるリーダーシップをとること、②国連諸機関の活動への参加を促進し、UNDPとの関係を強化すること、③国際金融機関の融資政策決定に重要な役割を果たす国際通貨金融政策に関する国家諮問委員会（NAC）のメンバーになること、などを提唱する[77]。（2）基礎研究や応用研究に予算と時間を費やすべきである[78]。（3）USAIDが国別計画を担う機関から、セクター別計画を担う機関へ転換しなければならない[79]。具体的には、技術援助を食糧・教育・保健のようなセクターに集中させ、これまでの国別予算編成からセクター別予算編成に移行させ、貧困規範（BHN）を実行する機関になることを意味する。このセクター別予算編成にシフトすることによって、対外援助反対論の根強い議会に対し、対外援助の意義をわかりやすくアピールし、議会から支持を獲得することが期待された[80]。

成長規範（資本投下）の象徴であったUSAIDは、スターン報告に従い、貧困規範（BHN）を実行する機関として再生することを選ぶことになった。USAIDは対外援助改革法案の否決によって、その廃止こそ猶予されたものの、すでに様々な内部改革により、大幅に予算と人員を削減し、機構も縮小してしまっていた。このことは、成長規範（資本投下）を実行するための活動基盤を、実質的に解体されてしまったに等しい。そこでUSAIDは組織存続のために、貧困規範（BHN）を利用し、貧困規範（BHN）の実行機関として再生するべく、機構改革に取り組むのであった。

1972年1月下旬、ハンナUSAID長官は、貧困規範（BHN）の実行機関としての以下のような再生方針を、USAID職員に通達した。貧困規範（BHN）を中心的な概念に据えよう。開発の中心は人間である。農業、食糧生産、教

育、公衆衛生、人口計画などの優先分野に特化した形で技術援助計画を行う。公平な所得配分の実現を目指すことを目的に掲げる。そのために、抜本的な対外援助改革と、USAIDの機構改革に乗り出そうと宣言したのである[81]。

USAIDは、貧困規範（BHN）の実行機関として再生するべく、動き出した。USAIDは、人口・人道援助局などの新設を含む、多数の機構変革を行い、貧困規範（BHN）を実行するための制度的基盤を整えた[82]。またアメリカ経済援助改革についての報告書において、(1) ボランティア組織の参加を促進すること、(2) 人口問題が最優先事項として扱われるべきこと、(3) 貧困規範（BHN）の実行計画の作成をUSAIDの主な業務にすべきこと、(4) そのためにも技術援助局が大事な役割を担うこと、(5) 再編された委員会や部局は、開発援助がアメリカ外交目的に適うよう重要な調整業務を担うことなど、貧困規範（BHN）を効果的に実行するための方策を提言している[83]。

ニクソン大統領も次第に、貧困規範（BHN）の実行に向けたUSAIDの動きに対して好意的な発言をするようになる。ニクソン大統領は、「1972年、USAIDはさらなる改革を起こそうとしている。私はこの進展を喜んでいるし、強い支持を与えることはメリットになると考えている」と、USAID支持を表明した[84]。また、ハンナUSAID長官の改革案が対外援助計画を非常に強化すると確信している、と大きな期待も表明している[85]。そしてハンナUSAID長官が、貧困規範（BHN）の実行は二国間枠組みにおいてこそ、大きな意義をもつと主張すると[86]、ニクソン大統領は、「多国間主義を提唱するピーターソン報告はもはや自らの見解を示すものではない。アメリカ対外援助のアプローチは、アメリカの本質的な利益を満たすために、特別な信用を得ることができる、二国間主義に特化すべきである」と言うまでになった[87]。

要するに、対外援助改革を議会に否決されたことで、対外援助改革に後ろ向きになったニクソン大統領らは、もはやUSAIDの廃止を唱えるどころか、USAIDのよりよい改革パフォーマンスに対して、強い支持を表明するようになった。USAIDは効果的な貧困規範（BHN）の実行計画を考案し、その実行を可能にする制度を整備したことで、ニクソン大統領から二国間枠組における貧困規範（BHN）の実行計画に対して支持を得ることに成功し、

USAID 存続への道が開かれたのである。

(3) 貧困規範の内面化による国際開発庁の再生

USAID が貧困規範（BHN）の実行組織として存続することに対し、ニクソン大統領からお墨つきを得ると、ハンナ USAID 長官は貧困規範（BHN）の立法化に向けて動き始めた。1972年12月、ハンナ USAID 長官は「第2期ニクソン政権のためのアメリカ国際開発援助計画」―通称「ハンナ報告」―を提出した[88]。同報告は、貧困規範（BHN）を確実に実行できる法規定を備え、議会から信頼を勝ち取ることを狙ったものである。具体的には、(1) BHN を充足するセクターに特化した形で開発援助を行うこと、(2) 地域別予算編成から目的別予算編成に変更すること、を提言している[89]。そして1月下旬、このハンナ報告は、ニクソン大統領の支持を得て、政府法案となることが確定した[90]。

ニクソン政権内において対外援助改革に向けた動きが進展を見せ始めた矢先、上院ではニクソン政権の対外援助改革を封じる動きが生じてきた。ニクソン政権の対外援助改革の最重要目的は、軍事援助の激増であり、貧困規範（BHN）の実行計画はあくまでも「おまけ」にすぎなかった。上院にとって、政府法案とは軍事援助を激増させるものだった。上院ではいかなる体裁を整えようとも、政府法案が成立した場合、軍事援助が激増することは許されないという空気が存在していた。その空気をつくり出す源となったのは、フルブライト上院外交委員長であった。フルブライト上院外交委員長は、自書『アメリカ外交批判―力のおごり―』にて、軍事援助の痛烈な批判を展開している人物である[91]。4月、フルブライト上院外交委員長は、ニクソン・ドクトリンに異を唱える形で、今後2年間のうちに全軍事援助の撤廃を目指す、フルブライト法案（S1443）を上程したのだった[92]。

そこで、ニクソン政権は、対外援助改革を潰そうとする上院外交委員会の動きを封じるために対策を講じた。ケネディ NSC（国家安全保障会議）スタッフ（Richard T. Kennedy）やティモンズ議会対策担当大統領補佐官（William E. Timmons）は、フルブライト法案のための公聴会が開催される前に、政府

法案に対する超党派的支持を獲得する必要があると提案した[93]。4月30日、その提案が受け入れられる形で開催された超党派リーダー会合では、ニクソン政権のメンバーが次々に、対外援助がいかに重要か、開発援助も安全保障援助もいかに重要であるか、そして政府法案には北ベトナムへの援助を含んでいないことなどを述べた[94]。また開発援助と軍事援助は相互補完的であり、統合して一つの法律にするべきことも話し合われた[95]。5月1日、ニクソン大統領は、この超党派会合での議論をなぞった対外援助教書を議会に提出し、1974会計年度の経済援助・軍事援助の予算として29億ドルを要求するとともに、対外援助改革に向けた動きを促すことになった[96]。ハンナUSAID長官もニクソン大統領の言葉を補足し、対外援助改革の重要性やUSAIDの存在意義を強調することで、議会の理解を求めたのであった[97]。

しかしこうした政権側の対抗措置も、上院では報われることがなかった。上院では、フルブライト法案に対抗して、5月3日、スコット（Huge Scott；共和党、ペンシルバニア州選出）が、政府法案（S1711）を上程した。しかし5月15日、上院外交委員会では、軍事援助予算として13億ドルを要求する政府法案ではなく、政府要求を7億4,000万ドルにまで減らすことを要求するフルブライト法案について議論することが、1票差で決定されてしまった。6月26日、上院本会議はフルブライト法案を50-42で可決し、軍事援助に重点を置く政府法案は窮地に立たされた[98]。

その一方で、上院でのこのような動きは、政府内外の貧困規範（BHN）を支持する人々の危機感をもあおることになった。軍事援助に重点を置く政府法案が否決されるのなら、それと同時に、貧困規範（BHN）が実行されなくなるからである。そこでUSAIDスタッフは、海外開発評議会（ODC）や、下院外交委員会から、メンバーを募って作業委員会を結成し、政府法案を立法化するにはどうしたらいいかを検討することにした。その結果、USAIDの代わりに、下院外交委員会の対外援助推進勢力に、1973年対外援助法案を書かせることで、政府批判を回避する作戦をとることになった。その作戦とは、下院外交委員会にODCの助言を求めさせ、ハンナ報告に基づいた法案を書くよう仕向けるというものであった[99]。

この動きと同時並行的に、下院外交委員会の対外援助推進勢力の側も、貧困規範（BHN）の立法化に向けて動き始めた。当初、対外援助推進勢力は、USAIDを中心とした貧困規範（BHN）の立法化に向けた動きを全く知らなかった。そのため、対外援助推進勢力は、USAIDの動きとは関係なく、ハンナ報告に支持を表明する書簡を、ニクソン大統領宛に送ってしまった。その書簡は、アメリカの二国間開発援助の刷新を訴え、そのための方策を提言していた。具体的には、（1）二国間枠組みでは貧困規範（BHN）の実行に集中し、成長規範（資本投下）の実行は多国間枠組みに任せること、（2）機能別セクターに特化すること、（3）開発計画は途上国に責任をもたせ、USAIDの役割を縮小すること、（4）民間セクターを通じて開発支援すること、（5）自助努力する途上国に支援すること、（6）単一政府機関がアメリカ開発援助を調整する権限をもつこと、などであった[100]。

下院外交委員会の対外援助推進勢力は、この書簡の送付をきっかけに、貧困規範（BHN）の立法化に向け、結束を強めることになった。というのも、ニクソン大統領がこの書簡に対して何の反応もしなかったことに、危機感を掻き立てられたからであった。実際のところ、ニクソン大統領がこの書簡に返信をしなかったのは、すでに政府がハンナ報告に基づいて対外援助改革を進めていたからである[101]。しかしこの書簡の無視が、下院外交委員会側に貧困規範（BHN）の立法化の可能性を悲観させ、貧困規範（BHN）の立法化に向けて結束させることになった。書簡の差出人の1人であるフレイザー民主党下院議員（Donald Fraser）は、ODCのグラント（James P. Grant）と協議し、貧困規範（BHN）の立法化に向けた朝の勉強会を開催することになった。ザブロッキー民主党下院議員（Clement J. Zablocki）やフレイザー議員が主催するその朝食会には、7〜10人の議員が参加し、貧困規範（BHN）の立法化に向けて議論が重ねられた[102]。そしてUSAID出身の弁護士であったパオリオ（Charles Paolillo）が、法案を起草するよう要請され、法案の原案をすべて書き上げ、下院に手渡した。そして貧困規範（BHN）の立法化に対する支持者を拡大することを狙い、ODCは下院公聴会で証言する予定の7、8人の草稿を作成した[103]。下院外交委員会とODCが中心となって、法案を作成すると

いう政府の狙いが、意図せぬ形で現実化したのである。

5月中旬、下院公聴会では、貧困規範（BHN）の実行規定を含む政府法案の承認を目指し、ハンナUSAID長官やキーファー人口・人道援助局長（Jarold A. Kieffer）などが証言台に立った。議会での承認を得られるよう、(1)目的別予算編成をとること、(2)経費削減・機関縮小・人員削減などの合理化方針を徹底すること、(3)USAIDと協力関係を築いてきたPVOsを積極的に活用すること、などを訴えた[104]。またアメリカを代表するPVOsの代表者が、次々に証言台に立ち、政府法案の支持を訴えた。それらPVOsには、米国ボランティア団体評議会（American Council of Voluntary Agencies）、カトリック救済サービス（Catholic Relief Services）、ヘブライ移民支援会（United HIAS Service）、ルーテル世界救済（Lutheran World Relief）などがあった。これまでトリクル・ダウン（trickle down）に基づいて行われた対外援助は、貧困問題の解決に成果を上げてこなかった。政府は大規模な公共事業に融資するよりも、民間機関に支援を与えるべきである。PVOs（民間ボランティア組織）はアメリカの価値を体現する存在であり、貧困撲滅とBHN充足のための技能をもつ、貧困規範（BHN）の実行に適した組織である。それゆえ開発途上国の貧困大衆の必要性を満たすことができる。にもかかわらず、PVOsの自己資本は小さく活動規模も小さい。そこで政府に資金援助を要請したい、というのだった[105]。

しかし下院でも、軍事援助反対勢力の声は大きく、軍事援助に重点を置く政府法案が可決される見通しは暗かった。というのは、政府法案が、具体的な資金運用方法を示していないインドシナ復興計画に対して、桁外れの6億3,200万ドルを要求しているからであった。ロジャーズ国務長官からは、対サウジアラビア戦闘機販売計画がイスラエルとアメリカの関係を悪化させることになるなど、軍事援助が各地域の安定やアメリカの外交関係を脅かしたりするのではないかといった懸念が表明された[106]。軍事援助に足を引っ張られる形で、貧困規範（BHN）の立法化はまたも失敗する可能性が高かった。

そんな中、貧困規範（BHN）の立法化の悲観的な見通しを変える出来事が起こった。5月31日、ザブロッキー率いる下院外交委員会の25人の超党派のメンバーが、新しい法案を上程したのである。通称、ザブロッキー法案

(HR9360) は、ハンナ報告を基盤にした政府法案をほぼ踏襲しつつ、予算の点のみ修正を加えたものである。対外援助予算が、農業生産、農村開発、栄養、人口計画、保健、教育、行政、人材開発という優先分野に確実に配分されることを狙い、あらかじめ分野ごとに予算を割り振っていた。これは貧困規範（BHN）が確実に実行される仕組みであった。また軍事援助に関しては、政府要求の6億5,200万ドルよりも1億ドルほど少ない5億5,000万ドルを要求することになっていた[107]。そのかいあって、このザブロッキー法案は、7月20日、下院外交委員会で31-9の大差をつけて下院本会議に報告されることが決定され、7月26日には、下院本会議で輸出開発基金が除去された上で点呼投票が行われ、188-183という僅差で可決された[108]。

　両院協議会は、上院法案と下院法案の大幅な違いゆえに、調整に大きな労力を割かれることになったが、最終的に、両院協議会法案は、二国間枠組みにおける貧困規範（BHN）の実行規定を含むものとなった。そして1973年12月4日、下院本会議は、賛成210票、反対193票、翌12月5日、上院本会議は、賛成44票、反対41票といういずれも僅差ではあるが、両院協議会法案を可決した[109]。その結果、貧困規範（BHN）の実行を規定した1973年対外援助法が成立し、貧困規範（BHN）の実行組織として再生したUSAIDが、存続のための法的根拠を得ることになったのである。1973年対外援助法と再生USAIDは、貧困規範（BHN）を象徴し、それを実行するための制度的基盤となるものであった。

（4）制度的粘着性を増大させる既得権益集団の創出

　1973年対外援助法の成立は、アメリカ対外援助政策の基本的な性格を変えたという意味で、「新路線」（New Direction）と言われる。冷戦戦略の一環として、成長規範（資本投下）を実行する1961年対外援助法を、途上国国民の生活向上を最優先課題として、貧困規範（BHN）を実行するという方向に転換させたためである。

　1973年対外援助法が「新路線」と言われるようになった所以は、貧困規範（BHN）の実行を確信させる法規定を備えていたことであった。その最た

るものは、政策目的に貧困規範（BHN）の実行を掲げたことであろう。貧困規範（BHN）に相当する特定分野に対し、重点的に取り組むことを定めている。途上国国民の生活を向上させることに直結すると考えられる、食糧生産、農村開発、栄養、人口計画と保健、教育、公共政策、人的資源開発といった特定分野を規定した上で、それら分野への重点的な取り組みを義務づけているのである（＝第102項（B）（2）、第103項、第104項、第105項、第106項）。そして、それら特定分野に予算が確実に配分されるよう、授権法の目的規定に予算請求額が付け加えられていることである（＝第103項、第104項、第105項、第106項）。また、これまでの開発援助の受益者層が、結果的に、途上国の一部の富裕層になっていたことを反省し、1973年対外援助法では、途上国の最貧層の生活と開発過程に参加する能力を、直接向上させる事業を優先的に支援すると規定している（＝第102項（B）（5））。これは、「貧困者直援方式」(Poor Targeting Approach) と呼ばれるものである[110]。これらの規定は、アメリカ対外援助が、途上国の貧困大衆のBHNを確実に充足するのではないかという期待を、国内外の人々に抱かせることになったのである。

　この1973年対外援助法の成立は、国際社会においても貧困規範（BHN）を広く拡散させることになった。1976年、世界雇用会議では、開発戦略の中で、雇用の促進とBHNの充足にプライオリティを与えるべきであるという提言がなされた[111]。同年、ティンバーゲンの研究チームは、ローマ・クラブのためにまとめた『RIOレポート』において、開発援助はBHNの充足を目的とすべきことを論じている[112]。1977年、アメリカの要請により、OECD閣僚理事会は、その宣言の中にBHNの充足を重要な課題として盛り込んだ[113]。1978年、世銀は『世界開発報告』(World Development Report) の中で、貧困撲滅を目標とすべきことを掲げている[114]。世銀の調査局とそのエコノミストであったストリーテン（Paul Streeten）は、対外援助計画の基準として、BHNを重視するようになった。ストリーテンらは、世銀によるBHN援助の成果も公表している。70年代半ば以降、国連は開発援助の最優先対象として、「最も脆弱な人々」や「最貧国」を定義するようになり、OECDは被援助国を選ぶ際の基準にも、BHNを取り入れるようになった[115]。そして、

1975年、イギリスの海外開発省（Ministry of Overseas Development）もまた、最貧層に届く開発援助を優先課題とし、イギリスの開発援助において、最貧諸国と最貧セクターにターゲットをあてるようになった[116]。

しかし、1973年対外援助法の実効性は乏しかったと考えられている。その一つの原因は、わずかな予算割りあてである。1973年対外援助法で授権された1974会計年度経済援助予算は、政府要求額より8,000万ドル削減されて14億ドル（その中には1975会計年度分の9億2,100万ドルも含む）であった[117]。この予算規模は、史上最低の1969会計年度より若干上回るにすぎず、非常に小さい。しかもこれは2年間分の予算であり、1975会計年度分を差し引くと、1974会計年度分だけでは約5億ドルしかない。大規模な資本援助から小規模な技術援助に重点が移行したからといって、活動資金がなければ十分な活動は展開できない。同時期の国際機関の活動と比べてみると、その予算規模の小ささがより明確になる。1973年度のIBRD援助額が約18億ドル、IDAが約17億ドル、IDBが約9億ドルである。これらは大規模な資本援助を行っているため、その予算規模が大きいことはある意味当然かもしれないが、大国アメリカの経済援助総額の規模としては、5億ドルはあまりに小さい[118]。

そしてそのもう一つの原因は、対外援助予算の規模の縮小と同時並行して、USAIDのスリム化も進められたことである。1968年には約26,000人いたUSAID職員は、1973年までに約15,000人にまで減り、ピーク時から約42％も人員を削減したことになる[119]。この劇的なまでの人員削減は、「USAIDを死に至らしめなかったが障害者にした」とまで言われるほどであった[120]。その結果、USAIDは、「開発プロジェクトを直接実施する機関」から、「開発援助を実施する外部のコントラクターと契約し、管理運営する調整機関」としての性格を備えるようになっていった[121]。

1973年対外援助法によって、貧困規範（BHN）を実行するための法的根拠はつくられたものの、同法成立時には予算割りあての少なさや実行体制の脆弱化ゆえに、1973年対外援助法は貧困規範（BHN）の法的根拠として十分機能しうるとは考えられなかったのである。

にもかかわらず、後に、貧困規範（BHN）の実行程度は漸増し、実質的内面化につながったのは、PVOs規定によるところが大きい。1973年対外援助法には、PVOsを最大限活用することを義務づける規定が加えられた（＝第102項（B）(3)）[122]。これは予算や人員を削減されたUSAIDの機能を補う狙いがあった。PVOsを最大限活用することで、USAIDが貧困規範（BHN）を実行する能力を損わないようにしようとしたのである。しかしながら、このPVOs規定が結果的に、その後の貧困規範（BHN）の実行体制を発展させる基盤となったと考えられる。

では、このPVOs規定はPVOsにどのような影響を与えたのか。

PVOsは古くから存在し、地道な活動を展開してきた。もともとPVOsは、第二次世界大戦終結直後には、戦争で疲弊した西欧諸国を中心に活動していた。1950年代半ば以降、それが次第にその主要な活動地域を途上国に移すようになり、政府も途上国で援助活動を行うPVOsを支援するようになった[123]。そして1954年農業貿易・開発法（the Agricultural Trade and Development Act of 1954; PL83-480）は、民間ボランティア団体を通じた食糧援助の配分を規定したことにより、アメリカ政府とPVOsの関係の法的基盤を形成することになった[124]。

そして1973年対外援助法は、難民救済や食糧援助といった分野で、地道に活動を展開してきたPVOsを、アメリカ対外援助政策の中心的な実行主体に押し上げることになったのである。1973年対外援助法は、PVOsの活動範囲を食糧生産、保健、教育などの分野にも拡大し、PVOsを貧困規範（BHN）の効果的な実行主体と位置づけている。その後、USAIDは、PVOsとの協力関係を発展させるために、民間ボランティア協力局（PVC）を新設し、活動計画助成（OPG）、またマッチング・グラント（Matching Grants）などのいくつものPVOs財政支援プログラムを設けた[125]。そして1981年になると、途上国開発援助を行う際には、最低13.5％の政府支出をPVOsを通じて途上国に供与することなどが決定されるようになった。このような政府支出割りあて基準の設定は、PVOsが政府に依存しすぎることを避け、PVOs支援を通じて民間資本の導入をより一層進めるためのものである。またPVOsは国際

開発協力活動に民間資本や人材を動員し、国際開発協力活動に対する国民の理解や信頼を醸成するための有効な手段であり、そのPVOsとしての特性を保つためでもあった[126]。

その後、表4-2が示す通り、アメリカ政府はますますPVOsを活用するようになり、それらPVOsのUSAIDへの登録数は増大の一途をたどり、民間企業や民間人からの助成金や自らの経済活動などによって得た歳入総額だけでなく、USAIDからの財政的支援もまた増大傾向にある[127]。

1973年対外援助法は、アメリカ対外援助法において初めて貧困規範（BHN）を政策目的に掲げ、貧困規範（BHN）を実行するための数々の法的規定を備えた。またその法的規定の一つとして、大幅なリストラを断行され、活動基盤を切り崩されたUSAIDの活動を補足するために、長年、草の根援助に従事してきたPVOsを最大限活用することを定めたのである。これらの法規定は、貧困規範（BHN）の実行に対する期待を人々に抱かせたのと同時に、貧困規範（BHN）を実行するアクターを増大させることになった。USAIDとPVOsを中心とするこのアクターこそが、貧困規範（BHN）を実行することで利益を得る、いわば貧困規範（BHN）の既得権益集団になったのである。その後、PVOsは急増することになるが、そのことはまさに、貧困規範（BHN）の既得権益集団の拡大を意味するものであった。その結果、1973年対外援助法にはわずかな予算しか割りあてられず、その実行組織であるUSAIDが脆弱化したにもかかわらず、1973年対外援助法とUSAIDは、貧困規範（BHN）の実行体制の象徴として十分機能し、貧困規範（BHN）の

表4-2：アメリカ対外援助におけるPVOsの発展動向

年	1970	1975	1980	1985	1991	1995	2000
PVOsのUSAID登録数	82	94	153	170	301	434	439
助成金・歳入総額(百万ドル)	615	951	1,500	2,467	4,744	7,321	12,317
うち米政府からの助成金(百万ドル)	206	354	618	1,001	1,097	1,441	1,500

出典）USAID, *Voluntary foreign aid programs*, various years、より筆者作成。

第4章　貧困規範の利用による国際開発庁の再生　175

実行体制を発展させていくことになるのであった。

注

1　DAC, *Development Co-operation,* 1972, p.215, 1975, p.195.
2　USAID, *U.S. Overseas Loans and Grants and Assistance from International Organizations?*, 1975, p.6, 177. ここでの国際機関総額とは、同書に記載されている、IBRD、IFC、IDA、IDB、ADB、AfDB、UNDP、その他国連機関、EECによる対途上国援助総額であり、アメリカ開発援助とは、USAIDとその前身機関が管轄した援助を取り上げる。
3　Mason, Edward S., and Robert E. Asher, *The World Bank since Bretton Woods,* Washington, D.C.; The Brookings Institution, 1973, Table F-1, pp.857-859; World Bank, *Annual Report,* various years.
4　Clark, William, "Robert McNamara at the World Bank," *Foreign Affairs,* Vol.60, No.1, 1989, pp.167-173, p.176. 世銀におけるアメリカの投票権比率の相対的低下については、第2章第3節第1項参照のこと。
5　UNDPにおけるアメリカの投票権比率の相対的低下については、第2章第3節第1項を参照のこと。
6　第2章第1節第3項参照のこと。
7　Demongeot, Patrick, "U.N. System Development Assistance," in John Wilhelm and Gerry Feinstein, eds., *U.S. Foreign Assistance Investment or Folly?*, New York; Praeger Publishers, 1984, p.305; 田所昌幸『国連財政－予算から見た国連の実像－』有斐閣、1996年、209頁。
8　USAID, *Program Presentation to the Congress*（以下、*PPC*）, FY1973, pp.39-40.
9　Stern, Ernest（Chairman）, Philip Birnbaum, Thomas Arndt（Department of State, Agency for International Development, Office of the Administrator）, *Restructuring the Agency for International Development*（以下、*Restructuring*）, 1971. [USAID Order No.; PN-ABR-805], p.4.
10　共同体の構成員に受容される程度に従って、規範起業家が提唱する望ましい行為基準というアイデアは、次第に共同体に共有される集合的なアイデア、すなわち規範というステイタスを獲得する。しかし本書では、煩雑さを避けるため、そのステイタス如何にかかわらず、以下、多くの場合、「規範」を用いる。Finnemore, Martha, and Kathryn Sikkink, "International Norm Dynamics and Political Change," *International Organization,* Vol.52 No. 4, Autumn 1998, pp.887-917.
11　Seers, Dudley, "What Are We Trying To Measure?" *The Journal of Development Studies,* Vol.8, No.3, 1972, pp.21-36; 絵所秀紀『開発の政治経済学』日本評論社、1997年、

98頁。
12　ILO, *Employment, Incomes and Equality: A Strategy for Increasing Productive Employment in Kenya*, Geneva, 1972, pp.9-30; ILO, *Poverty and Landlessness in Rural Asia*, Geneva, 1977, pp. 14-37；絵所、前掲書、99-101頁。
13　IBRD, *Annual Meetings of the Boards of Governors, Summary Proceedings*, 1969, p.211.
14　*Ibid.*, 1970, pp.13-31; McNamara, Robert S., *The McNamara Years at the World Bank: Major Policy Addresses of Robert S. McNamara, 1968-1981*, Baltimore; the Johns Hopkins University Press, 1981, pp.97-108.
15　IBRD, *op.cit.*,1972, pp.16-31; McNamara, *op.cit.*,pp.171-189.
16　IBRD, *op.cit.*, 1973, p.34.
17　1960年代後半に、世銀の提唱した貧困戦略は、依然として経済成長優先主義を前提とし、経済成長の恩恵を受けられない貧困層のために社会的セーフティネットを張るべきであるという主張である。国連のBHNスローガンとは異なる。鷲見一夫『世界銀行―開発金融と環境・人権問題―』有斐閣、1994年、46-49頁。
18　ヤン・ティンバーゲン著、外務省監修訳『70年代の開発戦略―ティンバーゲン報告　第二次国連開発10年のためのガイドラインおよび提案―』国際日本協会出版局、1970年、35頁。
19　同書、42-43頁。
20　"Foreign Aid: End of an Era?: Shifts After Spending Nearly 150 Billions," *U.S. News & World Report*, November 15, 1971, p.20.
21　Truman, David B., "The Domestic Politics of Foreign Aid," *Proceedings of the Academy of Political Science*, Vol. 27, No. 2, January, 1962, p. 69.
22　Report, The Taxpayers Committee to End Foreign Aid, 2/19/69, folder: "EX FO 3-2 4/23/69 - 10/31/69," Box33, Subject Files, WHCF, Nixon Presidential Materials Staff（以下、NPMS）, NA.
23　United States, Congress, *Congressional Quarterly Almanac*（以下、*CQA*）, 1969, p.436; Nanes, Allan S. and Galdi, Theodor, *Concise Survey of US Foreign Aid*, U.S. Library of Congress. Congressional Research Service（CRS）, 1975, [USAID Order No.; PN-AAJ-780]; Tendler, Judith, *Inside Foreign Aid*, Baltimore & London; The Johns Hopkins University Press, 1975, pp.1-2.
24　Stern, *Restructuring*, p.5.
25　*Ibid.*, pp.6-7.
26　*Ibid.*, p.42.
27　*Ibid.*, p.41.
28　*Ibid.*, p.2.

29 Report, "How to Reform Foreign Aid,(以下、How to Reform)" Non-date, folder: "FE-COM8-2," Box 72, SMOF, WHCF, NPMS, NA, pp.168-170.
30 *Ibid.*, pp.170-171.
31 Stern, *Restructuring*, p.42; "How to Reform," p.166.
32 国務長官やUSAID長官は自らの国際開発諮問委員会構想をニクソンやキッシンジャーに提案したが、それは同委員会発足に際し、ほぼ取り入れられることがなかった。Peterson, Rudolph A., Butz, Earl L., et al., *US Foreign Assistance in the 1970s: a New Approach : Report to the President From the Task Force on International Development*, U.S. Congress, March 4, 1970, p. iv. [USAID Order No.; PN-ABH-264]; Jones, Garth N., *Emerging Conceptions and Patterns of Development Assistance: Implications of President Nixon's September 1970 Message to Congress*, Fort Collins; Department of Political Science, Colorado State University, November, 1971, [USAID Order No.; PC-AAA-602], p.27.
33 Memo, 9/2/69, NA, NPMS, NSC Files, Presidential/HAK Memcons, Box 1026, June to December 1969, U. S. Department of State, *Foreign Relations of the United States* (以下、*FRUS*), 1969-76, Vol. IV, No. 120.
34 Peterson et al, *op.cit.*, p. iv.
35 *Ibid.*, pp.3-4.
36 *Ibid.*, pp.22-25.
37 *Ibid.*, pp.4-5.
38 *Ibid.*, p. 5.
39 *Ibid.*, p. 4.
40 *Ibid.*, pp.16-18.
41 Stern, *Restructuring*, p. 41.
42 Jones, *op. cit.*, p. 24; "How to Reform," pp. 173-177, pp.192-193.
43 Memo, Secretary of State Rogers to the Assistant Secretary of State for International Organization Affairs (De Palma), "PARA Review on UN Prospects, Opportunities and Problems Over the Next Five Years," Washington, undated, NA, RG 59, S/S Files: Lot 82 D 126, PADM 56, *FRUS*, 1969-76, Vol. IV, No.147.
44 United States, State, Department of, *The Department of State Bulletin* (以下、*DSB*), Washington, D.C.; U.S.G.P.O., 1970, Vol. 1610, pp.582-584.
45 *Ibid.*, Vol. 1637, pp.576-577.
46 Note for the President Concerning U.S. Leadership UNDP, Non-date, folder: "McNamara, Robert," Box828, Name Files, NSC Files, NPMS, NA.
47 *PPC*, FY1972, p.F-4, FY1973, pp.37-40.
48 *PPC.*, FY1970, p.3, FY1971, p.A-30.

49 *PPC.*, FY1971, p.A-30
50 USAID, "Steps of Major Transition Planning Activities in AID（以下、Steps）," non-date, in USAID Office of the Administrator, *Reform of the U. S. Economic Assistance Program*（以下、*RUSEAP*）, April 1973, [USAID Order No.; PN-ABH-267].
51 USAID, Summary Report on Transition Review of Regional Bureau Technical Assistance Programs, 9/10/71, in *RUSEAP.*
52 USAID, "Steps," in *RUSEAP*; Memo, Maurice J. Williams, Acting Administrator to Dr. Samuel Adams, AA/AFR, Mr. Herman Kleine, AA/LA, Mr. Donald MacDonald, AA/NESA, Mr. Roderic O'Connor, AA/EA, 11/25/70, in *RUSEAP.*
53 *PPC,* FY1975, p.43; Letter, John A. Hannah to Mr. President, non-date, in *RUSEAP*; Letter, Richard Nixon to John A. Hannah, 10/6/71, in *RUSEAP.*
54 ニクソン大統領は、アイゼンハワー政権の副大統領時代、対国務省強硬姿勢をとってきたことの報復として、国務省官僚がニクソンの外交イニシアチブを妨げるのではないかという妄想に駆られた。Litwak, Robert S., *Détente and the Nixon Doctrine: American Foreign Policy and the Pursuit of Stability, 1969-1976,* Cambridge; Cambridge University Press, 1984, pp.64-65. またジョンソン政権下の国務省は、ベトナム介入という重大な過ちを犯し、中ソ分裂を予測できず、ソ連の核兵器増強に対する有益な対抗措置も、アメリカの対中東政策の見直しもできず、国家安全保障問題に関する国際情勢分析および政策立案に関して重大な過ちを犯してきた。ウォルター・アイザックソン著、別宮貞徳監訳『キッシンジャーー世界をデザインした男ー』上巻、日本放送出版協会、1994年、238-239頁。
55 ニクソン大統領は、ハーバード大学で教鞭を取り、現実主義外交を唱えるキッシンジャーを、国家安全保障問題担当大統領補佐官に任命し、国家安全保障委員会（NSC）の役割強化のための機構改革を行った。ジョンソン政権期には、各省庁が提出した事案は、国務省の審査を経て、NSCに提出されていたが、ニクソン政権では、その国務省の役割をキッシンジャー国家安全保障問題担当大統領補佐官が代替し、国務省の役割を周辺的なものにした。さらに、国際政治には全くの素人であるロジャーズを国務長官に任命することで、国務省との外交政策決定における主導権争いを回避することを狙った。また、ロジャーズの外交政策決定における影響力は、ロジャーズとキッシンジャー国家安全保障問題担当補佐官の個人的な対立関係も加わって、さらに弱められることになる。その結果、ロジャーズは重要な外交政策決定に参加することを阻まれ、重大な外交活動を行う直前まで、その決定を知らされないことがたびたびあった Destler, I. M., *Presidents, Bureaucrats, and Foreign Policy: the Politics of Organizational Reform,* Princeton; Princeton University Press, 1972, p.118, pp.121-122, pp.130-131; Litwak, *op.cit.*,

pp.68-70；アイザックソン、前掲書、241-242頁；ヘンリー・キッシンジャー著、斉藤彌三郎他訳『キッシンジャー秘録』第1巻、小学館、1979年、45-46、49、51、64-65頁。

56　Letter, Acting Secretary of State Richardson to the Chairman of the President's Task Force on International Development (Peterson), February 17, 1970, NA, RG 59, Central Files 1970-73, AID (US) 1, *FRUS*, 1969-76, Vol. IV, No. 126. 同書簡の中で、リチャードソン国務長官代理は、以下の手紙に基づいて、USAIDも同様の見解を示していると述べている。Letter, Hannah, AID Administrator to Peterson, February 19 1970, Washington National Records Center, Agency for International Development, AID Administrator Files: FRC 286 75 A 13, Chrons February 17-February 27, 1970; Memo, Secretary of State Rogers to President Nixon, April 17, 1970, NA, RG 59, S/S Files: Lot 80 D 212, NSSM 45, *FRUS*, 1969-76, Vol. IV, No.133.

57　*Ibid*.

58　Memo, Hannah to The President, 4/22/70, folder: "EX FO 3-2 5/1/70 - 7/31/70," Box34, Subject Files, WHCF, NPMS, NA.

59　Memo, the Chairman of the National Security Council Under Secretaries Committee (Richardson) to President Nixon, "Foreign Aid Review--Issues for the NSC Meeting," March 25, 1970, NA, RG 59, S/S Files: Lot 80 D 212, NSSM 45, *FRUS*, 1969-76, Vol. IV, No. 131.

60　"Statement by David M. Kennedy, Secretary of Treasury, Before the House Committee on Banking and Currency," March 4, 1969, Nixon Administration - Ford Administration (1969-1977)（以下、*NAFA*）, Original version: Fredcrich, Md.: University Publications of America, The U.S. National Economy, 1916-1981: Unpublished Documentary Collections from the U.S. Department of the Treasury, Part.5, 1984, Vol. 1; "Statement by David M. Kennedy Before the Committee on Foreign Relations US Senate," April 16, 1969, *NAFA*, Vol. 1; "Statement by John R. Petty, Assistant Secretary of Treasury, Before House Committee on Appropriations Subcommittee on Foreign Operations and Related Agencies," May 26, 1969, *NAFA*, Vol. 1 (2); "Remarks of the Honorable David M. Kennedy, Secretary of Treasury, U.S. Governor of IMF and IBRD at the Joint Annual Discussions of the Board of Governors of IMF and IBRD and Its Affiliates," September 30,1969, *NAFA*, Vol.2; "Statement by Charles E. Walker, Under Secretary of Treasury, Before Senate Foreign Relations Committee," June 4, 1971, *NAFA*, Vol. 7; Treasury, *Annual Report of the Secretary of the Treasury on the State of the Finances*, FY1970, p.50; *DSB*, 1971, Vol. 1648, pp.113-114.

61　Memo, The President's Assistant for National Security Affairs (Kissinger) to President Nixon, 7/14/70, NA, NPMS, NSC Files, Agency Files, Box 193, AID, Volume II 1/70-

8/10/70, *FRUS*, 1969-76, Vol. IV, No.134.
62   National Security Decision Memorandum 76, August 10, 1970, National Archives, RG 59, S/S Files: Lot 83 D 305, NSDM 76, *FRUS*, 1969-76, Vol. IV, No.136.
63   Editorial Note, *FRUS*, 1969-76, Vol. IV, No.137; Jones, *op.cit.*, p.27.
64   House, *Document*, "Foreign Aid: Message from the President of the United States," April 21, 1971, 92nd Congress 1st Session, No. 92-94, pp. 8-16.
65   Pastor, Robert A., *Congress and the Politics of the U.S. Foreign Economic Policy 1929-1976*, Berkeley and Los Angeles, California; University of California Press, 1980, pp.277-278.
66   House, *Document, op.cit.*, p.2, 7, pp. 82-83.
67   House, *Report, Foreign Assistance Act of 1971: House, Report of the Committee on Foreign Affairs on H.R. 9910*, No. 92-380, July 26, 1971, p.3; *CQA*, 1971, pp. 389-391.
68   Senate, *Report: Foreign Assistance Act of 1971*, No. 92-404, October 21, 1971, p.5; *CQA*, 1971, pp. 395-396.
69   *CQA*, 1971, p. 399.
70   「対外援助政策の一大転換　米上院、法案を葬り去る」『世界週報』第52巻第46号、1971年11月、9-10頁；United States, Congress, *United States Code: Congressional and Administrative News* (*CAN*), 1971, pp.1884-1885; *CQA*, 1971, p.309.
71   "Biographical Information on John A. Hannah," Attached to Memo, Harry S. Flemming to Nixon, 2/10/69, folder: EX FG11-4/A [Feb.1,1969 - June 19, 1970], Box12, Subject Files, WHCF, NPMS, NA; John A. Hannah, Biographical Information, University Archives & Historical Collections, Michigan State University, http://www.msu.edu/unit/msuarhc/hannah.htm, Accessed on April 19, 2005
72   Ruttan, Vernon W., *United States Development Assistance Policy: The Domestic Politics of Foreign Economic Aid*, Baltimore and London: Johns Hopkins University Press, 1996, p.99.
73   Statement by John A. Hannah, 10/30/71," folder: "Foreign Affairs and Defense Foreign Aid 06 [2 of 4]," Box29, SMOF, WHSF, NPMS, NA.
74   Paper Prepared by the Administrator of the Agency for International Development (Hannah), undated, NA, Nixon Presidential Materials, NSC Files, Agency Files, Box 195, AID 1972-1973, *FRUS*, 1969-76, Vol. IV, No. 93.
75   1971年9月27日の時点ですでに、ハンナUSAID長官がUSAID存続に向けた動きを開始していたことが明らかになっている。Stern, Ernest, Maury Williams, et al., *Reform of the US Economic Assistance Program* (以下、*Reform*), January 24, 1972, [USAID Order No.; PN-ABH-266]; Ruttan, *op.cit.*,, p.98.
76   Stern, *Restructuring*, pp.9-10.
77   *Ibid.*, pp. 12-15.

第 4 章　貧困規範の利用による国際開発庁の再生　181

78　*Ibid.*, p.19
79　*Ibid.*, p. 42.
80　Berg, Ellen Ziskind, *The 1973 Legislative Reorientation of the United States Foreign Assistance Policy: the Content and Context of a Change*, Washington, D.C.; USAID, 1976. [USAID Order No.; PN-ABH-243]; Ruttan, *op.cit.*, p.98.
81　Stern, *Reform*.
82　"AID General Notice, from Hannah," 2/1/72, in *RUSEAP*.
83　Report on Reform of the U.S. Economic Assistance Program, folder: "EX FO 3-2 1/1/72-6/30/72 [2 of 3]," Box35, Subject Files, WHCF, NPMS, NA.; Stern, *Reform*; Ruttan, *op.cit.*,p.99. ただし、以下を引用している。Congressional Research Service (CRS), "The New Directions Mandate and the Agency for International Development," Washington, D.C.: Foreign Affairs and National Defense Division. (Reprinted in AID's Administrative and Management Problem in Providing Foreign Economic Assistance, Hearing before a Subcommittee of the Committee on Government Operations, House of Representatives, 97th Congress, 1st Session, October 6, 1981), p. 232.
84　Nixon, Richard M., "Third Annual Report to the Congress on United States Foreign Policy," *Richard M. Nixon Public Papers of the United States* (以下、*Public Papers*), No. 56, 2/9/1972, pp.249 251.
85　Letter, Nixon to Hannah, 3/15/72, folder: "EX FO 3-2 1/1/72-6/30/72 [2 of 3]," Box35, Subject Files, WHCF, NPMS, NA.
86　*FRUS*, 1969-76, Vol. IV, No. 93.
87　Memorandum for President Nixon's File, July 25, 1972, National Archives, Nixon Presidential Materials, NSC Files, Agency Files, Box 195, AID 1972-1973, *FRUS*, 1969-76, Vol. IV, No. 94.
88　Proposed U.S. International Development Assistance Program for the President's Second Term, December 1972, folder: "EX FO 3-2 7/1/72 - 12/31/72 [3 of 3]," Box36, Subject Files, WHCF, NPMS, NA.
89　*PPC*, FY1973, pp. 1-3; Report, "Proposed U.S. International Development Assistance Program for The President's Second Term; December 1972," 6/19/73, folder: "EX FO 3-2 7/1/72 - 12/31/72 [3 of 3]," Box36, Subject Files, WHCF, NPMP, NA.; Report by Hannah, December 1972, folder: "EX FO 3-2 7/1/72 - 12/31/72 [3 of 3], "Box36, Subject Files, WHCF, NPMS, NA.
90　Letter, Nixon to John A. Hannah, 1/19/73, folder: "EX FG 11-4 AID 1/1/73 - [8/5/74]," Box11, Subject Files, WHCF, NPMS, NA.
91　Fulbright, J. William, *The Arrogance of Power*, USA; Penguin Books Ltd, 1966.(平泉渉訳

『アメリカ外交批判-力のおごり-』鹿島平和研究所、1968年。)
92   United States, Senate, *Congressional Record*, 93rd Congress 1st Session, Vol.119, Part 9, p.10704.
93   Memo, Richard T. Kennedy, John F. Lehman to Kissinger, 4/23/73, folder: "Foreign Aid 1972, vol. II [1 of 3]," Box324, Subject Files, NSC Files, NPMS, NA.; Memo, William E. Timmons to David Parker, 4/18/73, folder: "Foreign Aid 1972, vol. II [1 of 3]," Box324, Subject Files, NSC Files, NPMS, NA.
94   Memo, Richard T. Kennedy, John F. Lehman to Kissinger, 4/30/73, folder: "Foreign Aid 1972, vol. II [3 of 3]," Box324, Subject Files, NSC Files, NPMS, NA.
95   Report, From William E. Timmons, 4/30/73, folder: "Foreign Aid 1972, vol. II [1 of 3]," Box324, Subject Files, NSC Files, NPMS, NA.
96   "Special Message to the Congress Transmitting Proposed Legislation for Funding of Foreign Assistance Programs in Fiscal Year 1974," *Public Papers*, No. 135; Ruttan, *op.cit.*,, pp.97-98.
97   Remarks - John A. Hannah, 5/1/73, folder: "EX FG 11-4 AID 1/1/73 - [8/5/74]," Box11, Subject Files, WHCF, NPMS, NA.
98   *CQA* , 1973, pp.818-819, p.823.
99   Pastor, Robert A., *Congress and the Politics of the U.S. Foreign Economic Policy 1929-1976*, Berkeley and Los Angeles, CA; University of California Press, 1980, p.279; Ruttan, op.cit.,, p.110.
100 Memo, Robert Hormats to Kissinger, 5/4/73, folder: "EX FO 3-2 4/1/73 - 6/30/73," Box36, Subject Files, WHCF, NPMS, NA.; Letter, Jonathan Bingham(N.Y.), Dante B. Fascell(Fla.), Charles C. Diggs, Jr.(Mich.), Paul Findley(ill.), Donald M. Fraser(Minn.), Lester L. Wolff(N.Y.), Lee Hamilton(Ind.), Clement J. Zablocki(Wis.), Michael Harrington (Mass.), Gus Yatron(Pa.), Wayne L. Hays(Ohio), Abraham Kazen, Jr.(Mich), Benjamin S. Rosenthal(N.Y.), Leo J. Ryan(Calif.), Charles Wilson(Tex.) to The President, 4/11/73, folder: "EX FO 3-2 4/1/73 - 6/30/73," Box36, Subject Files, WHCF, NPMS, NA.
101 Memo, Robert Hormats to Kissinger, 5/4/73, folder: "EX FO 3-2 4/1/73 - 6/30/73," Box36, Subject Files, WHCF, NPMS, NA.
102 Berg, *op.cit.*, p.167; Ruttan, p.111.
103 *Ibid.*, p.111, 551. ただし、以下を引用している。CRS, "The New Directions Mandate and the Agency for International Development," p.118.
104 Prepared Statement of John A. Hannah (Administrator, USAID), Testimony of Jarold A. Kieffer (Assistant Administrator, Bureau of Population and Humanitarian Assistance, USAID), "Mutual Development and Cooperation Act of 1973," *Hearings before the Committee on Foreign Affairs, House*, 93th Congress, 1st Session, May 31, 1973, p. 208, 214.

第4章 貧困規範の利用による国際開発庁の再生　183

105　Testimony of Maccracken, James (Chairman, American Council of Voluntary Agencies), Testimony of Edward E. Swanstrom (Executive Director, Catholic Relief Services), Testimony of Jacobson, Gaynor I. (Executive, Vice President, United HIAS Service), Testimony of Confer, Bernard A. (Executive Secretary, Lutheran World Relief), "Mutual Development and Cooperation Act of 1973," *Hearings before the Committee on Foreign Affairs, House,* 93th Congress, 1st Session, June 13, 1973, pp. 517-526, pp.527-540.
106　*CAN,* 1973, pp.2837-2838.
107　*Ibid.*
108　*CQA,* 1973, p.825.
109　*Ibid.*, p. 833.
110　Public Law 93-189, *United States Statute at Large,* 1973, pp.714-715.
111　ILO, *Employment, Growth and Basic Needs: A One World Problem*, Geneva, 1976.
112　Timbergen, Jan, *RIO: Reshaping the International Order, A Report to the Club of Rome*, New York: E.P. Dutton, 1976.
113　川口融『アメリカの対外援助政策－その理念と政策形成－』アジア経済研究所、1980年、341-342頁。
114　World Bank, *World Development Report 1978*, Oxford: Oxford University Press, 1978.
115　Lumsdaine, David H., *Moral Vision in International Politics: The Foreign Aid Regime 1949-1989*, Princeton, NJ; Princeton University Press, 1993, p.248; Streeten, Paul, et al., *First Things First: Meeting Basic Needs in Developing Countries,* Oxford: Oxford University Press, 1981.
116　Lumsdaine, pp.248-249. ただし、以下を引用。British Government, Ministry of Overseas Development, *The Changing Emphasis in British Aid Policies,* 1975.
117　*CQA,* 1973, p.816.
118　USAID, *U.S. Overseas Loans and Grants and Assistance from International Organizations,* FY1975, p.177.
119　Briefing Material: Agency for International Development Global Trends By Manpower Category, 9/20/73, Folder: [Briefing Materials: AID], Box87, SMOF, Staff Secretary Files, WHSF, NPMS, NA.
120　佐藤眞理子『アメリカの教育開発援助－理念と現実－』明石書店、2005年、127頁。
121　同書、128-129頁。
122　Public Law 93-189, United States Statute at Large, 1973, pp.714-715.
123　Ruttan, *op.cit.*, pp.221-235.
124　Pinckney, Anne tte M., "The Role of Private and Voluntary Organizations in Economic

Assistance,"in John Wilhelm and Gerry Feinstein eds., *U.S. Foreign Assistance: Investment or Folly?*, New York; Praeger Publishers, 1984, p.331.

125　*Ibid.*, pp.331-332; Smith, *op.cit.*, pp.68-71.ただし、以下を引用している。Bolling, Landrum, *Private Foreign Aid: U.S. Philanthropy for Relief and Development,* Boulder, CO; Westview Press, 1982, pp.187-188.

126　Pinckney, *op.cit.*,p.332.

127　*Ibid.*, pp.331-332; Ruttan, *op.cit.*, pp.221-235.

第5章　G・W・ブッシュ政権を制約する貧困規範

　冷戦終結後の国際社会では、多発する地域紛争や地球環境問題や貧困問題などへの関心が高まり、各分野における国際協力の必要性がますます感じられるようになった。しかし冷戦終結は、対外援助を存続するための重要な根拠をも奪い、開発援助は停滞状態に陥ってしまった。このような開発援助をめぐる動向を一転させたのが、2001年の同時多発テロである。同時多発テロ以降は、貧困削減がテロとの戦いという文脈の中で語られるようになり、国際社会は貧困削減に向けた取り組みを加速させることになったのである。

　本章は、冷戦終結後、どのように貧困規範（目標）が誕生したのか、貧困規範（目標）はG・W・ブッシュ政権にどのような影響を与えたのか、そしてG・W・ブッシュ政権は歴代政権が失敗してきた対外援助改革をどのように成功させ、新たに貧困規範（目標）の実行体制を確立することができたのか、について述べる。

1．新たな規範候補アイデアの誕生

（1）歩み寄る世銀と国連[1]

　1970年代後半以降、世銀と国連の競合は、圧倒的に世銀に有利に展開した。1979年、世銀は経済成長を促進させるために、市場改革と民営化のための構造改革を条件（コンディショナリティ）とした、構造調整融資を開始した。82年、世銀は「構造的な問題は自然には解消しない。したがって構造調整政策が必要であり、政策ベースの貸付が望ましい」との信条を掲げるクルーガーを世銀副総裁に迎えた。それは、新古典派経済学理論が世銀の融資原

則、すなわち成長規範（構造調整）となったことを意味する[2]。世銀が世界各地域の多くの途上国に対して、構造調整融資を展開したことから、成長規範（構造調整）は国際社会に大きなインパクトを与えることになった。

しかし、1980年代後半になると、成長規範（構造調整）に対する批判が噴出するようになる。87年、UNICEFは「人間の顔をした調整」というスローガンを掲げ、成長規範（構造調整）を批判した。UNICEFは、経済成長を促進するということは、あくまでも傷つきやすい人々（子供と妊娠した女性と幼児を抱えた母）を保護した上でのことだと主張した[3]。またIMF加盟国のうち途上国を代表する24カ国（G24）は、「IMFプログラムのデザイン改革の呼びかけ」を提起した。G24は、この声明の中で、IMF・世銀による成長規範（構造調整）が、いかに貧困層を犠牲にしたか、いかに所得分配を悪化させたかなど、成長規範（構造調整）に対する批判を展開した[4]。そしてこれらに続き、構造調整貸付に課される膨大な数のコンディショナリティ、徹底的な政策変更が生み出す社会的なコスト、開発プロジェクトのコストの高さ・無駄の多さなどの批判が相次いだ[5]。これらの数多くの批判は、成長規範（構造調整）の優越性を揺るがすことになった。

そしてこのような成長規範（構造調整）に対する批判と検討は、開発援助に関する新たな視点を生み、1990年代には世銀と国連の競合的な思考態度は改められるようになる。

国連大学世界開発経済研究所（WIDER）は、18カ国の事例研究を行い、異なるアプローチの組み合わせを含む様々な政策が、開発には有効に作用してきたと論じる[6]。セン（Amartya Sen）とドレーズ（Jean Drèze）は、WIDER研究の一環をなす共同研究で得た知見として、全般的な経済成長の欠如が飢饉や貧困の根本的な原因の一つになっていることを述べている[7]。これらの研究は、開発における社会的側面の重視を訴えながらも、成長規範を全否定するわけではない。

また、90年、UNDPは『人間開発報告』を創刊するにあたり、センに「人間開発指数（HDI）」の作成を依頼した。HDIとは、長寿、知識、人間らしい生活水準の3つの分野に着目し、それぞれを測定する、平均余命指数

(出生時平均余命)、教育指数(成人識字率・総就学率)、GDP指数(1人あたりGDP)を用いて、人間開発の程度を総合的に評価する指標である[8]。ここで注目すべきは、センが、所得が余命や基礎教育が表すことができない生活の質の重要な側面を表すとして、HDIの指数の中に経済成長を測定する所得を加えていることである[9]。UNDPは、BHNのときと違い、開発の社会的側面を経済的側面の対極に位置づけるのではなく、両者を補完的に位置づけるHDIを生み出したといえるのである。

　世銀側も成長規範(構造調整)を見直すにあたり、貧困規範を重視し、貧困規範を取り込むようになる。世銀は『1990年世界開発報告』において、貧困をテーマに取り上げ、成長規範(構造調整)の貧困層に対する影響を分析している。世銀が貧困や所得分配に関心を向けたことは、世銀の従来の姿勢を一変させるものであった。というのも、そもそも世銀の設立協定は、世銀の活動目的を、生産的目的の資本投資促進、民間投資促進、国際貿易の長期的拡大および国際収支均衡の促進と定めている。そのため世銀はその活動目的に貧困削減を掲げず、実際の活動においても貧困や所得分配を優先課題とすることはなかったからである[10]。しかし、ウォルフェンソン(James D. Wolfensohn)世銀総裁は、活動目的に貧困削減を掲げた[11]。そして世銀理事会との間で締結した「ストラテジック・コンパクト」に基づき、貧困削減を中心課題として取り組むための世銀の組織改革にも着手した[12]。世銀側もまた経済成長のみならず貧困削減の重要性をも認識するようになり、競合的な思考態度を改めるようになった。

　援助の効果に関する実証研究が積み重ねられ、世銀と国連がその競合的な思考態度を改めるようになったことに加え、冷戦が終結すると、それまでのように優越規範が確定しても、それが拡散するメカニズムが機能しなくなり、世銀と国連の競合する基盤が損なわれてしまう。

　規範拡散メカニズムが機能しなくなった原因の一つは、各国が規範を実行しなくなったことである。冷戦が終結したことによって、対外援助の戦略的意義が喪失し、各国は援助疲れに陥ってしまう。各国にとって対外援助は、冷戦を戦い抜くための手段であり、冷戦終結後には、各国は軒並み対外援

助額を削減するようになったのである[13]。開発援助会議（DAC）諸国のODA総額は、1992年に約719億ドルに達するまで増大した後、97年に約576億ドルまで減少し続ける[14]。ODA対GNP比では、90年に0.33％であったのが、97年には0.22％にまで落ち込んでいる[15]。それゆえ各国政府は新しい規範が作成されても、規範を取り込むために対外援助法を改正したり、政策変更のために国民の支持を得ようとしたりすることには消極的になった。これは、各国が規範の受け手としての機能を果たさず、規範が拡散しなくなることを意味するものであった。

さらに規範の拡散が滞る要因として、アメリカが規範主導国としての役割を十分果たせなくなったことが挙げられる。冷戦終結後、アメリカもまた対外援助の動機を失い、援助疲れに陥った。またアメリカ歴代政権は、時代に適合しなくなった対外援助政策や機構の改革をめぐりたびたび論争を繰り広げてきた。しかしながら、1980年代半ば以降、そういった数々の論争が実際の政策や機構の改革に結びつくことはほとんどなかった。70年代以降、強まる対外援助批判を背景に、対外援助政策の骨格を決める授権法の成立が遅れがちになり、授権法を成立させる代わりに継続支出決議により予算のみを確保する傾向が生じてきた。80年代に入ると、対外援助法の改正に対する大きな国民的支持を集めることはいよいよ困難になり、授権法の成立は81年と85年の2回のみであり、85年を最後に、今日まで授権法は成立することはなかった。その結果、長年の慣行であった頻繁な対外援助法の成立も改正もなされなくなり、規範が立法化されることはなくなった[16]。このことは、優越規範を決定する一つの重要な判断材料が失われたことを意味するものである。というのは、アメリカの規範に対する態度が不明瞭になったことによって、優越規範についての国際的な合意は速やかに形成されず、これまでのような規範拡散メカニズムが作用しなくなったのである。

（2）貧困規範（目標）の誕生

世銀と国連は競合的な思考態度を改めるようになり、アメリカも規範を立法化しなくなった。しかし、成長規範（構造調整）に対する反発は大き

く、国連側から始まった、貧困削減を国際開発協力の最重要目的とする潮流は、対立的なアプローチを掲げる世銀をも取り込み、国際社会を席巻していく。1990年代後半になると、貧困削減は国際開発の中心的主題として定着し、国際社会では貧困規範の相対的優越が明らかになった。90年代に入り開催された一連の国際会議では、貧困規範に関連する目標が多数作成され、多くの開発主体が貧困規範をより望ましい規範であるという判断を示すことになった[17]。

　しかし、このような状況の中で、DACが貧困規範を作成する際、成長規範を排除する形を取らなかった。96年、DACは、「21世紀に向けて－開発協力を通じた貢献」（新開発戦略：Shaping the 21st Century; the Contribution of Development Cooperation）を採択する。DACは、この中で、国際援助コミュニティにおける行動指針として、貧困削減、初等教育普及、男女平等などの、7つの社会開発目標を束ねた貧困規範に相当する「国際開発目標」(IDTs)を掲げた。その際、DACは、IDTsの達成には包括的アプローチを用いるべきであるとし、貧困規範のみならず、成長規範の重要性も等しく認めていたのだった[18]。つまり、DACは初めて開発の最重要目的として貧困削減を掲げ、その目的の実現のために多様なアプローチを統合すべきこと、すなわち貧困規範（開発の最終目標としての貧困削減。以下、目標）を提唱したのであった。

　そして、世銀も国連も、DACに追随する形で、貧困規範（目標）を作成する。

　1999年1月、世銀は貧困規範（目標）に相当する「包括的開発のフレームワーク」(CDF)を提唱した。貧困削減のためには長期にわたる包括的なアプローチが不可欠であるという認識のもとに、CDFはその取り組みに不可欠なアプローチとして、途上国の主体性（オーナーシップ）、多様な開発アクターの参加（パートナーシップ）などを包括的に掲げた開発枠組みである。そしてCDFを具現化するための行動計画として、同年9月の世銀・IMF総会は、貧困削減戦略書（PRSP）の導入を決定した。PRSPとは、途上国自らが策定する、貧困削減のための具体的な行動計画のことを指す。そして1999年のG7ケルンサミットでの貧困削減と債務削減に関する議論を踏まえ、低

所得国の貧困削減を促進するために、拡大HIPCsイニシアチブの適用対象となる重債務貧困国およびすべてのIDA融資対象国に対して、PRSPの作成を要請することになった[19]。

　同時期、貧困削減を国際開発協力の最終目標に据え、成長規範と貧困規範の統合的な実現を目指そうとする動きは、国連でもみられた。2000年9月に開催された国連のミレニアム・サミットでは、147カ国の国家元首によってミレニアム開発目標（MDGs）が採択された。そのMDGsとは、2015年までに国際社会が取り組むべき8つの開発目標の束である。MDGsの8つの目標のうちの7つは、DAC新開発戦略において合意されたIDTsの7つの社会開発目標を踏襲している。具体的には、（1）極度の貧困と飢餓の撲滅、（2）普遍的初等教育の達成、（3）ジェンダーの平等の推進と女性の地位向上、（4）幼児死亡率の削減、（5）妊産婦の健康の改善、（6）HIV/エイズ、マラリア、その他の疾病の蔓延防止、（7）環境の持続可能性の確保のことを指し、これまで国連側が提唱してきた貧困規範（BHN）に相当する。そしてMDGsには8つ目の目標として「開発のためのグローバル・パートナーシップの推進」が新たに付け加えられている。その具体的な内容は、その目標に付加された以下のターゲット12～18が説明している。

　　ターゲット12：開放的で、ルールに基づいた、予測可能でかつ差別のない貿易および金融システムのさらなる構築を推進する。（グッド・ガバナンス《よい統治》、開発および貧困削減に対する国内および国際的な公約を含む。）
　　ターゲット13：最貧国の特別なニーズに取り組む。（①最貧国からの輸入品に対する無関税・無枠、②重債務貧困諸国に対する債務救済および二国間債務の帳消しのための拡大プログラム、③貧困削減に取り組む諸国に対する、より寛大なODAの提供を含む）
　　ターゲット14：内陸国および小島嶼開発途上国の特別なニーズに取り組む。（バルバドス・プログラムおよび第22回国連総会の規定に基づき）
　　ターゲット15：国内および国際的措置を通じて、開発途上国の債務問題

に包括的に取り組み、債務を長期的に持続可能なものとする。
ターゲット16：開発途上国と協力し、適切で生産性のある仕事を若者に提供するための戦略を策定・実施する。
ターゲット17：製薬会社と協力し、開発途上国において、人々が安価で必須医薬品を入手・利用できるようにする。
ターゲット18：民間セクターと協力し、特に情報・通信分野の新技術による利益が得られるようにする[20]。

 このようにMDGsの8つ目の目標は、自由貿易の推進やガバナンスや債務削減や民間セクターとの協力といった、これまで世銀が主に提唱してきた成長規範に依拠するスローガン規範に相当すると考えられる。そのため、MDGsはIDTsに明示されなかった成長規範の実行を明記したものとみなすことができる。
 こうして誕生した貧困規範（目標）が、それ以前の国際開発規範と違うのは、国連諸機関、IMF、世銀、OECDが協議を重ねた上で、協力しながら作成されたことである。それまでは、世銀と国連は互いのアプローチを対立的なものと捉え、互いの規範の優越性を争ってきた。そのため、世銀と国連を含む、複数の国際機関が協力し合い、国際開発規範を作成するなどということは、これまでには考えられなかったことである。しかし、援助の効果に関する実証研究が蓄積され、世銀と国連が対立的な態度を改めるようになった結果、貧困規範と成長規範を補完的に捉え、両者を統合した形の貧困規範（目標）が作成されるに至ったと考えられる。また、貧困規範（目標）において、より具体的な行動原則と数値目標が設定されたことは、これまでの国際開発規範の曖昧さを克服し、行動原則としての明確化、国家行動の拘束性の引き上げを狙ったものである。そして、それら原則や目標に対して、国際社会の大多数の国家が明示的に承認を与えたという点で、誕生した時点から高い期待が寄せられた国際開発規範であったということができる。国際社会は成長規範と貧困規範の循環的優越を繰り返す過程で得た知見を生かして、より高い期待を集められる貧困規範（目標）を誕生させたのである。

その後、世銀と国連は、それぞれがつくった貧困規範(目標)を互いに尊重し、自らの規範に取り入れる、あるいはそれらの拡散および実行に協力するようになっている。世銀側はMDGsが国際社会における最重要目的であることを確認し、その上で、貧困削減の大原則であるMDGsを各国の開発計画に見合った形にするべく、PRSPに組み込むことを試みる。また中所得国のPRSPにおいては、国家開発戦略の重要な開発目標をMDGsに加えた「MDGプラス」(MDG+)なる概念もしばしば用いられている[21]。また世銀とIMFは、MDGsの進展状況を監視し、それをまとめた「グローバル・モニタリング・レポート」を発行している[22]。国連側のUNDPもまた、国別開発計画の実施に際し、重要な指標としてPRSPの活用を提唱する[23]。さらにUNDPは各国のPRSP作業委員会への参加を通じてPRSP作成などを支援する[24]。そして、テロの頻発を背景に、国際社会では再び開発への関心が高まると、アメリカは2003年ミレニアム挑戦法 (Millennium Challenge Act of 2003) として貧困規範(目標)を立法化した。アメリカによる規範の立法化を契機に、貧困規範(目標)もまた各国の対外援助政策に採用されるなど、広く拡散するようになった。

2. G・W・ブッシュ政権による貧困規範(目標)の利用

(1) テロとの戦い方がわからないG・W・ブッシュ政権

2001年9月11日、同時多発テロが勃発すると、G・W・ブッシュ政権は対テロ戦争に突入していく。大統領は、同時多発テロの直後、テロとの戦いを高らかに宣言した[25]。2002年1月には、北朝鮮・イラン・イラクを「悪の枢軸」と呼び、対テロ戦争をやり遂げる決意を表明した[26]。

G・W・ブッシュ政権は、なんとしてでも対テロ戦争に勝利し、アメリカ的な価値に基づく冷戦終結後の国際秩序を生み出したかった。それは、ブッシュ政権は、「ネオコン」と言われる人々を政権の要職につけたからである。ネオコン、すなわち新保守主義とは、1997年に、ウィリアム・クリストル (William Kristol) が設立した、新アメリカの世紀プロジェクト (PNAC)

というシンクタンクが掲げる思考態度を指す。クリストルは、アメリカの指導は世界にとって善であり、その善の実現には軍事力・外交的活力・道徳的原則が求められるという。そしてPNACの設立趣意書に、アメリカの世界的指導のために支持を結集すること、レーガン政権時の強力な軍事力、道徳的外交およびアメリカの原則を世界に拡大する外交が必要であると記している。つまり、PNACはアメリカ的理念の至高性を掲げ、その至高性を保つためには、武力の行使をも辞さないという保守主義的かつ強硬な姿勢をとっているシンクタンクである[27]。大統領は、ネオコンの中核をなすPNACの設立趣意書に署名した25人の賛同者のうち、チェイニー副大統領（Richard B. Cheney）、ルイス・リービー副大統領補佐官（Lewis Libby）、ラムズフェルド国防長官（Donald H. Rumsfeld）、ウォルフォウィッツ副長官（Paul Wolfowitz）などの8人を、政府高官として迎え入れた。その結果、G・W・ブッシュ政権の外交政策は、ネオコンの大きな影響のもとに形成され、アメリカ的理念を頑固なまでに貫こうとする体質が生み出された[28]。

　しかし、G・W・ブッシュ政権は、その強気な姿勢とは裏腹に、対テロ戦争を戦う効果的な方法がわからなかった。そもそも、G・W・ブッシュ政権に限らず、対テロ戦争を遂行するのは容易なことではない。テロの実行犯やその攻撃対象をあらかじめ特定することは難しく、事前に実行犯を捕まえることや攻撃対象を保護することができないからである。

　そこで、G・W・ブッシュ政権は、冷戦の論理を援用することにした。冷戦期、アメリカ歴代政権は、「共産主義の温床としての貧困」という論理を用いて、対外援助政策を展開してきた。冷戦というイデオロギー闘争を制するためには、共産主義の浸透を阻止する必要があり、貧困こそが共産主義の温床であると、まことしやかに論じられたのである。政権は、冷戦期の論理にならい、「テロの温床としての貧困」という新たな論理を打ち立て、対外援助政策を展開することにした。

　G・W・ブッシュ大統領は、貧困を削減することがテロを削減することになるとの見解を示す。モンテレー開発資金会議を直前に控えた2002年3月14日、米州開発銀行での演説において、大統領は、貧困とテロの間の直接

的な因果関係を否定しながらも、貧困がテロの温床であるという認識を示している。「…貧困がテロを引き起こすわけではない。貧しい状態に置かれることが人々を殺人者にするわけではない。9・11の陰謀者のほとんどが、何不自由なく育った者だ。しかし永続的な貧困と抑圧は、絶望をもたらしうる。そして政府が国民の最も基本的なニーズを満たすことができないとき、これらの破綻国家はテロの温床となりうるのだ。…」その上で、国連総会で採択された貧困規範（目標）であるMDGsの支持を表明し、「我々は今後3年かけて50億ドルまで開発援助を増大する。既存の援助要求を超えるこの新たな資金は、私が今期の議会にすでに提出した予算要求を超えるものである。これらの資金は新たなミレニアム挑戦会計（MCA）に向かうことになる。…」と、MCAの創設を宣言した[29]。大統領は貧困規範（目標）にも言及しながら、テロの温床となる貧困の削減に積極的に取り組む意思をも表明したのである。

また3月22日のモンテレー会議の最終日には、G・W・ブッシュ大統領は、テロと戦うために貧困削減につながる開発援助を行うこと、すなわち、貧困規範（目標）を実行することを明示的に宣言した。大統領は「我々は貧困と戦う。なぜなら希望はテロに対する答えだからだ。…我々は、テロリストが利用しようとする貧困と絶望と教育の欠如と破綻国家に挑戦する…」[30]と述べた。

さらに、2002年9月の「国家安全保障戦略」において、G・W・ブッシュ大統領は、「貧困は貧しい人々をテロリストや殺人者にするわけではないが、貧困、脆弱な制度、政治腐敗は、脆弱な国の内部にテロリストのネットワークや麻薬カルテルを発達させる温床となる」と述べ、安全保障政策の重要な柱の一つとしても、貧困規範（目標）の実行を明確に位置づけるに至ったのである[31]。

これは同時に、G・W・ブッシュ政権が冷戦終結後の対外援助の再定義に成功したことをも意味している。

G・W・ブッシュ政権以来、冷戦終結後の国際社会にふさわしい対外援助の位置づけが求められてきた。しかし新たな対外援助の意義づけは容易では

なく、対外援助に対する国民の理解は得られず、対外援助支持率は低迷を続けることになった。そのため、対外援助政策に関する数々の問題点が指摘されながらも、包括的な対外援助改革は実現せず、個別のプログラムや地域ごとに援助計画を立ち上げ、予算を確保するという対処療法的な方法がとられてきた。G・W・ブッシュ政権には、このような対外援助をめぐる混沌とした状況を打開し、積極的な対外援助政策を展開することが求められていたのであった。

そこで、G・W・ブッシュ政権は、1990年代後半に誕生した貧困規範（目標）に注目した。G・W・ブッシュ政権は、貧困こそがテロの温床になっており、貧困削減こそがテロをなくすために重要な戦略であると考えたのである。この貧困とテロの間に因果関係を見出す認識は、G・W・ブッシュ大統領のみならず、アメリカ内外の多くの著名人によって共有されている。パウエル元国務長官（Colin L. Powell）、ゴア元副大統領（Al Gore）、ダム元財務副長官（Kenneth Dam）、ブレア元英国首相（Tony Blair）、2000年度ノーベル平和賞受賞者であり元韓国大統領でもあった金大中氏、ハーバード大学ケネディ政治学大学院学長のジョゼフ・ナイ（Joseph Nye）、カリフォルニア大学バークレー校経営大学院教授のローラ・タイソン（Laura Tyson）なども、貧困はテロの温床であり、貧困との戦いがテロとの戦いになると語る[32]。

しかしその一方で、両者の間に直接的な因果関係は見出されないことを実証する研究も相次いで出されている。たとえば、プリンストン大学経済学部の教授であるアラン・B・クルーガー（Alan B. Krueger）は、「教育、貧困、テロとの間にあるいかなる関係も、間接的で、複雑で、おそらく弱いものである。テロリズムは経済状態に対する反応ではなく、暴力的な政治行為なのである」という[33]。

また、クルーガーはジッカ・マレコヴァ（Jitka Maleckova）とともに、教育と貧困とテロとの直接的な因果関係を否定するワーキング・ペーパーを発表している[34]。さらに、教育と貧困とテロとの間の因果関係を、以下のデータを用いて、実証的に検討する論文を発表した。そのデータとは、（1）ヨルダン川西岸・ガザ地区における暴力・テロに対するパレスチナ人の態度に関

する世論調査、(2) レバノンのヒズボラへの参加決定要因に関する新たな統計分析、(3) パレスチナ人の自爆テロリストおよび1980年代初期のテロ活動に関与した27人のイスラエル系ユダヤ人の経歴、(4) 国家経済状況とその国民の国際テロ活動に参加する可能性との相関関係を検討する新たな国際比較データ・セット、という4種類のデータである。そしてこれらデータを検討した結果、教育と貧困とテロへの参加との間にはほとんど直接的な関係はないという結論が導かれたという。ヒズボラの過激派組織のメンバーやパレスチナの自爆テロリストには、経済的に貧しく教育を受けていない階層出身者と、経済的に豊かで比較的高いレベルの教育を受けた階層出身者が同程度存在していることがわかった。また、1970年代後半から80年代前半にパレスチナ市民をテロ攻撃したイスラエル系ユダヤ人地下組織のメンバーは、非常に高いレベルの教育を受け、高い評価を受ける職業についていたこともわかっている。これらの検討結果から、恵まれた階層出身で比較的高いレベルの教育を受けた人々が政治に参加するようになるという一般的な傾向に照らし合わせ、テロは暴力的形態をとる一つの政治活動ということができるのではないかとの推論を導いている[35]。

これに加え、ジョージタウン大学のキャロル・ランカスター教授 (Carol Lancaster) もまた、貧困とテロの因果関係を否定する見解を表明している。テロリストが貧困を嘆いているわけではないし、貧困がテロの引き金になる不満を生むという議論は、冷戦中によく言われた共産主義浸透の議論と同様のものである。実際に、コロンビアやアルジェリアやチェチェンなどをみてもわかるように、すべての内戦や国家崩壊が最貧国で起こるわけではないし、すべての貧困国がそういった暴力に悩まされているわけでもない。ゆえに貧困を削減することがテロを削減することには必ずしもならないという[36]。

つまり、貧困は社会不安やあらゆる種類の問題の背景的要因になりうるものの、貧困を諸悪の根源とし、貧困にあえいだ人はテロリストになるという理解を導くのはいささか性急なのである。

にもかかわらず、G・W・ブッシュ政権がテロ対策として貧困削減を位置づけたこと、すなわち貧困規範(目標)を利用したことは、冷戦終結後の対

外援助を再定義することにつながった。G・W・ブッシュ政権は、冷戦期の「共産主義の温床としての貧困」という論理にならい、「テロの温床としての貧困」という新たな論理を打ち立て、対外援助政策の再定義を図ったと考えられる。頻発するテロ活動に対する効果的な対処法を見出せず、不安やもどかしさを感じる国際社会に、その単純明快な論理はもっともらしく響いた。それによって、G・W・ブッシュ政権は、冷戦終結後の対外援助の新たな定義づけに、成功したのである。

(2) 貧困規範（目標）の利用を歓迎する既得権益集団

　G・W・ブッシュ政権によって、テロと貧困を結びつける論理が受け入れられた背景には、テロに対する不安のみならず、貧困規範（BHN）の実行から権益を得る集団にとって好ましい事情があった。既得権益集団は、包括的な対外援助改革を待望していたのである。というのも、貧困規範（BHN）の実行体制は、制度的な疲弊が顕著になり、既得権益集団自らも恩恵を受けにくくなり、新たな実行体制を求めるようになったからである。

　貧困規範の実行体制の制度的疲弊は、レーガン政権時の部分的な修正により生じた矛盾の累積に端を発する。

　レーガン政権は、1980年代に優越した成長規範（構造調整）の実行を試みる。まず、レーガン政権は、開発援助政策の目的に、(1) 市場メカニズムと民間活力の重視、(2) 途上国のマクロ経済成長、を掲げた。次に、開発援助プログラムの多くを、BHNのプロジェクト・タイプから、マクロ構造調整型へシフトさせた。そして、1983年ブルック修正案（Brooke Amendment）を可決し、世銀やIMFによる市場経済導入や民間部門の促進などの政策と共同歩調をとるようになった。ブルック修正案とは、アメリカからの債務が未返済で、世銀やIMFが構造調整融資を拒否した国に対して、アメリカは対外援助の供与を禁止するというものであった。USAIDもまた成長規範（構造調整）を実行できるよう、民間セクター推進計画（PEI）を発足させ、PEIの実行のために民間企業局を設立した。1985年になると、当時のマクファーソンUSAID（M. Peter McPherson）長官が「開発の青写真」を掲げた。これは、

経済成長、飢餓の克服、疾病と早期死亡の克服など、これまでUSAIDが目的としてきたBHN充足政策に加え、レーガン政権の対外援助方針である成長規範（構造調整）をも実行すると宣言している[37]。

しかし、アメリカにおいて、成長規範（構造調整）が立法化されることはなかった。レーガン政権期、成長規範（構造調整）の実行は、単発のイニシアチブや部分的取り組みにとどまり、法的根拠をもつことはなかったのである。その要因として考えられるのは、第1に、議会の対外援助に対する不信感の高まりとそれに伴う予算統制力の強化である。第2には、レーガン大統領が、対外援助政策に関する通常のパターンとなってきた、授権法と歳出法の2つの法律の成立に取り組むというやり方を放棄し、歳出法の成立、特に上院での歳出法の成立に集中しようとしたということがある[38]。授権法の場合と違い、歳出法に関する審議は大幅に時間と労力を省くことができる。そのため、安全保障政策に最大限時間と労力を割きたいレーガン大統領は、対外援助法の骨格を十分時間をかけて検討するよりも、単発のイニシアチブとして若干の予算割りあてを得ることを選んだのである。その結果、1980年代に入ってから授権法が成立したのは81年と85年の2回のみであり、85年を最後に、今日まで授権法は成立することはなかった。そのため、その後も成長規範（構造調整）の実行基盤の再建に至ることもなかった。

成長規範（構造調整）が立法化されなかったことによって、貧困規範（BHN）の実行体制はなんとか解体を免れたものの、このレーガンの戦略によって貧困規範（BHN）の実行体制は機能不全に陥ることになった。対外援助法は毎年のように項目の追加と削除を繰り返し、安普請を重ねた。その結果、1989年の時点で、33の目的と75の優先分野が含まれ、議会に対する個別報告要件は288に上り、軍事援助の92％、経済支持援助の98％、開発援助の49％がイヤーマークされるなどしている。その結果、対外援助政策における最重要目的や優先分野は不明瞭になり、議会がつけた多数のイヤーマークは、対外援助の柔軟性を奪ってきた。つまり、対外援助法は、成長規範（構造調整）も貧困規範（BHN）も十分実行できず、矛盾が累積してしまったのである[39]。

と同時に、USAIDにも新たな課を設置したり、統合したりといった部分的な機構改編が加えられ、貧困規範（BHN）の実行体制は効率的に運営することも、効果を上げることもできなくなった。USAIDはたび重なる部分修正を繰り返されてきた対外援助法に、いわば振り回される形になった。USAIDは基本的には貧困規範（BHN）の実行体制でありながら、成長規範（構造調整）の実行をも求められるようになった。しかし、その要請に対処療法的にしか応えられず、成長規範（構造調整）の実行も不十分にしかできない。そして、そのたび重なる法改正に対する対応に時間と労力を割かれることで、本来の貧困規範（BHN）の実行も不十分になってしまう。貧困規範（BHN）の実行体制は、その制度的疲弊が日に日に顕著になっていった。

にもかかわらず、貧困規範の実行アクター、すなわち既得権益集団は増殖を続けた。第4章の表4-2で言及したように、PVOsの総登録数は、1985年に170であったのが、90年には301、95年には434と増大した。この80年代後半以降のPVOsの急増には、対外援助疲れがあったと考えられる。冷戦終結後、援助疲れが顕著になると、議会は開発援助予算に対して厳しい目を向けた。USAIDはその活動予算を削減される中、PVOsとの強力な連携を求めたため、PVOsの地位が向上するようになったのである。また、クリントン政権のUSAIDとPVOsのパートナーシップ育成政策の効果も大きかったと言われている。かつてUSAIDとPVOsは、ODAやPVOsの役割をめぐる見解の相違や、USAIDの煩雑な諸規則や手続きから、良好な関係にあるとは言えなかった。そこで、クリントン政権は、1993年、USAIDとPVO間のパートナーシップ育成のために、USAID、インターアクション（InterAction）、国際開発機関の共同体が参加する、合同作業委員会を設置した。その結果、USAIDは、PVOsの価値観を体現する諸原則を実行に移し、PVOsの育成が促進されたのである[40]。

さらに、PVOsの急増の背景には、1984年、アメリカ最大の人道援助機関連合となる、インターアクションが設立された事実もあった。インターアクションには、2008年11月の時点で、172のNGOs/PVOsが加盟する[41]。インターアクションは、メンバー間の情報を交換し、アドボカシーを行うなどの

活動を活発に展開する、いわば、NGOs/PVOsの利益を代弁する利益団体である[42]。インターアクションが創設されたことで、NGOs/PVOsの影響力は増したと考えられる。

インターアクションは、対外援助改革に関する議会公聴会においても、貧困規範（BHN）の実行体制の存続に貢献した。1989年、新たな対外援助の実行体制の実現に向けた下院外交委員会の動きにおいても、既存の対外援助の実行体制の存続を求める発言をしている。ハミルトン下院議員（Lee Hamilton）とギルマン下院議員（Ben Gilman）が共同議長を務める、超党派の対外援助諮問委員会は、度重なる部分的な修正・追加によって損なわれた、対外援助政策全体の一貫性や調和を回復し、国家目的の効果的な追求を目指して組織された。具体的には、既存の対外援助法とUSAIDに代替する、新たな国際経済協力法の立法化と経済協力庁（Economic Cooperation Agency）を成立させ、対外援助の実行体制を刷新しようとしていた[43]。その際、対外援助政策全体の一貫性を損うイヤーマークの廃止をめぐり、インターアクションから反対論がもち上がった。インターアクションを代表して、フォスター・ペアレンツ（Foster Parents）は、イヤーマークの廃止は、草の根援助のための予算確保を危うくし、PVOs側に大きな打撃を与えると主張した。そして、インターアクションに属する諸団体から、新たな国際経済協力法の立法化のために必要な支持を集めることを条件に、開発援助の実施過程へのPVOsの参加拡大を図るよう議会側に迫った[44]。また、チャーチ・ワールド・サービス（Church World Service）およびルーテル世界救済（Lutheran World Relief）を代表して、経済的公正のためのインターフェイス・アクション（Interfaith Action for Economic Justice）は、既存の対外援助の実行体制を廃止し、新たな実行体制を創設することに対する反対を明言した。新体制の創設は、開発援助への新規参入者が既存の開発援助アクターの利益を侵害する恐れがある。そのことを考慮するなら、「納屋に張られたクモの巣も、そんなに悪くないかもしれない」という[45]。PVOs側は既存の実行体制から利益を得ていたために、その存続を願ったのであった。結局、下院側もイヤーマークによる予算監督権限を離そうとせず、行政府側も明確なコミットメントの意志を欠いたために、

改革は失敗に終わった[46]。

　1993年の対外援助改革の動きに際しては、インターアクションやPVOsは、PVOsの役割の拡大を訴えるとともに、USAIDの主導的な役割を提唱している。1993年、クリントン大統領がイニシアチブを発揮し、平和・開発・民主主義法（Peace, Development and Democracy Act of 1994）を成立させ、対外援助改革を実現しようとした。そこで、インターアクションは、新しい対外援助政策における開発計画の作成・実施・予算配分に関する統制権を、USAID長官に与えるべきであるという[47]。またブレッド・フォー・ザ・ワールド（Bread for the World）などのPVOsは、USAIDを持続可能な開発のための主要な機関にすべきであることを訴えている[48]。この見解を踏まえる形で、対外援助改革の責任者であった、ウォートン国務次官（Clifford Wharton）は、USAIDの外交政策における重要な役割およびPVOsとの協業の可能性を確認し、対外援助の指導的機関としてUSAIDを存続させるべきことを主張している[49]。しかし、クリントン政権は議会に政府法案を送付したものの、上院で足止めを食ったうえ、下院では共和党が多数派を占めるようになったため、政府法案の再送付を見送り、対外援助改革もUSAID改革も実現しなかった[50]。このように、貧困規範（BHN）の実行体制は、廃止されることもなく、改革されることもなく、そのままの形で存続し続けた。

　機能不全のまま存続し続けた貧困規範（BHN）の実行体制は、貧困規範（BHN）の実行程度の増加傾向をももたらした。1980年代後半、貧困規範（BHN）の実行程度は増加傾向に転じているのである。貧困規範（BHN）の実行指標である社会的インフラ計画を含む、開発援助（DA）の歳出額も、当然のことながら、増大する。これは対外援助全体に対する歳出額が減少傾向に転じるのとは対照的である。特に、クリントン政権期になると、国内財政の逼迫や失業率の増大などから、対外援助に対する風あたりはより一層厳しくなる中で、DAが微増を続けていくというのは注目に値する[51]。貧困規範（BHN）の実行体制の制度的疲弊が進行しても、いったん、貧困規範（BHN）を実行する体制が確立されるなら、貧困規範（BHN）を実行する既得権益集団は増殖し続け、その実行程度を増大させていくことになったので

ある。

　しかし、貧困規範（BHN）の既得権益集団が、この体制から恩恵を受けにくくなると、彼らは自ら新たな実行体制を求めるようになっていく。この頃、USAIDの政府内における地位および役割は縮小の一途をたどっていた。USAIDは非効率な運営と議会の干渉により本来の役割が果たせなくなっていた。それに加え、歴代政権は、次々にMCAやHIV/AIDSイニシアチブなどを打ち出し、それらを従来の対外援助枠組みの外で行ってきた。これによってアメリカ対外援助全体に占める、USAIDの管轄する開発援助の割合が低下し、政権内での発言力が低下するようになったのである。そこで、USAIDは、主要な対外援助機関としての地位を保ち、その独自の存在意義を主張するために、たびたび自主的な改革に取り組んできた。クリントン大統領の対外援助改革と並行する形で、当時USAID長官であったアトウッド（Brian J. Atwood）もまた、USAID改革についての検討を進めていたが、実際に改革を行うまでには至らなかった[52]。次のナチオスUSAID長官（Andrew S. Natsios）もまた、その就任直後の2001年5月に早速、USAID改革構想を提示するなど、改革に意欲を見せた。ナチオスUSAID長官は、世界開発アライアンス（GDA）、経済成長・農業・貿易、世界保健、民主主義・紛争・人道支援という4つの柱を掲げ、この基本方針に基づき、民間企業やNGOとの連携強化を目的とするGDA局を新設するなどの機構改革を行った[53]。これは、対外援助の目的を絞ることで対外援助の意義をわかりやすく国民にアピールすることを狙ったものである。しかしUSAID長官が自主的に行う機構改革だけでは、長年、国民の間に累積した対外援助およびUSAIDに対する批判を覆すのは、所詮、無理なことであった。

　USAIDは、国民の間に広く対外援助に対する理解を醸成することができるよう、大統領がイニシアチブを発揮し、新たな実行体制が確立されるような形での包括的な改革を求めていたのであった。こういった事情を抱えるUSAIDにとって、貧困規範（目標）の登場は好ましいものであり、どんな文脈で位置づけられようが、貧困規範（目標）に対する国民の理解が高まってくれるのなら、ありがたいことであったと考えられる。貧困規範（目標）は、

1973年対外援助法成立以来、USAIDが専門的に取り組んできた分野に対する理解を促すものであり、対外援助およびUSAIDに対する支持を高めてくれることが期待できるからであった。

　同様の理由で、G・W・ブッシュ大統領による、貧困規範（目標）の実行の宣言を好ましく思ったのは、PVOsであろう。1960年代後半以来のUSAIDの大幅なリストラにより、PVOsなどの外部機関はUSAIDの開発業務の委託を受けて、指数関数的に増加した。PVOsは、1970年には82にすぎなかったのに対し、2000年には439にまで増えている[54]。また、PVOsは民間企業や民間人からの助成金などを活動資金にしているため、実際に対外援助にかかわる人々はPVOsの数の何倍にも膨れ上がることが推定される。PVOsの増加に比例して、対外援助にかかわるアメリカ国民も増大したのである。草の根援助を担当するPVOsとその活動を支える人々にとって、貧困規範（目標）はまさに彼らの業務の意義を強調するものであり、いかなる理由にせよ、貧困規範（目標）が拡散すれば、業務が拡大することを期待できたのである。

　G・W・ブッシュ政権による、テロ戦略の一手段という対外援助の再定義が、アメリカ国内で受け入れられたのは、貧困規範（BHN）の実行体制が抱える事情が一因として作用していたと考えられる。対外援助法は今日的なニーズを満たさず、USAIDも機能不全に陥り、その役割は低下した。にもかかわらず、PVOsとその活動を支える人々の数だけは急増した。貧困規範（BHN）を実行するアクターにとって、疲弊した貧困規範（BHN）の実行体制を改革することは重要な課題であった。貧困規範（BHN）実行アクターは、貧困規範（目標）の登場とG・W・ブッシュ政権による対外援助再定義が、対外援助法の改正や対外援助実施体制の改革に大きな弾みになるのではないかと考えたのである。

3．貧困規範（目標）の実質的内面化へ

（1）既得権益集団の権益拡大

　対テロ戦争を正当化するために、貧困規範（目標）を利用することにした

G・W・ブッシュ政権は、それを歓迎する国内アクターの増加を背景に、貧困規範（目標）の実行に向けて動き出すことになった。

しかし、それまでアメリカの対外援助政策を支えてきた、貧困規範（BHN）の実行体制を解体することは容易でない。貧困規範（BHN）の実行アクターは増大し、貧困規範（BHN）実行から得られる社会的評価や経済的利益などの権益を、そう易々と手放すとは考えられないからだ。そこで、G・W・ブッシュ政権は、貧困規範（BHN）の実行体制を象徴する1973年対外援助法と再生USAID（1973年に抜本的な改正を施された1961年対外援助法とUSAID）には手を加えなかった。既存の貧困規範（BHN）の実行体制はそのままに、新たな象徴の作成に取りかかったのである。

G・W・ブッシュ政権は、貧困規範（目標）を実行するための新たな象徴、すなわちミレニアム挑戦会計（MCA）構想の具体化に際しては、USAIDを始めとする対外援助関係省庁を参加させた。これによって既得権益集団からの抵抗を避け、蓄積されたノウハウを活用することが可能になるからだ。実際に、各省庁はそれぞれ得意とする知識や技術を発揮し、MCA構想の作成に協力したのだ。国務省は国内外の主要な援助関係者と連携を図り、多国間開発銀行（MDBs）政策を管轄する財務省は、開発指標の作成に中心的な役割を果たし、USAIDは現地での経験に基づいてMCAの枠組みや実施に関するアイデアや諸提案を行った[55]。

その結果、従来の対外援助政策とは異なり、G・W・ブッシュ政権は本来の目的である貧国削減よりも安全保障を優先することがないよう、MCAの内容および実施方法にいくつもの工夫を施すことになった。しかし、その工夫には、共和党政権ゆえに、成長規範が色濃く反映されることになった。

その一つ目の工夫とは、短期的な政治的考慮の影響を受けないよう、通常の対外援助予算とは別に、MCAのための特別予算枠を設けることである。これまでのアメリカの対外援助は、開発援助として割りあてられた予算であっても、戦略的重要性の高い国・地域に重点的に配分され、途上国の開発以外の副次的な目的が優先される傾向が強かった。そこで、MCAは、これまでのアメリカ対外援助政策の反省にたち、安全保障目的に活用されないよう

既存の開発予算枠とは別枠とされ[56]、開発目的を積極的に追求することを可能にした。

次に二つ目の工夫は、一つ目とも関連するが、MCAの被援助国を選定する際に、所得基準を設定したことである。これまでのアメリカ対外援助には、安全保障的な関心が強く反映されてきたために、深刻な貧困に苦しむアフリカなどの低所得国に、開発資金がなかなか振り向けられなかった。その結果、開発援助は本当に必要としている人々に行きわたらないと言われ、開発援助

表5-1：MCA候補国選定基準

年度	基準
2004会計年度	1人当たりGNI1,415ドル以下のIDA融資対象国
2005会計年度	1人当たりGNI1,465ドル以下のIDA融資対象国
2006会計年度	低所得国）1人当たりGNI1,575ドル以下のIDA融資対象国 低中所得国）世銀が刊行する『世界開発報告』の最新版において、低中所得国に分類され、1人当たりGNI1,575〜3,255ドルのIDA融資対象国
2007会計年度	低所得国）1人当たりGNI1,675ドル以下のIDA融資対象国 低中所得国）世銀が刊行する『世界開発報告』の最新版において、低中所得国に分類され、1人当たりGNI1,676〜3,465ドルIDA融資対象国
2008会計年度	低所得国）1人当たりGNI1,735ドル以下のIDA融資対象国 低中所得国）世銀が刊行する『世界開発報告』の最新版において、低中所得国に分類され、1人当たりGNI1,736〜3,595ドルIDA融資対象国
2009会計年度	低所得国）1人当たりGNI1,785ドル以下のIDA融資対象国 低中所得国）世銀が刊行する『世界開発報告』の最新版において、低中所得国に分類され、1人当たりGNI1,786〜3,705ドルIDA融資対象国
2010会計年度	低所得国）1人当たりGNI1,855ドル以下のIDA融資対象国 低中所得国）世銀が刊行する『世界開発報告』の最新版において、低中所得国に分類され、1人当たりGNI1,856〜3,855ドルIDA融資対象国
各年度共通：MCC理事会の審査を受けること。現在の法的規定に基づいて援助の受領を禁止される国を除外。	

出典）MCC, *Candidate Country Reports,* various years, (http://www.mcc.gov/pages/selection/reports), Accessed on November 27, 2010、より筆者作成。

としての意義が疑われてきた。そこで、MCAの供与を受けるためには、低所得国でなければならないことが定められた。MCAの供与を受けられる低所得国は「候補国」と呼ばれ、候補国であるためには、表5-1の通り、その所得基準は年度ごとに異なるものの、IDAや世銀の用いる客観的な基準を用い、民間金融機関などから融資を受けることが難しい国でなければならないのである[57]。

　最後に、3つ目の工夫とは、MCAの効率的かつ効果的な運営を目指し、小規模な援助機関を新設することである。その新設するミレニアム挑戦公社（MCC）には、USAIDが陥った腐敗と非効率な運営を回避し、効率的かつ効果的なMCA運営を実現するための工夫がなされている。MCCの監督には、国務長官が議長を務め、閣僚級政府高官からなる理事会があたり、その運営は、大統領が任命し上院が承認するCEO（最高経営責任者）によって行われる。職員は多様な政府・非政府機関から調達し、期間限定の形で職務にあたらせる。MCCは、契約、プログラム実施、人材の点でも関係当局を最大限活用する[58]。このような運営形態をとることによって、官民を問わず、広い分野から、ニーズに合わせて柔軟に適切な人材を投入することを可能にすることが目指されたのである。

　しかしながら、G・W・ブッシュ政権は、貧困規模よりも成長規範に親近感をもつ共和党政権ゆえに、MCAを成長規範に軸足を置くものとして構想してしまう。G・W・ブッシュ政権は、経済発展を成功させるには、被援助国側のパフォーマンスが重要であると考えた。具体的には、（1）グッド・ガバナンスが経済発展には重要である、（2）被援助国のオーナーシップが不可欠である、（3）パフォーマンスは厳格でバイアスのない指標によって測定されなければならない、というのだった[59]。それゆえ、候補国にはもう一つの基準として、適格国であることを条件づけた。適格国とは、表5-2の通り、世銀やIMFなどの外部機関の比較的質の高い、客観性のある16のパフォーマンス・インジケーターを用いて、「公正な行政を行い、人材に投資し、自由市場経済を促進する」と判断された国である[60]。これは世銀が提唱した成長規範の投影に他ならない。つまり貧困削減を開発の最終目標とし

表5-2：MCA適格国の選択指標

原則	指標とその出所
公正な行政	1. 市民の自由（Freedom House）
	2. 政治的自由（Freedom House）
	3. 報道の自由と説明（World Bank Institute）
	4. 政府の効率性（World Bank Institute）
	5. 法の支配（World Bank Institute）
	6. 汚職規制（World Bank Institute）
自由市場経済の促進	1. 国家の格付け（Institutional Investor Magazine）
	2. インフレ（IMF）
	3. 3年間の財政赤字（IMF/national sources）
	4. 貿易政策（Heritage Foundation）
	5. 規制政策（World Bank Institute）
	6. 新規事業開始手続きに必要な日数（World Bank）
国民への投資	1. GDPに占める初等教育への公的支出割合（World Bank/national sources）
	2. 初等教育終了率（World Bank/national sources）
	3. GDPに占める保健分野への公的支出割合（World Bank/national sources）
	4. 予防接種率：DPT（3種混合ワクチン）とはしか（World Bank/UN/national sources）

出典）United States, White House, "The White House Fact Sheet," November 25, 2002, http://www.ait.org.tw/infousa/enus/government/forpolicy/whfs.html, Accessed on December 24, 2010.

て貧困規範と成長規範を統合するという貧困規範（目標）とは異なり、G・W・ブッシュ政権はMCAを成長規範に軸足を置くものにしようとしたのであった。

このように、MCA構想は、貧困削減が安全保障より優先されるよう、そして貧困削減のための開発援助計画が効果的かつ効率的に実施されるよう、いくつもの工夫が施されたのであった。ただし、貧困規範よりも成長規範に親近感を感じる共和党政権は、その工夫の一つである適格国の選択指標に成長規範を反映させた。これは、貧困削減を開発の最終目標として貧困規範と成長規範を統合するという貧困規範（目標）に反して、MCAが成長規範に軸足を置くものとなったことを意味した。そして成長規範に軸足を置くMCA構想は、政府関係省庁の参加のもとに作成されたため、関係者の合意を得た

ものという体裁をとることができたのである。

　しかし、このようなMCAの貧困削減（目標）の実効性に関して、その立法化の過程で、貧困規範（BHN）の実行から権益を得てきたPVOsから疑問が提起された。インターアクションやブレッド・フォー・ザ・ワールドは、MCAが開発援助の効果を上げることを重視するため、効果が見込まれる限定的な国にしか資金提供できず、最貧困のBHNを充足することにならないという問題を指摘した。そしてMCAは貧困削減と経済成長の促進の両面に焦点をあてるべきであり、貧困削減のためにもBHN分野に十分な投資をすべきであるという。またMCAの限定的な役割ゆえに、BHNを充足することになる、既存の援助プログラムの増大も要求している[61]。

　さらに、MCCの設立によって、貧困規範（BHN）の実行体制が脅かされることになるのではないかと危惧したPVOsから、MCCの役割についての見解が表明される。インターアクションやセイブ・ザ・チルドレン（Save the Children）は、あくまでもMCAはUSAIDの補完物であり、対外援助改革のための触媒にすぎないという。さらに、MCC理事会にはUSAID長官も参加すること、MCCはUSAIDとの連携のもとに活動すること、既存のUSAIDのプログラム実施メカニズムを活用することなどを提案している[62]。PVOsはUSAIDに登録して活動を展開するため、USAIDの地位が脅かされることは好ましくない事態であった。

　PVOsと同様に、USAIDはMCCの設立によって、その主要な対外援助機関としての地位が脅かされることを懸念し、MCCとUSAIDの役割分担について述べ、自らの存在意義を訴えている。というのも、ナチオスUSAID長官によるUSAIDの存在意義を強調するための機構改革も、MCCの新設によって台無しにされる可能性をはらんでいたからであった[63]。USAIDはMCCに対抗して、自らの役割を再定義している。ナチオスUSAID長官は、MCCとUSAIDが対象とする開発プロジェクトの違いについて述べ、USAIDの独自の役割を強調する発言を行った。MCAの対象国は厳格な基準によって選定されるため、実際にはごく限られた諸国になる。USAIDはMCAが対象としない多くの諸国を支援対象とする必要がある。またMCCをサポート

第5章　G・W・ブッシュ政権を制約する貧困規範　209

し、補完することに強い関心をもっており、MCCの任務と活動を支援するとともに、幅広い途上国を支援するというUSAIDの任務を達成するのに最善をつくす。具体的には、MCA諸国で必要とされる支援を提供するのに加え、USAIDは（1）MCA対象国から外れた諸国、（2）改革の意志をもつ中程度のパフォーマー諸国、（3）紛争後の移行支援あるいは人道支援を必要とする破綻国家あるいは破綻しつつある諸国、（4）戦略的国家安全保障利益のために援助を必要とする諸国、での活動に焦点をあてることを考えているという[64]。

G・W・ブッシュ政権は、PVOsやUSAIDの意見を踏まえ、既存の貧困規範（BHN）の実行体制を生かす形でMCA規定を修正した。具体的には、まず、MCCという小規模な実施機関を成立させ、その小さな実施機関を支える形で、既存の貧困規範（BHN）を実行するアクターの参加を全面的に認めた。次に、MCCのCEOには、MCCとUSAIDの活動を調整するために、USAID長官に相談することを義務づけ、USAID長官は、USAIDの活動が、候補国を適格国にするにあたって中心的な役割を果たすことを規定した[65]。

つまり、G・W・ブッシュ政権は、ニクソン政権の場合と違い、既存の貧困規範（BHN）の実行体制を解体しなかった。そのため、それら既得権益集団の抵抗にあうこともなく、肥大化した貧困規範（BHN）の実行体制の解体作業に労力を費やすこともなく、新しく貧困規範（目標）の実行体制を確立するための現実的な方法を選んだのである。

最終的に、貧困規範を実行するアクターの権益を考慮する形で修正を加えられたMCA規定は、大統領の要求予算額が13億ドルから10億ドルに引き下げられたものの、超党派的な支持を得て、2004年1月、歳出法として可決された。そして、その後、MCCは主要な対外援助機関であるUSAIDを補完する機関であることを確認された上で、設立されることになった[66]。MCCの運営にはUSAIDが大きな役割を果たし、MCCがプロジェクトを実施する際には、USAIDのコントラクターであるPVOsをそのまま活用することになった。そのため、MCC設立により、既得権益集団の業務や権限は脅かされるどころか、増大することになったのである。

こうして成長規範に軸足を置くものとして構想されたMCAにも、成長規範のみならず、貧困規範が取り込まれることになり、成長規範と貧困規範を合わせもつ貧困規範（目標）が法制度化されることになったということができる。

（2）貧困規範（目標）の実行体制に寄せられる期待

アメリカはこれまでにも国際開発規範を法制度化してきたが、それら法制度が国際開発規範の十分な実行程度を確約するわけではなかった。では、今回の貧困規範（目標）の実行体制の確立の場合は、貧困規範（目標）の実行程度がどれほど期待できるものであったのだろうか。

今のところ、貧困規範（目標）の法制度化が、アメリカの対外援助政策全体に与えた影響はわずかなものにとどまっている。G・W・ブッシュ政権においては、安全保障が重視され、戦略的に重要性の高い、エジプト、ロシア、イスラエル、パキスタン、セルビア、コロンビアが上位被援助国に名を連ね、また同時多発テロ以降の3年間に費やされた320億ドルに上る援助予算の大半が、アフガニスタン周辺国援助、イラク戦争支援強化、イラクおよびアフガニスタンの復興支援に使われている[67]。

その上、MCA自体の問題点も指摘されている。果たしてMCA支援対象国はプログラムを適正に実施していく能力があるのか。MCCの少数精鋭の職員は、多額の資金が割りあてられるプログラムを実施する能力があるのか。汚職防止・会計面でのアカウンタビリティをどうやって確保するのか。戦略的に重要でない国に対し援助を供与することは可能なのか。またMCAはアメリカ独自の基準でプログラムを実施することになり、複数の援助国や機関から支援を受け取る被援助国側にとっては、多様な基準に適合することが求められ、行政負担が重くなることも懸念される。同様の理由から、援助供与国間の協調体制の発展を阻むことも心配される。そして何よりも重要な問題は、制度や統治の質が悪く、深刻な貧困に悩まされている国は、援助を受け取れなくなってしまうことである[68]。

しかし、これらの様々な問題が指摘されているものの、これまでと違い、

アメリカの貧困規範（目標）の法制度化には少なからぬ期待が寄せられている。

それは第一に、実際に、MCCが法律の規定通り、様々な人々を参加させ、民間的思考を取り入れられる、小規模で柔軟な運営体制を備えることになったためである。MCCは、長年途上国のインフラ投資に従事してきたインベストメント・バンカーのアップルガース氏（Paul V. Applegarth）をその初代CEOに迎えた[69]。MCC理事会は、国務長官、財務長官、米国通商代表部（USTR）、USAID長官、議会の推薦を受けた民間専門家4名から構成され、MCCには150～250名の少数精鋭の職員が配備されることになった。USAIDと違い、予算遂行上の柔軟性が認められ、議会からイヤーマークがつけられることはほぼない。また経営トップに銀行家を据え、比較的自由に資金運用ができるという点で、政府機関というよりも民間企業に近い[70]。つまりMCCは民間手法を取り入れ、効率的に活動できることが期待された。

第二に、実際のMCAの実施において、安全保障よりも貧困削減が優先的に考慮されることになったからである。それはまず、MCAの適格国の厳格な選定状況およびMCA合意の締結状況に表れている。MCA候補国および適格国を選定する際の基準に若干の変更は加えられたものの[71]、最終的に用いることが決定された基準はほぼそのまま適用され、実際に、表5-3の「正義が支配し、人的投資が行われ、経済的自由を促進する国」という諸国が適格国として選定された。次に、表5-4にある、MCA合意を締結した諸国を眺めてみると、これまでアメリカがあまり開発援助を供与してこなかった、各地域の戦略的に重要性の低い低所得国に、実際にMCAの資金が供与されようとしている、あるいは供与されていることがわかる。さらに、これら諸国の中に中東諸国が含まれておらず、またイスラム教徒を抱える国はグルジアのみにとどまっていることも注目すべき点である。G・W・ブッシュ大統領は、テロの温床として貧困を捉え、テロ撲滅のための手段として貧困削減を掲げ、安全保障的観点からMCAを実施しようとした。にもかかわらず、実際には、G・W・ブッシュ政権が敵視する中東のイスラム諸国は、MCAの資金供与対象にすら含まれることがなかったのである。要するに、安全保障

表5-3：MCA適格国

2004会計年度	アルメニア、ガーナ、カボベルデ、グルジア、スリランカ、セネガル、ニカラグア、バヌアツ、ベナン、ボリビア、ホンジュラス、マダガスカル、マリ、モザンビーク、モンゴル、レソト（16カ国）
2005会計年度	アルメニア、ガーナ、グルジア、スリランカ、セネガル、ニカラグア、バヌアツ、ベナン、ボリビア、ホンジュラス、マダガスカル、マリ、モザンビーク、モロッコ、モンゴル、レソト（16カ国）
2006会計年度	アルメニア、エルサルバドル、ガーナ、カボベルデ、ガンビア、グルジア、スリランカ、セネガル、タンザニア、ナミビア、ニカラグア、バヌアツ、東ティモール、ブルキナファソ、ベナン、ボリビア、ホンジュラス、マダガスカル、マリ、モザンビーク、モロッコ、モンゴル、レソト、(23カ国)
2007会計年度	アルメニア、ウクライナ、エルサルバドル、ガーナ、カボベルデ、グルジア、スリランカ、セネガル、タンザニア、ナミビア、ニカラグア、バヌアツ、東ティモール、ブルキナファソ、ベナン、ボリビア、ホンジュラス、マダガスカル、マリ、モザンビーク、モルドバ、モンゴル、レソト、ヨルダン（24カ国）
2008会計年度	アルメニア、ウクライナ、エルサルバドル、ガーナ、グルジア、セネガル、タンザニア、ナミビア、ニカラグア、バヌアツ、東ティモール、ブルキナファソ、ベナン、ボリビア、ホンジュラス、マダガスカル、マラウィ、マリ、モザンビーク、モルドバ、モロッコ、モンゴル、レソト、ヨルダン（24カ国）
2009会計年度	インドネシア、コロンビア、ザンビア、セネガル、フィリピン、マラウィ、モルドバ、ヨルダン（8か国）
2010会計年度	インドネシア、カボベルデ、ザンビア、フィリピン、マラウィ、モルドバ、ヨルダン（7か国）

出典）MCC, *Eligible Countries*, (http://www.mcc.gov/countries/eligible/index.shtml) Accessed on November 27, 2010、より筆者作成。

的関心から、MCAおよびMCCとして貧困規範（目標）が法制度化されたものの、実際には安全保障的関心ではなく、貧困規範（目標）が最優先される傾向が表れている。

　第三に、G・W・ブッシュ政権は共和党政権でありながら、商業的利益の追求という共和党色が前面に出ていないからである。経済インフラ整備支援プロジェクトがいくつも実施されており、成長規範の実行という性格の強いMCAであるが、無償資金供与およびアンタイドであり、途上国のオーナー

表5-4:MCC合意書の締結状況

国名	合意書締結日	一人当たりGNI	一日2ドル以下で暮らす人口比率	HDI順位	合意規模(百万ドル)	重点項目
アルメニア	2006年3月27日	2,640ドル	31.1%	83	236/5年間	農業(灌漑) 農道
ベナン	2006年2月22日	570ドル	73.7%	163	307/5年間	土地および不動産 金融サービス 法制整備 港湾修復
ブルキナファソ	2008年7月14日	430ドル	71.8%	176	481/5年間	農地管理 農業 道路 教育
カボベルデ	2005年7月4日	2,430ドル	NA	102	110/5年間	農業 運輸(道路) 民間セクター
エルサルバドル	2006年11月29日	2,850ドル	40.5%	103	461/5年間	教育 運輸(道路) 小企業(農場開発)
グルジア	2005年9月12日	2,120ドル	25.3%	96	295/5年間	インフラ整備(ガス) 運輸(道路) 農業(商業)
ガーナ	2006年8月1日	590ドル	78.5%	135	547/5年間	農業 運輸 農地開発
ホンジュラス	2005年6月13日	1,600ドル	44.0%	115	215/5年間	農業 運輸(道路)
レソト	2007年7月23日	1,000ドル	56.1%	138	362.6/5年間	水セクター 保健セクター 民間セクター
マダガスカル	2005年4月18日	320ドル	85.1%	143	110/4年間	土地所有権(農業) 金融セクター
マリ	2006年11月13日	500ドル	90.6%	173	460.8/5年間	灌漑 運輸(空港) 工業団地

モンゴル	2007年10月22日	1,290ドル	74.9%	114	285/5年間	運輸（鉄道） 財産権 職業教育 保健	
モロッコ	2007年8月31日	2,250ドル	14.3%	126	697.5/5年間	農業（漁業） 手工業 金融業（企業支援）	
モザンビーク	2007年7月13日	320ドル	78.4%	172	506.9/5年間	水と公衆衛生 運輸 借地制度（農業）	
ナミビア	2008年7月28日	3,360ドル	55.8%	125	305/5年間	教育 観光産業 農業	
ニカラグア	2005年7月14日	980ドル	79.9%	110	175/5年間	土地所有権（農業） 運輸（道路）	
タンザニア	2008年2月17日	400ドル	89.9%	159	698/5年間	運輸（道路と空港） エネルギー 水	
バヌアツ	2006年3月2日	1,840ドル	NA	120	66/5年間	運輸修復 公共事業局	

出典）Tarnoff, Curt, "Millennium Challenge Corporation," CRS Report, 2009, pp. 26-27、より筆者作成。

シップによりプログラムを実施する[72]。そのやり方には、従来の共和党の短期的利益を重視する姿勢から長期的利益を追求する姿勢への転換がみてとれるのである。それ以前の共和党政権の対外援助政策において、成長規範の実行と短期的国益や企業利益の実現が深く結びついていたのとは対照的である。

このように、貧困規範（目標）の法制度化は、従来の国際開発規範の法制度化と異なり、最初から、貧困規範（目標）の実行程度の増大が期待されるものであったといえるのである。これは、対テロ戦争の手段として位置づけられた開発援助政策が、冷戦のときのように安全保障的配慮が優先されたのとは違い、文字通り、貧困削減を優先する政策となったことを意味する。つまり、MCAの成立は、国連が作成した貧困規範が、単独主義を振りかざすG・W・ブッシュ政権の外交行動に制約を課すものであったと捉えることが

できるのである。

注

1 本項は拙稿「開発分野におけるレジームの動態―レジーム競合・調整の動因としてのアメリカ―」『国際政治』第153号、2008年、第3節を加筆・修正したものである。
2 秋山孝允他著、速水佑次郎監修『開発戦略と世界銀行―50年の歩みと展望―』知泉書館、2003年、59-60頁。
3 Cornia, Giovanni Andre, Richard Jolly, Frances Stewart eds., *Adjustment with a Human Face: Protecting the Vulnerable and Promoting Growth*, Oxford; Clarendon Press, 1987; 絵所秀紀「国際機関と開発思想の変遷(下)」『労働法律旬報』No.1504、2001年、61-62頁。
4 Group 24, "Report of Intergovernmental Group of 24 Calls for Design in Fund Programs," *IMF Survey*, August 10, 1987, pp.1-20; 絵所、前掲書、60-61頁。
5 秋山他、前掲書、62-63頁。
6 Taylor, Lance, *Varieties of Stabilization Experience: Towards Sensible Macroeconomics in the Third World*, Oxford; Oxford University Press, 1988; Jolly, Richard, et al., *UN Contributions to Development Thinking and Practice*, Bloomington and Indianapolis; Indiana University Press, 2004, p.151.
7 Drèze, Jean, and Amartya Sen, *Hunger and Public Action*, Oxford: Clarendon Press, 1989.
8 UNDP, *Human Development Report*, 1990, pp.11-12.
9 Anand, Sudhir, and Amartya Sen, "The Income Component of the Human Development Index," *Journal of Human Development*, 1(1), 2000, p.99.
10 鷲見一夫『世界銀行―開発金融と環境・人権問題』有斐閣、1994年、315-316頁；秋山他、前掲書、62頁。
11 Wolfensohn, James D., "New Directions and New Partnerships: 1995 Annual Meetings Address." http://web.worldbank.orG. W. BSITE/EXTERNAL/EXTABOUTUS/ ORGANIZATION/EXTPRESIDENT2007/EXTPASTPRESIDENTS/PRESIDENTEXTERNAL/0,,contentMDK:20025722~menuPK:232083~pagePK:159837~piPK:159808~theSitePK:227585,00.html, Accessed on September 15, 2008.
12 秋山他、前掲書、80頁。
13 Degnbol-Martinussen, John, translated by Mrie Bille, *AID: Understanding International Development Cooperation*, London and New York; Zed Books Ltd., 2003, p.23.
14 OECD, "Net ODA from DAC countries from 1950 to 2004," *Statistical Annex of the Development Co-operation Report*. http://www.oecd.org/dataoecd/43/24/1894385.xls, Ac-

cessed on April 12, 2006; 実質値への変換には、OECD, "Deflators for Resource Flows from DAC Countries (2004=100)," を用いた。http://www.oecd.org/dataoecd/43/43/34980655.xls, accessed on April 12, 2006.

15　DAC, *Development Co-operation*, 1993, table 5, 1998, table 4.

16　授権法が成立しなくなった別の要因として、レーガン政権の議会戦略も挙げることができる。レーガン政権は安全保障政策に最大限時間と労力を投入できるよう、対外援助政策の実施にあたっては、授権法案は審議せず歳出法案のみ審議する戦略をとり、以後、同政権の議会戦略が慣行化した。杉浦光「米国における最近の援助政策改革論議の歴史的位置づけ」『開発援助研究』第2巻第2号、1995年、202頁。

17　DAC, *Shaping the 21st Century; the Contribution of Development Cooperation*, 1996, pp.8-9.

18　*Ibid.*, p.9; 大野泉・二井矢由美子「貧困削減戦略書(Poverty Reduction Strategy Paper: PRSP)」http://dakis.fasid.or.jp/report/information/prsp.html, Accessed on August 15, 2006.

19　Wolfensohn, James D., "*A Proposal for a Comprehensive Development Framework*, January 21, 1999," http://siteresources.worldbank.org/CDF/Resources/cdf.pdf, Accessed on September 20, 2008；大野泉『世界銀行-開発援助戦略の変革』NTT出版、2005年、160-162頁；大野・二井矢、前掲書；大野泉「米国における世界銀行の改革論議と国際開発潮流―「メルツァー報告書」後の動き―」2002年5月、http://www.grips.ac.jp/forum/pdf01/DiscussionPaper2.pdf, Accessed on August 24, 2006；世界銀行東京事務所「貧困削減戦略ペーパー」2004年11月、http://www.worldbank.or.jp/04data/12brochure/pdf_brochure/prsp.pdf, Accessed on August 25, 2006.

20　国連開発計画(UNDP)『人間開発って何？』14-15頁、http://www.undp.or.jp/Publications/whats_hd.pdf, Accessed on March 14, 2005.

21　Quality Assurance Group/World Bank, *Annual Report on Portfolio Performance*, FY 2002, pp.28-34.

22　World Bank and IMF, *Global Monitoring Report*, various years. http://web.worldbank.org/WBSITE/EXTERNAL/EXTDEC/EXTGLOBALMONITOR/0,,menuPK:2185108~pagePK:64168427~piPK:64168435~theSitePK:2185068,00.html, Accessed on April 15, 2007.

23　UNDP, *Human Development Report* 2007/2008, p.27, 30.

24　UNDP, *Annual Report: Making Globalization Work for All*, 2007, p.9, 18.

25　Bush, G. W., "Address to a Joint Session of Congress and the American People," September 20, 2001, http://www.whitehouse.gov/news/releases/2001/09/20010920-8.html, Ac-

第 5 章　G・W・ブッシュ政権を制約する貧困規範　217

cessed on August 24, 2006.
26　Bush, G. W., "The President's State of the Union Address" January 29, 2002, http://www.whitehouse.gov/news/releases/2002/01/20020129-11.html, Accessed on June 19, 2007.
27　高畑昭男「「対テロ戦争」とブッシュ外交－忍び寄るアメリカ新帝国主義論－」『白鴎大学論集』第17巻第1号、2002年、160-161頁；久保文明「共和党の変容と外交政策への含意」久保文明編『G・W・ブッシュ政権とアメリカの保守勢力－共和党の分析－』日本国際問題研究所、2003年、26-28頁。
28　高畑、前掲書、161頁；吉原欽一「ブッシュ政権とその政策形成について－政策形成過程における「レーガン主義」の影響－」久保文明編『G・W・ブッシュ政権とアメリカの保守勢力－共和党の分析－』日本国際問題研究所、2003年、41-42頁。
29　Bush, G. W., "Remarks on Global Development, Inter-American Development Bank," Washington, D.C., March 14, 2002, http://www.whitehouse.gov/news/releases/2002/03/20020314-7.html, Accessed on February 24, 2005.
30　Bush, G. W., *Remarks at United Nations Financing for Development Conference*, Cintermex Convention Center, March 22, 2002, http://www.whitehouse.gov/news/releases/2002/03/20020322-1.html#, Accessed on August 28, 2006.
31　United States, White House, *The National Security Strategy of the United States of America*, September 2002, http://www.whitehouse.gov/nsc/nss.pdf, Accessed on February 22, 2005.
32　Berrebi, Claude, *Evidence About The Link Between Education, Poverty and Terrorism Among Palestinians*, Working Paper, http://www.irs.princeton.edu/pubs/pdfs/477.pdf, Accessed on August 28, 2006, pp.4-8; Krueger, Alan, and Jitka Maleckova, "Education, Poverty and Terrorism: Is There a Causal Connection?（以下、Causal Connection）" *Journal of Economic Perspectives*, Vol.17, No.4, Fall 2003, p.119.
33　*Ibid.*, pp.119-144.; Krueger, Alan, and Jitka Maleckova, "Education, Poverty, Political Violence and Terrorism: Is There a Causal Connection?（以下、Political Violence）" *Working Paper* 9074, National Bureau of Economic Research, Cambridge, MA, July 2002; Lancaster, Carol, "Poverty, Terrorism, and National Security," http://www.wilson center.org/news/docs/ACF59B2.doc, Accessed on August 29, 2006.
34　Krueger, Alan, and Jitka Maleckova, "Political Violence."
35　Krueger, Alan, and Jitka Maleckova, "Causal Connection," pp.119-144. たとえば、同様の結論を導くものとして、Abadie, Alberto, "Poverty, Political Freedom, and the Roots of Terrorism," *The American Economic Review,* Volume 96, Number 2, May 2006, pp. 50-56; Berrebi, *op. cit.*
36　Lancaster, *op.cit.*

37　USAID, *Blueprint for Development: the Strategic Plan of the Agency for International Development*, 1985. [USAID Order No.; PN-AAS-485]; 佐藤眞理子『アメリカの教育開発援助－理念と現実－』明石書店、2005年、147-149頁、151頁；柳沢香枝『米国国際開発庁(USAID)における国別援助計画』国際協力事業団、1989年。

38　杉浦光「米国における最近の援助政策改革論議の歴史的位置づけ」『開発援助研究』Vol.2、No.2、1995年、202頁。

39　同書、204頁；Radelet, Steve, "Will the Millennium Challenge Account Be Different?" *The Washington Quarterly*, Vol.26, No.2, Spring 2003, p.172.

40　Sholes, Rebecca, and Jane Covey, "Partners for Development: USAID & PVO/NGO Relationships," *Institute for Development Research (IDR) Reports*, Vol. 12, No. 1, 1996, pp.5-7.

41　InterAction, *Foreign Assistance Briefing Book; Critical Problems, Recommendations, and Actions for the Obama Administration and the 111th Congress*, November 2008.

42　About InterAction, http://www.interaction.org/about-interaction, Accessed on September 23, 2010.

43　杉浦、前掲書、202-209頁；House, Document, "Report of the Task Force on Foreign Assistance," Committee on Foreign Affairs, 101th Congress 1st Session, No. 101-32, February 1989. [CIS-NO: 89-H380-7]

44　Testimony of Phillips, Kenneth H. (President, Foster Parents Plan; representing InterAction/American Council for Voluntary International Action), "Review of the Task Force on Foreign Assistance,"*Hearing before the Committee on Foreign Affairs, House*, February 28, 1989. [CIS-NO: 91-H381-37]

45　Testimony of Minear, Larry (representing Interfaith Action for Economic Justice), "Review of the Task Force on Foreign Assistance," *ibid.*

46　杉浦、前掲書、202-209頁；Nowels, Larry, "Foreign Aid Reform Commissions, Task Forces, and Initiatives: From Kennedy to the Present, " in Lael Brainard, ed., *Security By Other Means: Foreign Assistance, Global Poverty, and American Leadership*, Washington, D.C.: Brookings Institution Press, 2007, pp.258-259.

47　Testimony of Taft, Julia V. (President, InterAction/American Council for Voluntary International Action), "Rewrite of the Foreign Assistance Act of 1961 and FY95 Foreign Assistance Request (Part 1),"*Hearing before the Committee on Foreign Affairs, House*, 103th Congress 2nd Session, February 9, 1994. [CIS-NO: 94-H381-63]

48　Testimony of Beckmann, David (President, Bread for the World), Testimony of Barclay, Albert H., Jr. (President, Development Alternatives, Inc.; also representing Professional Services Council), Testimony of Getman, Thomas R. (Director, Government Relations, World Vision Relief and Development), *Ibid.*

49 Testimony of Wharton, Clifton R., Jr.（Deputy Secretary, Department of State）, *Hearing before the Committee on Foreign Relations, Senate,* "FY1994 Foreign Assistance Authorization," 103th Congress 1st Session,（S. Hrg. 103-322）, July 14, 1993. [CIS-NO: 94-S381-4]; "Preventive Diplomacy: Revitalizing A.I.D. Foreign Assistance for the Post-Cold War Era-Report of the Task Force to Reform A.I.D. and the International Affairs Budget," U.S. Department of State, Task Force to Reform A.I.D. and the International Affairs Budget, September 1993. [USAID Order No.; PC-AAA-357]
50 Nowels, *op. cit.* p.259.
51 古城佳子「クリントン政権の対外援助政策－96年度対外援助予算の検討－」『アメリカの『経済安全保障』－アメリカ対外経済政策の系譜と実際－』日本国際問題研究所、1996年3月、29頁。
52 杉浦、前掲書、212-225頁。
53 紀谷昌彦「ブッシュ政権下の米国の援助政策」秋山孝允・近藤正規編著『モンテレー会議後の世界のODAの変動』FASID、2003年、145-146頁。
54 本書第4章表4-2を参照のこと。
55 Natsios, Andrew S., Administrator of USAID, "Testimony on Millennium Challenge Account," *Hearing before the Foreign Relations Committee, Senate,* March 4, 2003, http://www.usaid.gov/press/speeches/2003/ty030304a.html, Accessed on August 29, 2006.
56 白井早由里『マクロ開発経済学－対外援助の新潮流－』有斐閣、2005年、248頁。
57 United States, White House, *The White House Fact Sheet*（以下、*The White House Fact Sheet*）, November 25, 2002, http://www.ait.org.tw/infousa/enus/government/forpolicy/whfs.html, Accessed on December 24, 2010.
58 *Ibid.*
59 *Ibid.*
60 Natsios, *op.cit.*
61 Testimony of Mcclymont, Mary E.（President and CEO, InterAction/American Council for Voluntary International Action）, "Millennium Challenge Account: A New to Aid," *Hearing before the Committee on Foreign Relations, Senate* March 4, 2003[CIS-NO: 2003-S381-22]; Testimony of Beckmann, David（Rev.）（Presidcnt, Bread for the World）, "Millennium Challenge Account," *Hearing before the Committee on International Relations, House,* March 6, 2003. [CIS-NO: 2003-H461-15]
62 Testimony of Mcclymont, Mary E.（President and CEO, InterAction/American Council for Voluntary International Action）, "Millennium Challenge Account: A New to Aid," *Hearing before the Committee on Foreign Relations, Senate,* March 4, 2003 [CIS-NO: 2003-

S381-22]; Testimony of McCormack, Charles F. (President and CEO, Save the Children), "Millennium Challenge Account," *Hearing before the Committee on International Relations, House,* March 6, 2003. [CIS-NO: 2003-H461-15]

63　国際協力銀行(JBIC)ワシントン駐在員事務所「米国の二国間開発援助政策」『開発金融研究所報』第23号、2005年3月、147頁。

64　Natsios, *op.cit.*.

65　US Department of State and USAID, *Security, Democracy, Prosperity Strategic Plan Fiscal Year 2004-2009,* August 2003, http://www.usaid.gov/policy/budget/state_usaid_strat_plan.pdf, Accessed on February 22, 2005; Millennium Challenge Act of 2003, PL108-199[H. R. 2673], Sec.615.

66　*Congressional Quarterly Almanac (CQA),* 2003, pp.2/52 − 2/55, pp.10/3 − 10/5.

67　Woods, Ngaire, "The Shifting Politics of Foreign Aid," *International Affairs,* Vol.81, No.2, March 2005, pp.393-409.

68　白井、前掲書、254-255頁；国際協力銀行、前掲書、152頁。

69　国際協力銀行、前掲書、139頁。

70　国際協力銀行、前掲書、151頁。

71　候補国選定基準の変更は、2004年度が1人あたりGNI1,415ドル以下のIDA融資対象国、2005年度が1人あたりGNI1,465ドル以下、2006年度は2つのGNI水準に分類され、①世銀が定める低所得国水準が現時点で1,465ドル以下、②世銀が定める低中所得国水準が現時点で3,035ドル以下(2005年6月発表)となっている。適格国の指標に関しては、自由市場経済の促進を判断する指標であるインフレ率については、1年間の消費者物価上昇率に、3年間の財政赤字は財政政策に、そして国民への投資を判断する指標である初等教育終了率が、女子の初等教育終了率に、それぞれ変更されている。いずれも指標の精緻化を図ったものと考えられる。MCC, "FY2006 MCC and Budget Presentation to Congress," pp.20-21.

72　Nowels, Larry, "Millennium Challenge Account: Implementation of a New U.S. Foreign Aid Initiative," *CRS Report,* Updated February 7, 2006, http://www.cnie.org/NLE/CRSreports/06Mar/RL32427.pdf, Accessed on April 7, 2007, p.CRS-17-24; 久賀みず保「MCCの援助動向」『最新開発援助動向レポート』No.18、2005年、http://dakis.fasid.or.jp/report/pdf/report18.pdf, Accessed on September 1, 2005、6頁。

終章　国際開発協力研究の発展に向けて

　本書は、国際開発協力が進展する政治過程を明らかにすべく、国際規範の役割に焦点をあて、援助超大国アメリカを事例に検討を行った。各時期の国際開発規範がアメリカにどのような影響を与えたのか、そしてどのような国内制度がつくられたのか、その結果、国際開発規範はどの程度実行されるようになったのかを、時期ごとに分析してきたのである。

　本章は、まず、各時期の検討結果をまとめて概観することにしたい。その上で、本書の検討結果から明らかになったアメリカの行動が、国際開発協力の進展にどのような役割を果たしたのかを述べる。さらに、国際開発規範の実行程度の増大をもたらした法制度化が、どのように国際規範研究の可能性を広げるのか、また国際政治学における国際協力研究にどのような示唆を与えることになるのかを論じることにしたい。

1. 制度的粘着性の高い貧困規範（BHN）の確立

　本節は、本書で述べてきた、各時期の国際開発規範とその法制度化、またその実行程度の関係についての分析結果をまとめて概観する。それによって、国際開発規範のアメリカに対する影響についての一つの結論を導くことにしたい。

　1940年代後半、国際社会には成長規範（資本投下）と貧困規範（技術）が誕生する。トルーマン大統領は、自らの名声のため、成長規範（資本投下）と貧困規範（技術）の双方を立法化しようとする。しかしトルーマン民主党

政権は、斬新さを強調するため、そして負担の重くなりそうな成長規範（資本投下）の実行を避けるため、貧困規範（技術）を実行する法案を作成する。その一方、対外民間投資の促進を狙う大企業はその法案に反対し、共和党とともに、成長規範（資本投下）を実行する対抗法案を作成する。具体性に乏しく、支持集団を増やすことができなかった民主党法案は、共和党法案に代替され、成長規範（資本投下）の実行を定めた1950年国際開発法が成立し、それを実行するためのTCA（技術協力局）が設置されることになった。1950年国際開発法とTCAは、成長規範（資本投下）の象徴として機能し、成長規範（資本投下）を実行することに対する人々の期待を収斂し、TCAを中心とした大学や研究機関などによる、成長規範（資本投下）を実行する体制を生み出した。しかしながらTCAは予算も人員もほとんど割りあてられず、形骸化し、翌年以降、MSAのもとで細々と活動することになる。そのため、成長規範（資本投下）を実行することに対する人々の期待は高まらず、それを実行することで利益を得られることが見込めなかったため、成長規範（資本投下）の実行体制に参加するアクターをあまり生み出さず、成長規範（資本投下）の実行程度の増大には至らない。

　1961年、国際開発協力に高い関心をもつケネディ大統領が就任する。ケネディ民主党政権は、1950年国際開発法とTCAを基盤に、成長規範（資本投下）を実行するための1961年対外援助法とUSAID（国際開発庁）を成立させる。1961年対外援助法とUSAIDは、1950年国際開発法とTCAと同様、成長規範（資本投下）の実行を目的としながらも、その規模や内容は大きく異なっていた。1961年対外援助法には多額の予算が割り当てられた。USAIDは世界各国・各地域に現地事務所を設置し、その現地事務所ごとに多大な予算を割りあて、多大な人員を配備した。それによって、成長規範（資本投下）を実行することに対する人々の期待は高まり、成長規範（資本投下）の実行により発生する利益の獲得を目的として、USAID職員は増大し、大学や研究機関が次々に成長規範（資本投下）の実行体制に参加するようになった。しかしこの成長規範（資本投下）の実行体制は、国ごと、地域ごとの国際開発協力を目的としており、実際には、冷戦戦略上重要な国や地域に重点的に

予算配分することになった。また成長規範(資本投下)の実行体制は、十分な時間と労力と費用を投入することで成長規範(資本投下)の実行程度を増大させることを目指していた。そのため、国際開発協力の効率や効果に関しては配慮を欠き、USAIDの機能不全や腐敗がめだつようになり、途上国の貧困削減や経済成長にもあまり貢献しなかった。象徴として機能するはずの1961年対外援助法とUSAIDは、人々の期待を十分収斂する前に信頼を喪失し、成長規範(資本投下)の実行体制に参加するアクターの増加を止め、成長規範(資本投下)の実行程度が十分増大するには至らなかった。

　1971年、成長規範(資本投下)に代わり、貧困規範(BHN)が優越するようになったのを背景に、国際開発協力に無関心で安全保障重視のニクソン大統領は、成長規範(資本投下)の実行体制の象徴である1961年対外援助法とUSAIDを解体し、成長規範(資本投下)の実行を中止しようとした。ニクソン大統領は、USAIDの現地事務所の多くを閉鎖し、その業務の大半を国際機関などに移管し、大幅なリストラを断行したのである。しかし軍事援助に対する世論の激しい反対から、肝心の実行体制の解体規定を盛り込んだ1971年対外援助法は議会で否決され、成長規範(資本投下)の実行体制の解体に向けた最終的な法律的決定が棚上げされることになった。

　その結果、廃止を猶予されたUSAIDは、組織存続のために動き出す好機を得ることができた。しかし1961年対外援助法とUSAIDは、すっかり人々の信用を失い、またニクソン大統領によってすでに成長規範(資本投下)の実行基盤をほぼ解体されていたため、再び成長規範(資本投下)の象徴および実行の基盤として機能することは難しかった。そこで、USAIDは、当時優越していた貧困規範(BHN)の実行機関として再生し、その法的根拠となる1961年対外援助法修正法、すなわち1973年対外援助法の成立に尽力した。1973年対外援助法は、貧困規範(BHN)の実行を確信させる法的規定を備えていたことに加え、解体されたUSAIDの活動基盤と大幅に縮小されたUSAIDの資金的・人的資源を補うべく、PVOs(民間ボランティア組織)の積極的な活用規定をも盛り込んでいた。そうして成立した貧困規範(BHN)の実行体制は、USAIDを頂点とし、その外部からの多くのPVOsの参加によっ

て機能することになった。こうして1973年対外援助法とUSAIDは、貧困規範（BHN）の実行体制の新たな象徴になると、貧困規範（BHN）が実行されることに対する人々の期待は高まり、貧困規範（BHN）の実行によって発生する権益を求めて、ますます多くのPVOsが参加するようになった。これは、貧困規範（BHN）の実行によって発生する権益が、USAIDに独占されるのではなく、USAIDの外部にも広く分配されるようになることを意味する。そして、結果的に、貧困規範（BHN）の実行体制は裾野を広げ、制度的粘着性を増し、貧困規範（BHN）の実行程度は漸増するようになったのである。

　1970年代後半になると、成長規範（構造調整）が優越するようになり、それ以降、レーガン、ブッシュの両共和党政権が、成長規範（構造調整）の実行を試みた。しかしPVOsの数は増加を続け、貧困規範（BHN）の実行体制はますます粘着性を増し、この両共和党政権も、貧困規範（BHN）の実行体制に根本的な変更を加えることはもはやできなくなっていた。レーガン、ブッシュ共和党政権は、成長規範（構造調整）を実行するために、1973年対外援助法に新規修正条項を付加したり、単発的なプログラムを設け、歳出法において予算割りあてを確保したり、というような場当たり的な戦略を続けるようになった。レーガン、ブッシュ共和党政権はまた、USAID内に貧困規範（BHN）を実行する部局をそのままに、成長規範（構造調整）を実行する部局を開設するなど、指揮系統や現場の混乱を無視して、機構改編を加えることになった。こうして、アメリカは、わずかながら成長規範（構造調整）を実行しつつ、貧困規範（BHN）の実行程度を増大させていくことになった。

　1990年代後半に入り、貧困規範（目標）が優越するようになっても、成長規範（構造調整）を実行しながら、貧困規範（BHN）を実行していくという矛盾を抱えた体制は存続する。貧困規範（BHN）の実行により発生する権益を求めて、実行体制に参加するアクターは増加を続ける一方で、多数の目的を抱えるようになった1973年対外援助法と、機能不全に陥ったUSAIDは、もはや対外援助の象徴として人々の期待を収斂させる役割を果たさなくなっていく。その結果、法的根拠を確立せずに、特定のプロジェクトのための一時的措置として国際開発協力が行われるようになり、USAIDに対する予算

割りあても相対的に減少する傾向が見られるようになった。それによって、USAIDの相対的な地位は低下し、USAID自体も貧困規範（BHN）の実行体制から権益を得ることが難しくなっていく。しかし、貧困規範（BHN）の実行体制の既得権益集団はすでに大幅に膨張しており、貧困規範（BHN）の実行体制を廃止することも改革することもできない状況に陥っていた。このような状況下でも、アメリカは貧困規範（BHN）の実行程度を着実に増加させ続けた。

　国際開発規範の実行体制をめぐる膠着状態を打ち破ることになったのは、2001年の同時多発テロの勃発であった。G・W・ブッシュ大統領、国務省、USAIDにとって、同時多発テロは、貧困規範（目標）の法制度化の好機であった。G・W・ブッシュ政権は、貧困規範（目標）を実行する法的根拠となる2003年MCA（ミレニアム挑戦法）を立法化し、2004年にはそれを実行するためのMCC（ミレニアム挑戦公社）を設立した。2003年MCAは授権法ではなく歳出法であり、貧困規範（目標）を実行するための特別予算枠を確保するという主旨の法律であった。MCCは最大限民営化原則を取り入れた小規模な組織であり、USAID、国務省を始めとする複数の機関により、共同で運営されることになっていた。2003年MCAは、1973年対外援助法のような体系的な法律ではなく、MCCはUSAIDのような大規模な組織ではない。しかしながら、2003年MCAには多額の予算が割りあてられ、貧困規範（目標）の実行を確実にするための法的規定の数々が盛り込まれた。また、MCCのCEOには民間投資家が就任し、貧困規範（目標）の効率的な実行が期待できるようになった。その結果、2003年MCAとMCCは新たな象徴として、人々の期待を収斂し、権益を求めるアクターの貧困規範（目標）の実行体制への参加を促し、新たな貧困規範（目標）の実行体制が確立していく。今後、アメリカが貧困規範（目標）の実行程度を継続的に増加するようになることが期待されるのである。

　これまで見てきた各時期の国際開発規範とその実行体制とその実行程度の関係をまとめたのが表6-1である。

　つまり、仮説の通り、アメリカが貧困規範（BHN）の実行程度を増大する

表 6-1：国際開発規範と実行体制確立と実行程度　　（＊貧＝貧困規範、成＝成長規範）

各時期の国際開発規範	直接的契機	象徴	国際開発規範の実行体制（期待値/参加者）	規範の実行程度
1940年代後半、目的規範、貧困規範（技術）、成長規範(資本投下)誕生	トルーマン大統領の名声欲	1950年国際開発法（対外民間投資）TCA	成長規範(資本投下)の実行体制の確立（小/小）	(貧) 僅少 (成) 僅少
1950年代、成長規範(資本投下)優越	ケネディ大統領の意欲的な国際開発政策	1961年対外援助法（インフラ整備）USAID	成長規範(資本投下)の実行体制の拡大（中/中）	(貧) 僅少 (成) 中
1960年代後半、貧困規範（BHN）優越	ニクソン大統領の安全保障特化政策	1971年対外援助法案（軍事援助激増）USAID廃止へ	成長規範(資本投下)の実行体制の解体へ（0/0へ）	(貧) 0へ (成) 0へ
	USAIDの存続活動	1973年対外援助法（BHN、PVOs）再生USAID	貧困規範(BHN)の実行体制の確立（大/大＝PVOsに依拠）	(貧) 小 (成) 小
1970年代後半、成長規範(構造調整)優越	レーガン、ブッシュ共和党政権の方針	歳出法改正 USAID内の新部局	貧困規範(BHN)の実行体制に成長規範(構造調整)の実行体制が付加(大/大＝PVOs↑)	(貧) ↑ (成) 小
	クリントン大統領の冷戦後の新平和政策	改正歳出法 特別イニシアチブ	貧困規範(BHN)の実行体制と成長規範(構造調整)の実行体制の矛盾（小/大＝PVOs↑↑）	(貧) ↑↑ (成) 小
1990年代後半、貧困規範（目標）優越	G・W・ブッシュ大統領のテロ対策	2003年MCA MCC	貧困規範(目標)の実行体制の確立(大/大＝6機関による共同運営、PVOs↑↑↑)	(貧) ↑↑ (成) ↑

出典）筆者作成。

ようになったのは、粘着性の高い貧困規範（BHN）の実行体制を確立するために効果的な象徴を成立させたことが重要な要因であると実証されたことになる。

またこの検討結果は、国際開発規範の法制度化の累積的な影響の大きさをも物語っている。アメリカは当初形式的なものとして国際開発規範の法制度化を行っただけであったが、それによって生み出された権益集団が、その存続、拡大のために、高い実効性が期待される新たな国際開発規範の法制度化を主導し、その実行体制が疲弊するとまた新たな国際開発規範の法制度化を主導した。その過程で、各時期の国際開発規範が、アメリカ対外援助法や対外援助機関の中に残存し、長い時間をかけて、各国際開発規範の当たり前さは増していく。国際開発規範は、その誕生当初から、アメリカにわずかずつでも影響を与え、長い時間をかけて各時期の影響が累積し、そして結果的に、国際規範からの逸脱を繰り返すアメリカさえをも、貧困削減に向けて積極的に取り組むよう方向づけたのである。同時多発テロの発生を背景に、G・W・ブッシュ政権が突然国際開発協力に積極的になったかのように受け止められがちだが、このアメリカの行動変化は、過去半世紀にわたる、各時期の国際開発規範の影響の累積の結果であると考えられるのである。

2．国際開発協力進展におけるアメリカの功罪

本書は、アメリカが国際開発規範の実行程度を次第に増大するようになったことを明らかにしたが、アメリカの動向は国際開発協力体制にどのような影響を与えたのであろうか。既存研究は、アメリカ対外援助政策の外交手段としての役割にばかり関心を寄せ、国際開発協力という観点からアメリカ対外援助政策の意義について十分論じることはなかった。そこで本節は、アメリカが国際開発協力体制にどのような貢献をし、どのような課題を発生させたのかについて述べていきたい。

まずアメリカの最大の功績は、国際開発協力体制の礎を築いたことであろ

う。第二次世界大戦後、途上国の経済開発を目的として、経済支援を提供するという行為を他の国に先駆けて行った。それ以前の対外援助は、軍事援助や緊急援助であり、自国の同盟国を支援する場合や、国益に直結する場合に限られていた。そのため当時は、自国の同盟国でもなく、外交関係が希薄で、国益に直結するとは考えにくい途上国に対して、その長期的な経済発展のために、物資を提供するということは、非現実的なことであった。その想像上の壁を打ち破ったことこそが、アメリカの何よりの功績といえよう。

　こうして想像上の壁を打ち破ったアメリカは、規範起業家たる国際機関を創設し、その発展を支えた。アメリカは国際機関と共同歩調をとりながら国際開発協力を行い、その経験や知識を基に、国際開発協力に関するアイデアをつくり、規範起業家が作成し、提唱したという形をとることで、それらアイデアを国際開発規範の地位に高める基盤をつくった。そしてアメリカ自らが、国際開発規範を立法化し、それを実行する組織を設立することで、国際開発規範の各国への拡散および内面化を促した。成長規範（資本投下）、貧困規範（BHN）、成長規範（構造調整）、貧困規範（目標）のすべての規範において、アメリカがその誕生、拡散、内面化を主導してきたということがいえる。これら国際開発規範の誕生、拡散、内面化におけるアメリカの先導的な役割がなければ、今日、これほどまでに援助国や援助機関は増加しなかっただろうし、またODA総額も増加しなかったであろう。アメリカは国際社会における国際開発協力体制の、まさに象徴のような役割を果たしてきたと考えられるのである。

　しかしながら、アメリカは国際開発規範の誕生、拡散、内面化を先導する中で、大きな課題をも生み出した。アメリカは他分野では統一的な国際機関を創設し、各国行動を拘束する厳格なルールを生み出すなどしたのに対し、開発援助に関しては、それを担う統一的な国際機関を設立しなかった。世界銀行は対外民間投資の促進が主目的であり、国連諸機関は国際開発協力を目的としながらも、十分な資金源をもたず、国際開発協力を十分に行えなかった。その上、世銀と国連諸機関の考え方は、対極的に位置づけられ、両者が競合を始め、相互協力や調整枠組みを発達させてこなかった。国際機関の活

動力不足を補う形で、行われるようになった先進諸国の援助活動も、外交政策として位置づけられ、各国の理念や利益に従って、ばらばらに展開されてきた。世銀も国連諸機関も援助国の活動に規制をかける権限をもたず、また国際開発規範という形で方向性を示す以外、影響力をもたなかった。もしアメリカが、他分野と同様、十分な活動能力をもつ国際機関、あるいは各国行動に拘束力をもつルールをつくっていたなら、今日のような国際社会における、非効率的かつ非効果的なODAの配分状況は生じなかったのではないだろうか。

　また経済開発に必要な資本と技術を分離し、成長規範と貧困規範という二項対立アプローチを生み出すことに、アメリカが手を貸したことは、開発援助の効果を損うことにつながったのではないかと考えられる。国際的な経済格差の是正においても、途上国の貧困問題の解決においても、資本と技術はともに不可欠なものである。どちらが欠けても効果的な支援は期待できない。にもかかわらず、アメリカは、ポイント・フォア計画の立法化の際に、成長規範だけを立法化した。当時、アメリカ議会では、民主党が貧困規範を支持し、共和党が成長規範を支持し、両者は真っ向から対立していた。そして大企業の後押しを受けた共和党が勢力を拡大し、成長規範だけを立法化することになったのである。また世銀を成長規範の実行機関として設立し、その運営を軌道に乗せるために、アメリカ政財界は多大なる人的、資金的協力を提供した。そのため、アメリカ政財界の考え方にそぐわない技術援助は、活動方針に取り入れられなかった。他方、国連が資本援助を行うためにその資金源の提供をアメリカに依頼したところ、アメリカはソ連や途上国の勢力拡大を恐れ、その提供を拒んだ。そのため国連諸機関は資本援助ができなくなり、小規模な技術援助を細々と提供するにとどまった。近年、ようやく世銀と国連は相互協力を進め始めているが、資本と技術を組み合わせ、国際開発協力を効率的に進められるようになるまでにはかなりの時間がかかるであろう。

　その結果、この世銀と国連諸機関という２種類の規範起業家が、成長規範と貧困規範という対立的なアプローチ規範を掲げ、それらの優越性を争う形でスローガンを次々に生み出すようになり、国際開発協力の混乱をも生じさ

せた。優越規範の循環的な交代は、それに伴って、その規範を実行する法や組織の改編をも必要とし、優越規範が交代を繰り返すたびに、その規範を実行する法や組織に、たび重なる改編が加えられた。そのことは、以前の規範を実行する法や組織を完全に解体するのではなく、それを基盤としながら、その上に新たな規範を実行するための法や組織を部分的に積み重ねていくことを意味する。その結果、現場での混乱を引き起こし、効果的かつ効率的な国際開発協力の実施を妨げる状況を生み出してもきたのである。

さらに、国際開発規範を内面化しながらも、実行しないという行動パターンをアメリカが示したことも、各国に悪い見本を示すことにつながったのではないかと推察される。

国際開発協力はまだ手探りの部分も多い。それだけにアメリカの活動が、各国・各機関に方向性を示し、国際開発協力体制の発展を牽引する役割を担ってきたのである。その一方で、アメリカ国内の勢力争いおよび政財界の勢力伸張が、国際開発協力に必要な資本と技術を分離し、両者を二項対立的に捉える思考方法を生み出した原因となり、国際開発協力の効果を損うことになった。また規範起業家である国際機関に対する支援の仕方が異なったことで、成長規範と貧困規範が対極的に位置づけられ、国際開発協力に混乱を生じさせた。さらにアメリカが内面化しながらも国際規範を実行しないという手法をとったことは、各国に対して国際開発協力に対する取り組みについての悪い見本になり、国際開発協力の進展を妨げることになったと考えられるのである。

3．国際開発規範の「実質的」内面化と国際規範の拘束性

では、国際開発協力枠組みを、国際規範を用いて分析概念化し、分析概念となった国際開発規範の国家行動への影響を、アメリカを事例に検討した本研究は、国際規範研究の発展にどのような貢献となるのか。

様々な種類の国際規範があり、その国家行動に対する拘束力の程度にも差

がある中で、国際開発規範は、明確な行動原則でもなく、条約の形態もとらず、拘束力が相対的に弱い方に分類される。それゆえ、他の国際規範の内面化と違い、国際開発規範の内面化は「形式的」なものにとどまる傾向が見られる。これまでの国際規範研究によると、国家が国際規範を繰り返し遵守するようになる過程で、国際規範の当たり前さが増し、国際規範を遵守することがルーチン化する。国際規範の遵守がルーチン化することを、国際規範が国家に内面化されたといい、その時点では国内で国際規範の法制度化が確認されるという。国際規範が明確な行動原則である場合や条約の形態をとるような場合には、国際規範が法制度化されると、国際規範が国家行動を拘束することが予想される。そのため、国家は国際規範の法制度化には安易に着手しない。国際規範の法制度化は、国家が国際規範を当たり前であると考えるようになり、また自動的に国際規範を遵守するようになって初めて到達されるものであると想定されてきた。そのため、従来の国際規範の内面化の議論においては、法制度化をしたにもかかわらず、国際規範を遵守しない「形式的」内面化というものは想定されなかった。これに対し、国際開発規範は、国家行動に対する拘束力が弱いため、国際開発規範の法制度化がなされたとしても、国家行動を強く拘束するわけではない。そのため、各国は必ずしも、国際開発規範の当たり前さが増し、その遵守をルーチン化した結果として、国際開発規範を法制度化するわけではないのである。それどころかむしろ、各国は比較的容易に国際開発規範を法制度化してきた。しかし各国は国際開発規範を法制度化しておきながら、ほとんど実行してこなかった。これは、国際開発規範の実行という行動を伴わない内面化という意味で、「形式的」内面化ということができる。ゆえに各国による国際開発規範の内面化は形式的なものになる傾向がみられるのである。

　しかし本書は、拘束力の弱い国際規範であっても、国際規範の実行に対する高い期待を人々に抱かせる法律や組織が設立されることで、国際規範は「形式的」な内面化に陥ることなく、国際規範が実行される「実質的」内面化がもたらされたことを明らかにした。それら法律や組織が象徴として効果的に機能することで、規範の実行によって発生する権益を求めて規範の実行

に参加するアクターが増え、彼らが既得権益集団となることで、国際規範の実行への圧力となりうるからである。そしていったん既得権益集団が増大し始めると、国際規範の実行体制は粘着的なものとなり、たとえ環境変化にさらされようとも、国際規範の実行程度を継続的に増大するようになるのである。

　この検討結果は、国際規範の役割に対する期待を高めることになる。本書は、アメリカという社会的圧力の効きにくい超大国を事例として選択した。そのアメリカについて、アメリカ国内規範と適合性の低い貧困規範が、国内に強力な貧困規範を支持する勢力が不在の中で、どのような影響を与えるかを検討した。つまり、拘束力が弱く、受け入れられにくい国際規範が、国際規範の効きにくい国に影響をおよぼすようになる政治過程を検討したのである。この検討を通じて、本研究は、国際規範の拘束力や、事例となる国の初期条件にかかわらず、効果的な象徴としての法や組織の成立が、既得権益集団を生み、粘着性の高い国際規範の実行体制を確立し、国際規範の実行程度の増大に重要な役割を果たしたことを明らかにした。一般的に、既得権益集団にはマイナス・イメージが強い。しかし本書は、既得権益集団が継続的にその権益の維持拡大を図り増殖を続けるという性質に着目し、既得権益集団を意図的に生み出すことで、国際規範の実行程度を増大させる可能性を指摘する。これは、国際規範が国内アクターの利益に結合することで、国際規範が果たしうる役割が増大することを示唆するものである。

4．国際規範の制度化と国際協力の進展

　最後に、本書の検討結果が、国際政治学における国際協力研究にどのような示唆を与えることになるのかを論じることにしたい。
　国際政治学は、国家が安全保障を中心とした国益を追求することを基本的な前提とし、多くの場合、国際協力を促進するためには、国家に国際協力を促す、レジームなどの超国家的枠組みが、重要な役割を果たすと考えてきた。

終章　国際開発協力研究の発展に向けて　233

　そして、国家に国際協力を促すためには、超国家的枠組みが具体的で明確な行動原則の形を取り、かつ幅広い合意が得られる正当性の高いルールであることが望ましいと考えられてきた。効果的な超国家的枠組みが成立するためには、当初から問題の性質が理解され、幅広い合意の得られる問題解決策が導かれている必要がある。しかし実際には、当初から問題の性質や解決策が明らかでない場合も多い。

　国際開発協力分野においては、長年、その問題解決策をめぐって議論が続けられ、各段階における暫定的な理解に基づき、問題解決に向けて試行錯誤が繰り返されてきた。そのため、多くのレジームのように、幅広い合意が得られる具体的な行動原則は生まれず、少しでも相対的に望ましさの度合いの高い価値や原則、すなわち国際開発規範が生まれては消え、生まれては消えという過程が見られた。それら各時期の国際開発規範が、各国に与える影響は弱く、国際開発協力は低水準のまま、そして緩やかにしか進展してこなかった。

　しかし、各時期の国際開発規範が、問題解決のための暫定的な理解にすぎないながらも、各国に影響を与え、国際開発協力を促してきた事実は無視できないものである。確かに、すでに述べてきたように、国際開発規範の曖昧さや頻繁な内容改変は、各国の国際開発協力の政策決定過程と政策実施現場に混乱を引き起こし、効率的かつ効果的な協力政策の立案・実施を阻害してきた。しかし、その反面、試行錯誤を繰り返す過程で、様々な経験を積み、行動原則に改良を加え、国際開発協力をわずかずつでありながらも進展させてきたということもまた事実なのである。幅広い合意の得られる問題解決策が見つかるまで、問題解決への取り組みを始めなかった場合と比較するなら、試行錯誤的な取り組みの意義は否定できない。各時期の暫定的な理解に基づき、試行錯誤を重ねながら、国際開発協力を進展させてきたという過程は、他分野の難問に対しても、一つの現実的な対処法となる可能性をもつものである。

　さらに、粘着性の高い国際規範の実行体制を確立させることになる象徴の成立は、遅々とした国際協力の進展過程を加速する可能性を示唆するものと

なっている。本書は、国際規範を内面化しながら十分実行してこなかったアメリカが、効果的な象徴を成立させたことで、国際規範の実行程度を増大させるようになったことを明らかにした。当然のことながら、このアメリカの行動変化が他の諸国でもみられるようになるかどうかはわからないため、全体として国際協力が進展するようになるとは言い切れない。さらに、他分野における応用可能性に関しては全くの未知数であり、大いに検討の余地が残される。しかし、国際開発協力分野を始め、遅々として国際協力が進まない分野は多く、効果的な象徴の成立が、国際協力の進展を加速するための一つの「ギア・チェンジ」となる可能性を示唆することができるのではないだろうか。既存の国際協力研究は、国家あるいは政府に対し、国際協力を促しやすい所与の国内要因の重要性に着目する傾向がある。それに対し、本書は、国家あるいは政府に対し国際協力を促すことになる所与の国内要因が不在でも、新たに国際協力を促す要因としての効果的な象徴が創出されることが、国際協力を進展させる強力な動因になりうるという可能性を示唆しているのである。

　今後、本研究の検討結果が、実際の国際開発協力を始めとする、各分野の国際協力の進展に貢献することを願ってやまないものである。

参考文献目録

英語文献

Abadie, Alberto, "Poverty, Political Freedom, and the Roots of Terrorism," *The American Economic Review*, Vol. 96, No. 2, May 2006, pp. 50-56.

About InterAction (http://www.interaction.org/about-interaction), Accessed on September 23, 2010.

Acheson, Dean, *Present at the Creation: My Years in the State Department*, New York; Norton, 1969.

Akins, Michael E., *United States Control over World Bank Group Decision-Making*, Ph.D. Dissertation, University of Pennsylvania, UMI, 1981.

Akram, Tanweer, "The International Foreign Aid Regime: Who Gets Foreign Aid and How Much?" *Applied Economics*, Vol.35, 2003, pp.1351-1356.

Alderson, Kai, "Making Sense of State Socialization," *Review of International Studies*, Vol.27, No.3, 2001, pp.415-433.

Alesina, Albert and David Dollar,"Who Gives Foreign Aid to Whom and Why?" *Journal of Economic Growth*, Vol. 5, No. 1, March 2000, pp. 33-64.

Anand, Sudhir, and Amartya Sen, "The Income Component of the Human Development Index," *Journal of Human Development*, Vol. 1, No. 1, 2000.

Arndt, H. W., *Economic Development: The History of an Idea,* Chicago; The University of Chicago Press, 1987.

Ascher, William, "The World Bank and U.S. Control," Karns, Margaret R., and Karen A. Mingst, eds., *The United States and Multilateral Institutions: Patterns of Changing Instrumentality and Influence,* Boston, London, Sydney, Wellington; Unwin Hyman, 1990.

Atwood, J. Brian, "The Future of the U.S. Foreign Assistance Program" June 29, 1999, (http://www.odc.org/commentary/jbatwood.html) Accessed on October 17, 2001.

──────────, Peter M. McPherson, Andrew Nastios, "Arrested Development," *Foreign Affairs*, Nov/Dec, 2008, Vol. 87, Issue 6, pp.123-132.

Atwood, Rollin S., "The United States Point Four Program: A Bilateral Approach," *The Annals of the American Academy,* 1959, pp.33-39.

Baldwin, David A., *Economic Development and American Foreign Policy 1943-62*, Chicago and London; The University of Chicago Press, 1966.

Balogh, Thomas, "Multilateral versus Bilateral Aid," *Oxford Economic Papers*, Vol. 19 No. 3, 1967, pp.332-44.

Barber, Ben, "Andrew Natsios: Getting USAID on Its Feet," *Foreign Service Journal*, September 2002. (http://www.afsa.org/fsj/sept02/natsios.pdf) Accessed on April 15, 2007.

Berg, Ellen Ziskind, *The 1973 Legislative Reorientation of the United States Foreign Assistance Policy: the Content and Context of a Change*, Washington, D.C.; USAID, 1976. [USAID Order No.; PN-ABH-243].

Bernstein, Steven, "International Institutions and the Framing of Domestic Policies: The Kyoto Protocol and Canada's Response to Climate Change," *Policy Science*, No.35, 2002, pp.203-236.

Berrebi, Claude, *Evidence About The Link Between Education, Poverty and Terrorism Among Palestinians*, Working Paper, (http://www.irs.princeton.edu/pubs/pdfs/477. pdf) pp.4-8, Accessed on August 28, 2006.

Bertrand, Doris, Joint Inspection Unit, United Nations, *Some Measures to Improve Overall Performance of the United Nations System at the Country Level, Part I: A Short History of United Nations Perform in Development*, Geneva, 2005.

Bolling, Landrum, *Private Foreign Aid: U.S. Philanthropy for Relief and Development*, Boulder, CO; Westview Press, 1982.

Brainard, Lael, "A Unified Framework for U.S. Foreign Assistance," in Lael Brainard ed., *Security by Other Means: Foreign Assistance, Global Poverty, and American Leadership*, Washington, D.C.: Brookings Institution Press, 2007.

--------------------, "Organizing U.S. Foreign Assistance to Meet Twenty-First Century Challenges," in Lael Brainard ed., *Security by Other Means: Foreign Assistance, Global Poverty, and American Leadership*, Washington, D.C.: Brookings Institution Press, 2007.

British Government, Ministry of Overseas Development, *The Changing Emphasis in British Aid Policies*, 1975.

Brown, Bartram S., *The United States and the Politicization of the World Bank: Issues of International Law and Policy*, London & New York; Kegan Paul International, 1992.

Browne, Stephen, Foreign Aid in Practice, London; Pinter Reference, 1990. (スティーブン・ブラウン著、安田靖訳『国際援助－歴史、理論、仕組みと実際―』東洋経済新報社、1993年。)

Burley, Anne-Marie, "Regulating the World: Multilateralism, International Law, and the Projection of the New Deal Regulatory State," John G. Ruggie, ed., *Multilateralism Matters:*

The Theory and Praxis of an Institutional Form, New York; Columbia University Press, 1993.

Bush, G. W., "The President's State of the Union Address," January 29, 2002, (http://www.whitehouse.gov/news/releases/2002/01/20020129-11.html), Accessed on June 19, 2007."

--------------------, "Address to a Joint Session of Congress and the American People," September 20, 2001, (http://www.whitehouse.gov/news/releases/2001/09/20010920-8.html) Accessed on August 24, 2006.

--------------------, "Helping Developing Nations," at Inter-American Development Bank in Washington, D.C. March 14, 2002. (http://www.whitehouse.gov/infocus/developingnations/) Accessed on August 29, 2006.

--------------------, "Remarks on Global Development," Inter-American Development Bank, Washington, D.C., March 14, 2002, (http://www.whitehouse.gov/news/releases/2002/03/20020314-7.html) Accessed on February 24, 2005.

--------------------, "Remarks at United Nations Financing for Development Conference," Cintermex Convention Center, March 22, 2002, (http://www.whitehouse.gov/news/releases/2002/03/20020322-1.html#) Accessed on August 28, 2006.

--------------------, "Message to the Congress of the United States," February 5, 2003. (http://www.whitehouse.gov/news/releases/2003/02/20030205-4.html) Accessed on February 24, 2005.

"Bush, G. W., Biography," (http://www.whitehouse.gov/president/biography.html), Accessed on June 19, 2007.

Chandler, David, "Rhetoric Without Responsibility: the Attraction of 'Ethical' Foreign Policy," *British Journal of Politics and International Relations,* Vol. 5, No. 3, 2003, pp.295-316.

Checkel, Jeffrey T., "Norms, Institutions, and National Identity in Contemporary Europe," *International Studies Quarterly*, No.43, 1999, pp. 83-114.

--------------------, "Why Comply? Social Learning and European Identity Change," *International Organization,* Vol. 55, No. 3, 2001, pp.553-588.

--------------------, "International Institutions and Socialization in Europe: Introduction and Framework," *International Organization,* No.59, Fall 2005, pp.801-826.

Chicago Council on Foreign Relations, *American Public Opinion and U.S. Foreign Policy.* (http://www.thechicagocouncil.org/past_pos.php) Accessed on October 17, 2010.

--------------------, *Global Views 2004: American Public Opinion and Foreign Policy,* the Chicago Council on Foreign Relations. (http://www.thechicagocouncil.org/UserFiles/File/POS_Topline%20Reports/POS%202004/US%20Public%20Opinion%20Global_Views_2004_US.pdf) Accessed on October 17, 2010.

Clark, William, "Robert McNamara at the World Bank," *Foreign Affairs,* Vol.60, No.1, 1989, pp.167-184.

Clements, Paul Colin, *Development as if Impact Mattered: A Comparative Organizational Analysis of USAID, the World Bank and Care Based on Case Studies of Projects in Africa,* A Dissertation Presented to the Faculty of Princeton University in Candidacy for the Ph. D., 1996.

Clifford, Clark, with Richard Holbrooke, *Counsel to the President: A Memoirs,* New York; Random House, 1991.

Cohen, Stephen D., *The Making of United States International Economic Policy: Principles, Problems, and Proposals for Reform,* 4th Edition, New York; Praeger, 1994.（山崎好裕など訳『アメリカの国際経済政策－その決定過程の実態－』三嶺書房、1995年。）

Collier, P. and David Dollar, "Aid Allocation and Poverty Reduction," *European Economic Review* Vol. 46, 2002, pp.1475-1500,

Cornia, Giovanni Andre, Richard Jolly, Frances Stewart eds., *Adjustment with a Human Face: Protecting the Vulnerable and Promoting Growth,* Oxford; Clarendon Press, 1987.

Commission on International Development, *Partners in Development,* 1969.（大来佐武郎監訳『開発と援助の構想－ピアソン委員会報告－』日本経済新聞社、1969年。）

Conteh-Morgan, Earl, *American Foreign Aid and Global Power Projection; Geopolitics of Resource Allocation,* Aldershot, England; Dartmouth, 1990.

Cortell, Andrew P., and James W. Davis, Jr., "Understanding the Domestic Impact of International Norms: A Research Agenda," *International Studies Review,* Vol.2, No.1, 2000, pp.65-87.

Cosgrave, John, 'The Impact of the War on Terror on Aid Flows', *Action Aid,* Vol.1 March 2004, p. 1. (http://www.actionaid.org.uk/100235/our_research.html) Accessed on November 28, 2010.

Culver, John C. et al., *Foreign Aid for the Second Development Decade: an MCPL Report on the Foreign Aid Reorganization of 1971,* Washington D.C.; Members of Congress for Peace through Law, 1971. [USAID Order No.; PN-ABH-263]

De Angelis, Manlio F., "Foreign Aid: The Transition From ICA to AID, 1961," November, 1974. [USAID Order No.; PN-ABF-703]

Demongeot, Patrick, "U.N. System Development Assistance," John Wilhelm and Gerry Feinstein, eds., *U.S. Foreign Assistance Investment or Folly?,* New York; Praeger Publishers, 1984.

Degnbol-Martinussen, John, translated by Mrie Bille, *AID: Understanding International Development Cooperation,* London and New York; Zed Books Ltd., 2003.

Dessler, D. and John Owen, "Constructivism and the Problem of Explanation: A Review Article," *Perspective on Politics*, September 2005, Vol.3 No.3, pp.597-610.

Destler, I. M., *Presidents, Bureaucrats, and Foreign Policy: the Politics of Organizational Reform*, Princeton; Princeton University Press, 1972.

Development Assistance Committee (DAC), *DAC Dates at a Glance* (http://www.oecd.org/dataoecd/3/38/1896808.pdf) Accessed on April 15, 2007.

---------------, *DAC Guidelines* (http://www.oecd.org/document/10/0,2340, en_2649_33721_1916746_1_1_1_1,00.html) Accessed on April 15, 2007.

---------------, *DAC Guidelines and Reference Series* (http://www.oecd.org/document/6/0,234 0,en_2649_33721_33955526_1_1_1_1,00.html) Accessed on April 15, 2007.

---------------, *Development Co-operation Review Series: United States*, No.8, 1995.

---------------, *Development Co-operation Review Series: United States*, No.28, 1998.

---------------, *Development Co-operation Review, United States*, 2002.

---------------, *Development Co-operation*, various years.

---------------, *Development Co-operation, Statistical Annex*, various years.

---------------, *List of 23 DAC Members and Date of Membership* (http://www.oecd.org/document/38/0,2340,en_2649_33721_1893350_1_1_1_1,00.html) Accessed on April 15, 2007.

---------------, *Shaping the 21st Century; the Contribution of Development Cooperation*, 1996.

---------------, *The Story of Official Development Assistance* (http://www.oecd.org/dataoecd/3/39/1896816.pdf) Accessed on April 15, 2007.

Djonovich, Dusan J., compiled and edited, *United Nations Resolutions, Series 1 Resolutions Adopted by the General Assembly*, Dobbs Ferry, New York; Oceana Publications, INC., 1973, Vol. I, II, III.

Drèze, Jean, and Amartya Sen, *Hunger and Public Action*, Oxford: Clarendon Press, 1989.

Duffy, Sean P., "Origins of the Agency for International Development: Foreign Assistance Reorganization in 1961," Washington D.C.; USAID, PPC/CDIE/DI, Research and Reference Services, 1991 [USAID Order No.; PN-ABL-500].

Finnemore, Martha, "International Organizations as Teachers of Norms: The United Nations Educational, Science, and Cultural Organization and Science Policy," *International Organization*, Vol.47, No.4, Autumn, 1993, pp.565-597.

---------------------, *National Interests in International Society*, Ithaca & London; Cornell University Press, 1996.

---------------------, *The Purpose of Intervention: Changing Beliefs about the Use of Force*, Ithaca & London; Cornell University Press, 2003.

----------------------, and Kathryn Sikkink, "International Norm Dynamics and Political Change," *International Organization,* Vol. 52, No. 4, Autumn 1998, pp.887-917.

Fleck, Robert K., and Christopher Kilby, "Changing Aid Regimes? U.S. Foreign Aid from the Cold War to the War on Terror," *Journal of Development Economics,* Vol. 91, 2010, pp. 185-197.

"Foreign Aid: End of an Era?: Shifts After Spending Nearly 150 Billions," *U.S. News & World Report,* November 15, 1971, pp.20-22.

Forsythe, David P., and et al., *American Foreign Policy in a Globalized World,* New York and London; Routledge, 2006.

Fuhrer, Helmut, "The Story of Official Development Assistance; A History of the Development Assistance Committee and the Development Co-Operation Directorate in Dates, Names and Figures," OECD, 1994. (http://www.oecd.org/dataoecd/3/39/1896816.pdf) Accessed on October 9, 2005.

Fulbright, J. William, *The Arrogance of Power,* USA; Penguin Books Ltd, 1966.(平泉渉訳『アメリカ外交批判―力のおごり―』鹿島平和研究所、1968年。)

Gallup, George H., *The Gallup Poll: Public Opinion 1935-71,* Vol. I, II, III, Delaware, U.S.: Scholarly Resources Inc., 1972.

----------------------, *The Gallup Poll: Public Opinion 1972-1977,* Vol. I, II, Delaware, U.S.: Scholarly Resources Inc., 1978.

Gant, George, U.S. President's Task Force on Foreign Economic Assistance, *Organization and Functional Statements for the Agency for International Development,* Washington D.C.; USAID, 1961. [USAID Order No.; PC-AAA-611].

Gardner, Richard N., *Sterling-Dollar Diplomacy: the Origins and the Prospects of our International Economic Order,* New York: McGraw-Hill, 1969.（リチャード・N・ガードナー著、村野孝・加瀬正一訳『国際通貨体制成立史―英米の抗争と協力―』東洋経済新報社、1973年。）

Gelpi, Christopher, *The Power of Legitimacy: Assessing the Role of Norms in Crisis Bargaining,* Princeton and Oxford; Princeton University Press, 2003.

Goldstein, Judith, and Robert O. Keohane eds., *Ideas and Foreign Policy: Beliefs, Institutions, and Political Change,* Ithaca and London; Cornell University Press, 1993.

Grant, James P., *Pearson Commission Report: a First Look,* USAID, 1969 [USAID Order No.; PN-ABT-598].

Group 24, "Report of Intergovernmental Group of 24 Calls for Design in Fund Programs," *IMF Survey,* August 10, 1987, pp1-20.

Guess, George M., *The Politics of United States Foreign Aid,* London & Sydney; Croom Helm,

1987.
Gurowitz, Amy, "Mobilizing International Norms: Domestic Actors, Immigrants, and the Japanese State," *World Politics*, No.51, 1999, pp.413-445.
Gwin, Catherine, *U.S. Relations with the World Bank 1945-1992*, Washington, D.C.; Brookings Institution, 1994.
Haas, Ernst B., "Why Collaborate?: Issue-Linkage and International Regimes," *World Politics*, Vol.32, No.3, April, 1980, pp.357-405.
------------------, et al., *Scientists and World Order*, Berkeley; University of California Press, 1977.
Hannah, John A., "*Biographical Information*," University Archives & Historical Collections, Michigan State University, (http://www.msu.edu/unit/msuarhc/ hannah.html) Accessed on April 19, 2005.
------------------, "New Direction in Foreign Aid for the 1970's," *American Journal of Agricultural Economics*, Vol.52, No. 2, 1970, pp.302-307.
------------------, Baldwin, Ira L., et al., *International Developmental Assistance : a Statement by the Task Force on International Developmental Assistance and International Education, National Association of State Universities and Land-Grant Colleges, National Association of State Universities and Land Grant Colleges*. International Programs Office, 1969 [USAID Order No.; PC-AAA-592].
Herrmann, Richard K., and Vaughn P. Shannon, "Defending International Norms: The Role of Obligation, Material Interest, and Perception in Decision Making," *International Organization*, No.55, No.3, 2001, pp.621-654.
Hoben, Allan, "USAID: Organizational and Institutional Issues and Effectiveness," in Berg, Robert J., and David F. Gordon, eds., *Cooperation for International Development: The United States and the Third World in the 1990s*, Boulder & London; Lynne Rienner Publishers, 1989.
Hook, Steven W., *National Interest and Foreign Aid*, Boulder & London; Lynne Rienner Publishers, 1995.
Hunter, Robert E., *The United States and the Developing World: Agenda for Action 1973*, Washington, D. C.: Overseas Development Council, 1973.
Huntington, Samuel P., "Foreign Aid for What and For Whom (II)," *Foreign Policy*, No. 2, 1971, pp. 114-134.
Hyden, Goran, and Kenneth Mease, "Foreign Aid Agencies, 1965-95: Comparative Assessment," Goran Hyden and Rwekaza Mukandala eds., *Agencies in Foreign Aid: Comparing China, Sweden and the United States in Tanzania*, London & New York; Macmillan Press LTD. & St. Martin's Press, INC, 1999.

------------------, and Rwekaza Mukandala, "Studying Foreign Aid Organizations: Theory and Concepts," Goran Hyden and Rwekaza Mukandala eds., *Agencies in Foreign Aid: Comparing China, Sweden and the United States in Tanzania*, London & New York; Macmillan Press LTD. & St. Martin's Press, INC, 1999.

Ide, Peter, "Recent Development in United States Aid," (米国援助の動向)『基金調査季報』No.72、1991年、140-157頁。

Ignatieff, Michael, "Introduction: American Exceptionalism and Human Rights," in Ignatieff, Michael, ed., *American Exceptionalism and Human Rights*, Princeton; Princeton University Press, 2005.

Ignatieff, Michael, ed., *American Exceptionalism and Human Rights*, Princeton; Princeton University Press, 2005.

Infact, "Cowboy Diplomacy: How the US Undermines International Environmental, Human Rights, Disarmament and Health Agreements," (http://www.stopcorpora teabuse.org/files/pdfs/Cowboy%20Diplomacy%2005.pdf)Accessed on May 14, 2006.

InterAction, *Foreign Assistance Briefing Book; Critical Problems, Recommendations, and Actions for the Obama Administration and the 111th Congress*, November 2008.

International Bank for Reconstruction and Development (IBRD), *Annual Meetings of the Boards of Governors, Summary Proceedings*, 1968-1974.

------------------, *IBRD Articles of Agreement: Article I* (http://web.worldbank.org/WBSITE/EXTERNAL/EXTABOUTUS/0,,contentMDK:20049563~pagePK:43912~menuPK:58863~piPK:36602,00.html#I1) Accessed on March 30, 2007.

------------------, *IBRD Members* (http://web.worldbank.org/WBSITE/EXTERNAL/EXTABOUTUS/0,,contentMDK:0122865~menuPK:271153~pagePK:34542~piPK:329829~theSitePK:29708,00.html) Accessed on March 30, 2007.

------------------, *Sub-Saharan Africa: From Crisis to Sustainable Growth: a Long-term Perspective Study*, Washington, D.C.: World Bank, 1989.

International Labor Organization (ILO), *The World Employment Programme: Report of the Director-General*, Part1 (first item on the agenda), 1969.

------------------, *The World Employment Programme: Fourth Item on the Agenda, Report IV*, 1971.

------------------, *Technology for Freedom: Report of the Director-General*, Part1 (first item on the agenda), 1972.

------------------, *Employment, Incomes and Equality: A Strategy for Increasing Productive Employment in Kenya*, Geneva, 1972.

------------------, *Prosperity for Welfare: Report of the Director-General*, Part1 (first item on the agenda), 1973.

------------------, *Employment, Growth and Basic Needs: A One World Problem*, Geneva, 1976.

------------------, *Poverty and Landlessness in Rural Asia*, Geneva, 1977.

Isaacson, Walter, *Kissinger: a Biography*, New York: Simon & Schuster, 1992.（別宮貞徳監訳『キッシンジャー―世界をデザインした男―』上巻、日本放送出版協会、1994年。）

Jackson, Robert, *A Study of the Capacity of the United Nations Development System*, Vol. I , II , Geneva; United Nations, 1969.

Jolly, Richard, et al., *UN Contributions to Development Thinking and Practice*, Bloomington and Indianapolis; Indiana University Press, 2004.

Jones Garth N., *Emerging Conceptions and Patterns of Development Assistance: Implications of President Nixon's September 1970 Message to Congress*, Fort Collins; Department of Political Science, Colorado State University, November, 1971. [USAID Order No.; PC-AAA-602]

Kanbur, Ravi, and David Vines, "The World Bank and Poverty Reduction: Past, Present and Future,"in Gilbert Christopher L. and David Vines, eds., *The World Bank: Structure and Policies*, Cambridge; Cambridge University Press, 2000.

Kapur, Devesh, John P. Lewis, Richard Webb, "The World Bank as a Development-Promoting Institution,"in Devesh Kapur, John P. Lewis, Richard Webb, eds., *The World Bank: Its First Half Century*, Vol.2, Washington, D.C.; Brookings Institution Press, 1997.

------------------, John P. Lewis, Richard Webb, *The World Bank: Its First Half Century*, Vol.1, Washington, D.C.; Brookings Institution Press, 1997.

Katzenstein, Peter J., "Introduction: Alternative Perspectives on National Security," in Katzenstein, Peter J., ed., *The Culture of National Security: Norm and Identity in World Politics*, New York; Columbia University Press, 1996.

Kissinger, Henry A., *White House Years*, Boston; Little, Brown, 1979.（斉藤彌三郎他訳『キッシンジャー秘録』第 1 巻、小学館、1979 年。）

Klingebiel, Stephan, *Effectiveness and Reform of the United Nations Development Programme (UNDP)*, London & Portland, OR; Frank Cass Publishers, 1999.

Klotz, Audie, *Norms in International Relations: The Struggle Against Apartheid*, Ithaca & London; Cornell University Press, 1995.

Knorr, Klause, *The Power of Nations: The Political Economy of International Relations*, New York; Basic Books, 1975.（クラウス・クノール著、浦野起央・中村良寿訳『国際関係におけるパワーと経済』時潮社、1979 年。）

Krasner, Stephen D., *International Regimes*, Ithaca; Cornell University Press, 1983.

Krueger, Alan, and Jitka Maleckova, "Education, Poverty, Political Violence and Terrorism: Is There a Causal Connection?" Working Paper 9074, National Bureau of Economic

Research, Cambridge, MA, July 2002

Krueger, Alan, and Jitka Maleckova, "Education, Poverty and Terrorism: Is There a Causal Connection?" *Journal of Economic Perspectives*, Vol.17, No.4, Fall 2003, pp.119-144.

Lai, Brian, "Examining the Goals of US Foreign Assistance in the Post-Cold War Period, 1991-96," *Journal of Peace Research*, Vol. 40, No. 1, 2003, pp.103-128.

Lancaster, Carol, "Redesigning Foreign Aid," *Foreign Affairs*, Vol. 79, No. 5, 2000 pp. 74-88.

------------------, *Transforming Foreign Aid: United States Assistance in the 21st Century*, Washington, D.C.; Institute for International Economics, 2000.

------------------, "Poverty, Terrorism, and National Security," (http://www.wilsoncenter.org/news/docs/ACF59B2.doc) Accessed on August 29, 2006.

------------------, *George Bush's Foreign Aid: Transformation or Chaos?*, Washington, D.C.; Center for Global Development, 2008.

Litwak, Robert S., *Détente and the Nixon Doctrine: American Foreign Policy and the Pursuit of Stability, 1969-1976*, Cambridge; Cambridge University Press, 1984.

Lowry, M., "Ben Hardy's Role in the 'Point Four' Story," *The Atlanta Journal*, June 18, 1950.

Lumsdaine, David H., *Moral Vision in International Politics: The Foreign Aid Regime 1949-1989*, Princeton, NJ; Princeton University Press, 1993.

Magarinos, Carlos A., "Economic Development and UN Reform: Towards a Common Agenda for Action: A Proposal in the Context of the Millennium Development Goals," UNIDO, 2005, (http://www.unido.org/un-reform-book) Accessed on June 5, 2006.

Maizels, Alfred and Machiko Nissanke, "Motivations for Aid to Developing Countries," *World Development*, Vol. 12, No. 9, 1984, pp.879-900.

Malone, David M., and Yuen Foong Khong, "Unilateralism and U.S. Foreign Policy: International Perspectives," in David M. Malone and Yuen Foong Khong, eds. *Unilateralism and U.S. Foreign Policy: International Perspectives*, Colorado; Lynne Rienner Publishers, Inc., 2003.

Martens, Bertin, et al., *The Institutional Economics of Foreign Aid*, New York; Cambridge University Press, 2002.

Mason, Edward S., and Robert E. Asher, *The World Bank since Bretton Woods*, Washington, D.C.; The Brookings Institution, 1973.

McCleary, Rachel M., and Robert J. Barro, "Private Voluntary Organizations Engaged in International Assistance, 1939-2004," *Nonprofit and Voluntary Sector Quarterly*, Vol. 37, No. 3, September 2008, pp. 512-536.

McCormick, Thomas J., *America's Half-Century*, Baltimore, Maryland; Johns Hopkins University Press,1989.（高橋 章・松田 武・杉田 米行訳『パクス・アメリカーナの五十年

—世界システムの中の現代アメリカ外交—』東京創元社、1992年。)

McKinlay, R. D., and R. Little, "A Foreign Policy Model of U.S. Bilateral Aid Allocation," *World Politics* Vol. 30, No. 1, 1977, pp.58-86.

McNamara, Robert S., *The McNamara Years at the World Bank: Major Policy Addresses of Robert S. McNamara, 1968-1981*, Baltimore; the Johns Hopkins University Press, 1981.

Meernik, James, Eric L. Krueger, and Steven C. Poe, "Testing Models of U.S. Foreign Policy: Foreign Aid during and after the Old War," *The Journal of Politics*, Vol. 60 No. 1, February 1998, pp. 63-85.

Melanson, Richard A., *American Foreign Policy Since the Vietnam War: The Search for Consensus From Nixon to Clinton*, Second Edition, Armonk, New York and London, England: M.E. Sharpe, 1996.

Mendez, Ruben P., *United Nations Development Programme in United Nations Studies at Yale, Research Activities* (http://www.yale.edu/unsy/UNDPhist.htm) Accessed on January 14, 2005.

Morgenthau, Hans, "A Political Theory of Foreign Aid," *The American Political Science Review*, Vol. LVI, No. 2, 1962, pp.301-309.

Morgenthau, Henry, "The United Nations Monetary and Financial Conference: Address by the Secretary of the Treasury," *Department of State Bulletin*, July 30, 1944, pp.111-113.

Nanes, Allan S. and Galdi, Theodor, *Concise Survey of US Foreign Aid*, U.S. Library of Congress. Congressional Research Service (CRS), 1975, [USAID Order No.; PN-AAJ-780].

Natsios, Andrew S., Administrator, USAID, "Testimony on Millennium Challenge Account," *Hearing before the Foreign Relations Committee, Senate*, March 4, 2003, (http://www.usaid.gov/press/speeches/2003/ty030304a.html) Accessed on August 29, 2006. New York Times.

Nixon Presidential Materials Staff (NPMS) at National Archives (NA), National Security Council (NSC) Files, Subject Files, Box 323, 324,

-------------------, National Security Council (NSC) Files, Name Files, Box 828, 832.

-------------------, National Security Council Institutional ("H") Files, Study Memorandums, National Security Study Memorandums, Box H-146.

-------------------, White House Central Files (WHCF), Subject Files, IT, Box 5, 19.

-------------------, White House Central Files (WHCF), Subject Files, FO, Box 33-38.

-------------------, White House Central Files (WHCF), Subject Files, FG, Box 6, 11-12.

-------------------, White House Central Files (WHCF), Staff Member and Office Files (SMOF), President's Advisory Council on Executive Organization (Ash Council), Box 72.

-------------------, White House Special Files (WHSF), White House Central Files (WHCF),

Subject Files: Confidential Files, CF OA 217, Box 13

————————, White House Special Files (WHSF), White House Central Files (WHCF), Subject Files: Confidential Files, 1969-74, Box 17.

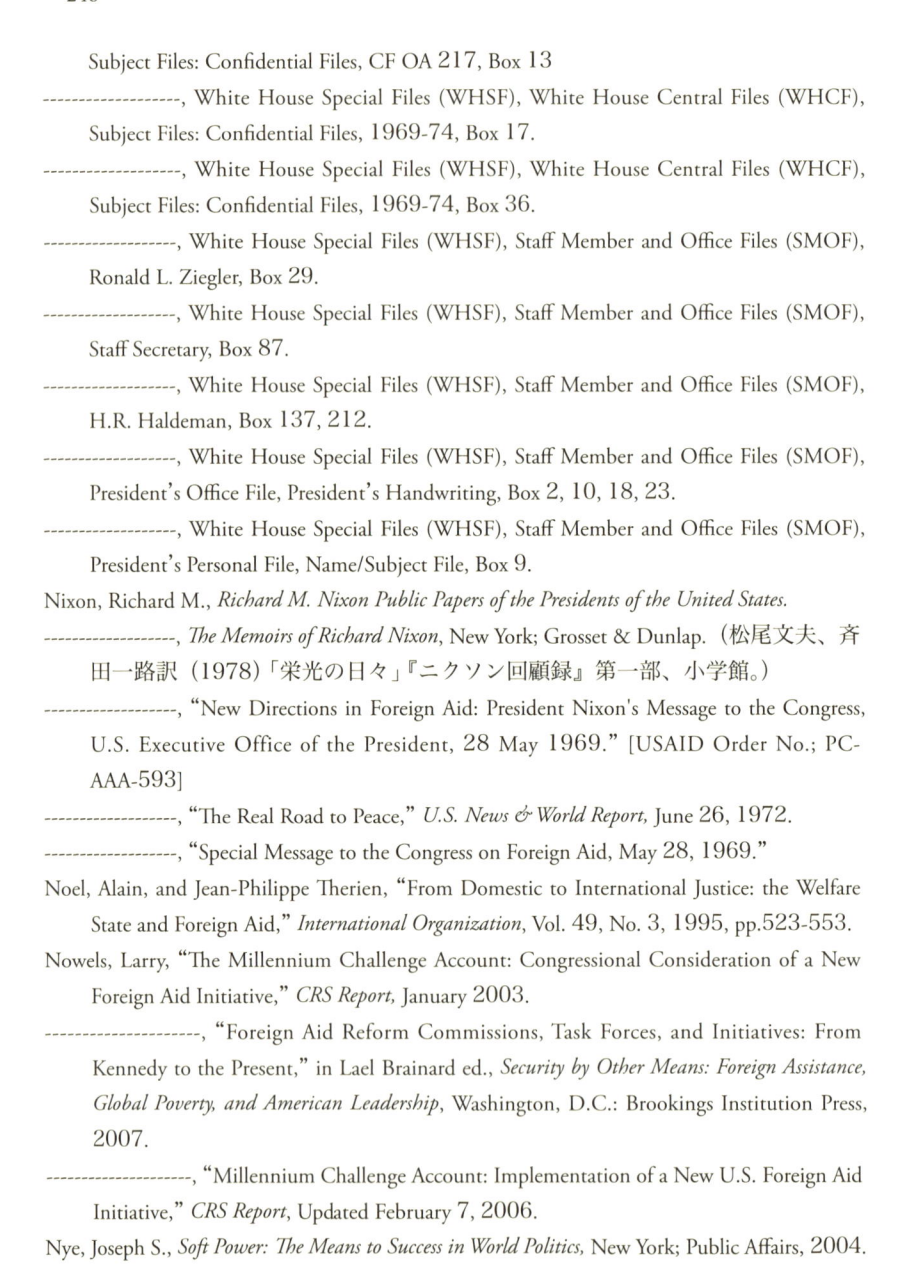

————————, White House Special Files (WHSF), White House Central Files (WHCF), Subject Files: Confidential Files, 1969-74, Box 36.

————————, White House Special Files (WHSF), Staff Member and Office Files (SMOF), Ronald L. Ziegler, Box 29.

————————, White House Special Files (WHSF), Staff Member and Office Files (SMOF), Staff Secretary, Box 87.

————————, White House Special Files (WHSF), Staff Member and Office Files (SMOF), H.R. Haldeman, Box 137, 212.

————————, White House Special Files (WHSF), Staff Member and Office Files (SMOF), President's Office File, President's Handwriting, Box 2, 10, 18, 23.

————————, White House Special Files (WHSF), Staff Member and Office Files (SMOF), President's Personal File, Name/Subject File, Box 9.

Nixon, Richard M., *Richard M. Nixon Public Papers of the Presidents of the United States.*

————————, *The Memoirs of Richard Nixon*, New York; Grosset & Dunlap.（松尾文夫、斉田一路訳（1978）「栄光の日々」『ニクソン回顧録』第一部、小学館。）

————————, "New Directions in Foreign Aid: President Nixon's Message to the Congress, U.S. Executive Office of the President, 28 May 1969." [USAID Order No.; PC-AAA-593]

————————, "The Real Road to Peace," *U.S. News & World Report,* June 26, 1972.

————————, "Special Message to the Congress on Foreign Aid, May 28, 1969."

Noel, Alain, and Jean-Philippe Therien, "From Domestic to International Justice: the Welfare State and Foreign Aid," *International Organization*, Vol. 49, No. 3, 1995, pp.523-553.

Nowels, Larry, "The Millennium Challenge Account: Congressional Consideration of a New Foreign Aid Initiative," *CRS Report,* January 2003.

————————, "Foreign Aid Reform Commissions, Task Forces, and Initiatives: From Kennedy to the Present," in Lael Brainard ed., *Security by Other Means: Foreign Assistance, Global Poverty, and American Leadership*, Washington, D.C.: Brookings Institution Press, 2007.

————————, "Millennium Challenge Account: Implementation of a New U.S. Foreign Aid Initiative," *CRS Report*, Updated February 7, 2006.

Nye, Joseph S., *Soft Power: The Means to Success in World Politics,* New York; Public Affairs, 2004.（山岡洋一訳『ソフト・パワー―21世紀国際政治を制する見えざる力―』日

本経済新聞社、2004年。)

Oliver, Robert W., *Early Plans for a World Bank*, Princeton; Princeton University Press, 1971.

Onuf, Nicholas Greenwood, *World of Our Making :Rules and Rule in Social Theory and International Relations*, Columbia, S.C.; University of South Carolina Press, 1989.

Organization for Economic Co-operation and Development (OECD), "Net ODA from DAC countries from 1950 to 2004," *Statistical Annex of the Development Co-operation Report*. (http://www.oecd.org/dataoecd/43/24/1894385.xls), Accessed on April 12, 2006.

--------------------, "Deflators for Resource Flows from DAC Countries (2004=100)," (http://www.oecd.org/dataoecd/43/43/34980655.xls), accessed on April 12, 2006.

Oshiba, Ryo, *The World Bank under McNamara, Clausen, and Conable: Resource Allocation in the World Bank*, A Dissertation Presented to the Faculty of the Graduate School of Yale University in Candidacy for the Degree of Doctor of Philosophy, 1989.

Owen, David, "The United Nations Program of Technical Assistance," *The Annals of The American Academy of Political and Social Science*, Vol.270, July 1950, pp109-117.

--------------------, "The United Nations Program of Technical Assistance," *The Annals of The American Academy of Political and Social Science*, Vol.323, May 1959, pp25-32.

Packenham, Robert A., *Liberal America and the Third World: Political Development Ideas in Foreign Aid and Social Science*, Princeton; Princeton University Press, 1973.

Parks, William L., David Alter, et al., *Proposed Program Development and Execution System*, Washington D.C.; USAID, 1961. [USAID Order No.; PN-ABT-538]

Pastor, Robert A., *Congress and the Politics of the U.S. Foreign Economic Policy 1929-1976*, Berkeley and Los Angeles, CA; University of California Press, 1980.

Paterson, Thomas G., *On Every Front: the Making of the Cold War*, New York: W. W. Norton & Company, 1979.

Peterson, Rudolph A., Butz, Earl L., et al., *US Foreign Assistance in the 1970s: a New Approach: Report to the President from the Task Force on International Development*, U.S. Congress, 4 March 1970, [USAID Order No.; PN-ABH-264].

Phillips, Cabell, *The Truman Presidency: the History of a Triumphant Succession*, Baltimore; Penguin Books, 1969.

Pinckney, Annette M., "The Role of Private and Voluntary Organizations in Economic Assistance," John Wilhelm and Gerry Feinstein eds., *U.S. Foreign Assistance: Investment or Folly?*, New York; Praeger Publishers, 1984.

Porter, David, *U.S. Economic Foreign Aid: A Case Study of the United States Agency for International Development*, New York & London; Garland Publishing, INC, 1990.

Puchala, Donald J., and Raymond F. Hopkins, "International Regimes: Lessons from Inductive

Analysis," *International Organization,* Vol. 36, No. 2, Spring, 1982, pp. 245-275.

Quality Assurance Group/ World Bank, *Annual Report on Portfolio Performance,* FY 2002.

Radelet, Steve, "Will the Millennium Challenge Account Be Different?" *The Washington Quarterly,* Vol.26, No.2, Spring 2003, pp.171-187.

Rahman, Mahfuzur, *World Economic Issues at the United Nations: Half a Century of Debate,* Boston & Dordrecht & London; Kluwer Academic Publishers, 2002.

Rao, V. K. R. V., "An International Development Authority," *India Quarterly,* Vol.8, July-September, 1952, pp.236-269.

Rice, Condoleezza, "Campaign 2000: Promoting the National Interest," *Foreign Affairs,* 79, January / February 2000.

Risse, Thomas, "Let's Argue!": Communicative Action in World Politics," *International Organization,* Vol. 54 No. 1, 2000, pp.1-39.

----------------, and Kathryn Sikkink, "The Socialization of International Human Rights Norms into Domestic Practice: Introduction," Risse, Thomas, Stephen C. Ropp, and Kathryn Sikkink, *The Power of Human Rights: International Norms and Domestic Change,* Cambridge; Cambridge University Press, 1999.

----------------, Stephen C. Ropp, and Kathryn Sikkink, *The Power of Human Rights: International Norms and Domestic Change,* Cambridge; Cambridge University Press, 1999.

Robinson, Sherman, and Finn Tarp, "Foreign Aid and Development: Summary and Synthesis," Tarp, Finn, ed., *Foreign Aid and Development: Lessons Learnt and Directions for the Future,* London and New York: Routledge, 2000.

Rondinelli, Dennis A., *Development Administration and U.S. Foreign Aid Policy,* Boulder, Colorado; L. Rienner Publishers, 1987.

Roper, Burns W., "The Limits of Public Support," *Annals of the American Academy of Political and Social Science,* Vol.442, 1979, pp.40-45.

Rostow, W. W., *Eisenhower, Kennedy, and Foreign Aid,* Austin; University of Texas Press, 1985.

Rotter, Andrew Jon, *The Big Canvas: The United States, Southeast Asia and the World: 1948-1950,* Stanford University Ph.D. Dissertation, University Microfilms International, 1981.

Ruggie, John G., "Political Structure and Change in the International Economic Order: The North-South Dimension,"in John G. Ruggie ed., *The Antinomies of Interdependence: National Welfare and the International Division of Labor,* New York; Columbia University Press, 1983.

----------------, *Constructing the World Polity: Essays on International Institutionalization,* London, New York; Routledge, 1998.

----------------, "American Exceptionalism, Exemptionalism, and Global Governance,"

Ignatieff, Michael, ed., *American Exceptionalism and Human Rights*, Princeton; Princeton University Press, 2005.

--------------------, "Doctrinal Unilateralism and Its Limits: America and Global Governance in the New Century," in Forsythe, David P., et al., *American Foreign Policy in a Globalized World*, New York and London; Routledge, 2006.

Ruttan, Vernon W., *United States Development Assistance Policy: The Domestic Politics of Foreign Economic Aid*, Baltimore and London; Johns Hopkins University Press, 1996.

Sanford, Jonathan E., *U.S. Foreign Policy and Multilateral Development Banks*, Boulder, Colorado; Westview Press, 1982.

Schimmelfennig, Frank, "The Community Trap: Liberal Norms, Rhetorical Action, and the Eastern Enlargement of the European Union," *International Organization*, Vol. 55, No. 1, 2001, pp.47-80.

--------------------, *The EU, NATO and the Integration of Europe: Rules and Rhetoric*, Cambridge; Cambridge University Press, 2003.

Schraeder, Peter J., Steven W. Hook, and Bruce Taylor, "Clarifying the Foreign Aid Puzzle: A Comparison of America, Japanese, French, and Swedish Aid Flows," *World Politics*, Vol.50, 1998, pp.294-323.

Sean P. Duffy, *The Origins of the Agency for International Development: Foreign Assistance Reorganization in 1961*, July, 1991[USAID Order No.; PN-ABL-500].

Seers, Dudley, "What Are We Trying To Measure?" *The Journal of Development Studies*, Vol.8, No.3, 1972, pp.21-36.

Shannon, Vaughn, "Norms Are What States Make of Them: The Political Psychology of Norm Violation," *International Studies Quarterly*, No.44, 2000, pp.293-316.

Shenin, Sergei Y., *The United States and the Third World: The Origins of Postwar Relations and the Point Four Program*, Huntington, NY; Nova Science Publishers, Inc., 2000.

Sholes, Rebecca, and Jane Covey, "Partners for Development: USAID & PVO/NGO Relationships," *Institute for Development Research (IDR) Reports*, Vol. 12, No. 1, 1996.

Smith, Brian H., *More than Altruism: the Politics of Private Foreign Aid*, Princeton; Princeton University Press, 1990.

Snook, Stephen L., *Principled Agents in an Agency under Siege: U.S.A.I.D. and its Mission in Tanzania*, A Dissertation Prepared to the Graduate School of the University of Florida in Partial Fulfillment of the Requirements for the Degree of Doctor of Philosophy, University of Florida, 1996.

--------------------, "An Agency under Siege: USAID and its Mission in Tanzania," in Goran Hyden and Rwekaza Mukandala eds., *Agencies in Foreign Aid: Comparing China, Sweden and the United States in Tanzania*, London & New York; Macmillan Press LTD. & St. Martin's Press, INC, 1999.

Srinivasan, T. N., "Development, Poverty, and Basic Human Needs: Some Issues," *World Bank Reprint Series,* No. 76, Washington, D. C.; World Bank, 1977.

Stern, Ernest (Chairman), Philip Birnbaum, Thomas Arndt (Department of State, Agency for International Development, Office of the Administrator), *Restructuring the Agency for International Development,* 1971. [USAID Order No.; PN-ABR-805]

------------------, Maury Williams, et al. *Reform of the US Economic Assistance Program*, January 24, 1972, [USAID Order No.; PN-ABH-266].

Stern, Nicholas, with Francisco Ferreira, "The World Bank as a Intellectual Actor," Devesh Kapur, John P. Lewis, Richard Webb, eds., *The World Bank: Its First Half Century*, Vol.2, Washington, D.C.; Brookings Institution Press, 1997.

Stockholm International Peace Research Institute (SIPRI), *SIPRI Yearbook: Armaments, Disarmament and International Security,* various years.

Streeten, Paul, et al., *First Things First: Meeting Basic Needs in Developing Countries,* Oxford: Oxford University Press, 1981.

Strong, Robert J., *Bureaucracy and Statesmanship: Henry Kissinger and the Making of American Foreign Policy*, Lanham; University Press of America, 1986.

Sullivan, Denis J., "Bureaucratic Politics in Development Assistance: The Failure of American Aid in Egypt," *Administration & Society*, Vol. 23 No. 1, 1991, pp.29-53.

Tarnoff, Curt, "Millennium Challenge Corporation," *CRS Report*, 2009.

---------------, and Larry Nowels, "Foreign Aid: An Introductory Overview of U.S. Programs and Policy," *CRS Report,* 2004.

Taylor, Lance, *Varieties of Stabilization Experience: Towards Sensible Macroeconomics in the Third World*, Oxford; Oxford University Press, 1988.

Tendler, Judith, *Inside Foreign Aid*, Baltimore & London; The Johns Hopkins University Press, 1975.

Therien, Jean-Philippe, and Carolyn Lloyd, "Development Assistance on the Brink," *Third World Quarterly*, Vol. 21, No. 1, 2000, pp.21-38.

Timbergen, Jan, *RIO: Reshaping the International Order,* Report to the Club of Rome, New York: E.P. Dutton, 1976.

Timbergen, Jan ed. (United Nations, Economic and Social Council, Committee for Development Planning) *Preparation of Guidelines and Proposal for the Second United Nations Development Decade,* 1970. (外務省監修訳『70年代の開発戦略－ティンバーゲン報告　第二次国連開発10年のためのガイドラインおよび提案－』国際日本協

会出版局、1970年。)
Truman, David B., "The Domestic Politics of Foreign Aid," *Proceedings of the Academy of Political Science*, Vol. 27, No. 2, January, 1962, pp. 62-72.
Truman, Harry S., "Inaugural Address," January 20, 1949, (http://www.truman library.org/publicpapers/index.php?pid=1030&st=&st1), Accessed on October 10, 2006.
------------------, *Harry S. Truman Public Papers of the Presidents of the United States.*
------------------, *Memoirs by Harry S. Truman: Years of Trial and Hope*, New York; Doubleday and Company, Inc., 1956. (加瀬俊一監修、堀江芳孝訳『トルーマン回顧録2－試練と希望の年－』恒文社、1966年。)
Truman Presidential Materials, *Documentary History of the Truman Presidency (DHTP)*, Vol. 27, University Publications of America; An Imprint of CIS, 1999.
------------------, "Benjamin Hardy to Jonathan Daniels," November 19, 1950, Point IV File, Folder 2, Box 1, Hardy Paper, pp.1-2, Truman Library.
------------------, "Clark Clifford to Herbert Feis," July 16, 1963, Elsey Papers, Speech File, Box 36, Truman Library.
------------------, "Memorandum for Files by David D. Lloyd," December 3, 1949, Chronological File, David D. Lloyd Papers, Truman Library.
------------------, Oral History Interview with Francis Russell, July 13, 1973, p.33, Truman Library, (http://www.trumanlibrary.org/oralhist/russellf.htm) Accessed on March 31, 2007.
United Nations, *A Study of the Capacity of the United Nations Development System*, Vol. I, II, 1969.
------------------, *Charter of the United Nations, Preamble and Chapter 1*, (http://www.un.org/en/documents/charter/index.shtml), Accessed on September 10, 2010.
------------------, *United Nations* (http://www.un.org/Overview/growth.htm#2000) Accessed on April 15, 2007.
------------------, *General Assembly Resolution*, (http://www.un.org/documents/resga.htm) Accessed on April 15, 2007.
------------------, *UN Millennium Project, Investing in Development: A Practical Plan to Achieve the Millennium Development Goals*, 2005.
United Nations Development Programme (UNDP), *Annual Report: Making Globalization Work for All*, 2007.
------------------, *A New United Nations Structure for Global Economic Co-operation: Report of the Group of Experts on the Structure of the United Nations System*, New York; United Nations, 1975.

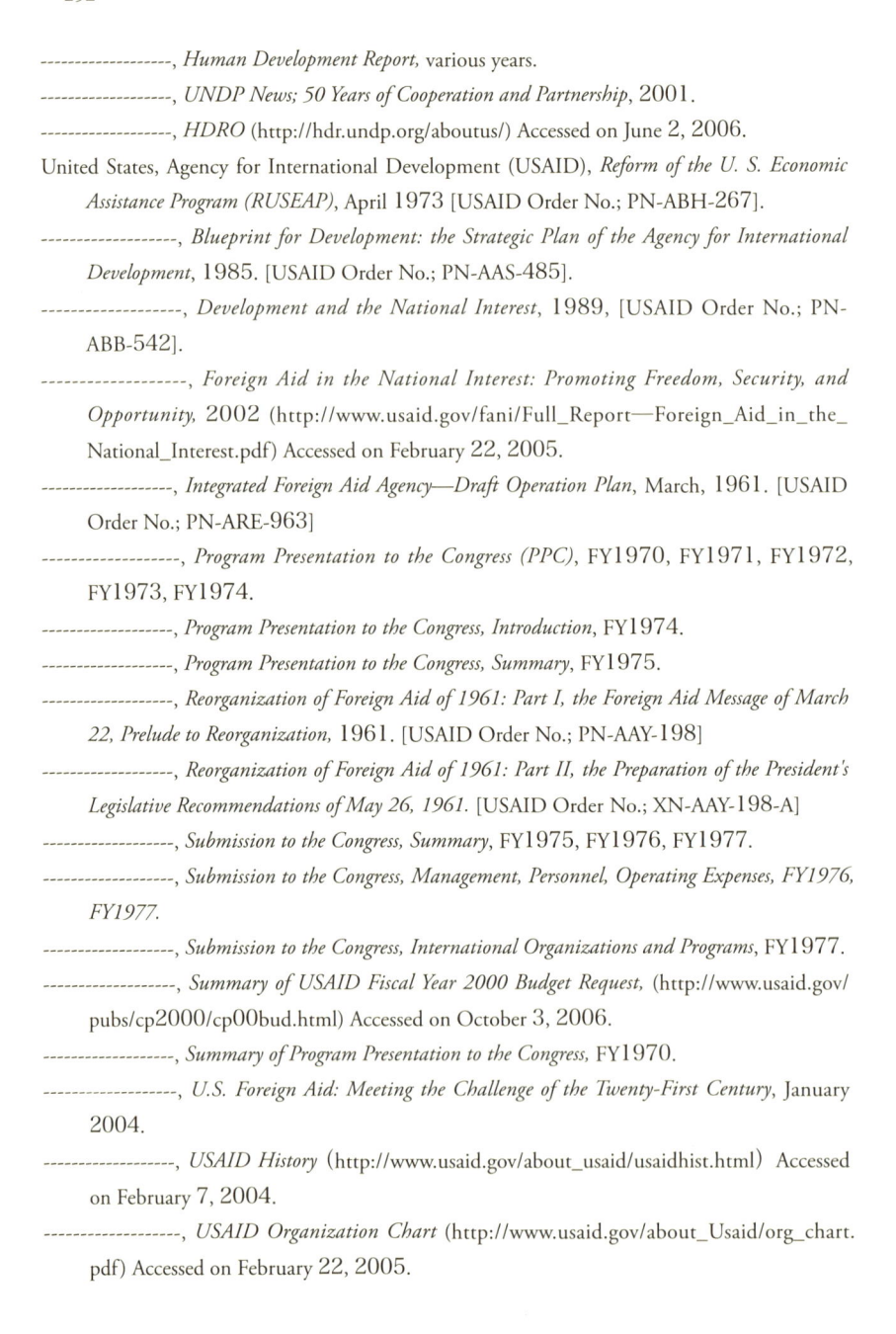

----------, *Human Development Report*, various years.
----------, *UNDP News; 50 Years of Cooperation and Partnership*, 2001.
----------, *HDRO* (http://hdr.undp.org/aboutus/) Accessed on June 2, 2006.
United States, Agency for International Development (USAID), *Reform of the U. S. Economic Assistance Program (RUSEAP)*, April 1973 [USAID Order No.; PN-ABH-267].
----------, *Blueprint for Development: the Strategic Plan of the Agency for International Development*, 1985. [USAID Order No.; PN-AAS-485].
----------, *Development and the National Interest*, 1989, [USAID Order No.; PN-ABB-542].
----------, *Foreign Aid in the National Interest: Promoting Freedom, Security, and Opportunity*, 2002 (http://www.usaid.gov/fani/Full_Report—Foreign_Aid_in_the_National_Interest.pdf) Accessed on February 22, 2005.
----------, *Integrated Foreign Aid Agency—Draft Operation Plan*, March, 1961. [USAID Order No.; PN-ARE-963]
----------, *Program Presentation to the Congress (PPC)*, FY1970, FY1971, FY1972, FY1973, FY1974.
----------, *Program Presentation to the Congress, Introduction*, FY1974.
----------, *Program Presentation to the Congress, Summary*, FY1975.
----------, *Reorganization of Foreign Aid of 1961: Part I, the Foreign Aid Message of March 22, Prelude to Reorganization*, 1961. [USAID Order No.; PN-AAY-198]
----------, *Reorganization of Foreign Aid of 1961: Part II, the Preparation of the President's Legislative Recommendations of May 26, 1961*. [USAID Order No.; XN-AAY-198-A]
----------, *Submission to the Congress, Summary*, FY1975, FY1976, FY1977.
----------, *Submission to the Congress, Management, Personnel, Operating Expenses, FY1976, FY1977*.
----------, *Submission to the Congress, International Organizations and Programs*, FY1977.
----------, *Summary of USAID Fiscal Year 2000 Budget Request*, (http://www.usaid.gov/pubs/cp2000/cp00bud.html) Accessed on October 3, 2006.
----------, *Summary of Program Presentation to the Congress*, FY1970.
----------, *U.S. Foreign Aid: Meeting the Challenge of the Twenty-First Century*, January 2004.
----------, *USAID History* (http://www.usaid.gov/about_usaid/usaidhist.html) Accessed on February 7, 2004.
----------, *USAID Organization Chart* (http://www.usaid.gov/about_Usaid/org_chart.pdf) Accessed on February 22, 2005.

------------------, *The United States and Development Assistance: Background Papers for the Task Force on Development Organizations,* June 1992.

------------------, *U.S. Overseas Loans and Grants and Assistance from International Organizations,* various years.

------------------, *Voluntary Foreign Aid Programs,* various years.

------------------, *Bureau for Program and Management Services Office of Management Planning, Congressionally Mandated AID Program Initiatives,* 1961-1978, 1979. [USAID Order No.; PN-AAY-199]

United States, Commerce, Department of, *Statistical Abstract of the United States,* various years.

United States, Congress, *Congressional Record.*

------------------, *Congressional Quarterly Almanac (CQA),* various years.

------------------, *United States Code: Congressional and Administrative News (CAN),* various years.

------------------, *United States Statute at Large,* various years.

United States, Congressional Research Service (CRS), *Foreign Policy Agency Reorganization in the 105th Congress,* Updated May 28, 1998.

------------------, *The New Directions Mandate and the Agency for International Development,* Washington, D.C.: Foreign Affairs and National Defense Division. (Reprinted in AID's Administrative and Management Problem in Providing Foreign Economic Assistance, Hearing before a Sub-committee of the Committee on Government Operations, House of Representatives, 97th Congress, 1st Session, October 6, 1981.)United States, Congress, House Committee Prints

------------------, "The Reorganization of U.S. Development Aid: Comparison and Summary Analysis of Some Official and Unofficial Proposals," 93rd Congress 1st Session, May 1973.

------------------, "The United States and the Multilateral Development Banks," 93rd Congress 2nd Session, March 1974.

------------------, "New Directions in Development Aid: Excerpts from the Legislation," 95th Congress, 1st Session, June 1976, [USAID Order No.; PC-AAA-584].

United States, Congress, House Documents

------------------, "Foreign Assistance for the 'Seventies: Message from the President of the United States," September 15, 1790, 91st Congress 2nd Session. (No. 91-385)

------------------, "Foreign Aid: Message from the President of the United States," April 21, 1971, 92nd Congress 1st session. (No. 92-94)

------------------, "Section-by-Section Analysis of the Proposed Foreign Assistance Act: H.R. 7484, to Amend the Foreign Assistance Act of 1961, and for Other Purposes," prepared by executive branch, May 9, 1973. (93rd Congress 1st session)

----------------, "Implementation of "New Directions" in Development Assistance: Report to the Committee on International Relations on Implementation of Legislative Reforms in the Foreign Assistance Act of 1973, prepared by the Agency for International Development," July 22, 1975. (94th Congress 1st session)

----------------, "New Directions in Development Aid: Excerpts from the Legislation, prepared by the Committee on International Relations of the House of Representatives," June 1976. (94th Congress 2nd session)

----------------, "A Basic Human Needs Strategy of Development: Staff Report on the World Employment Conference," September 1976. (94th Congress 2nd session)

----------------, "Report of the Task Force on Foreign Assistance," Committee on Foreign Affairs, 101th Congress 1st Session, No. 101-32, February 1989. [CIS-NO: 89-H380-7]

United States, Congress, House Hearings

----------------, "Act for International Development ("Point IV" Program)," *Hearings before the Committee on Foreign Affairs, House*, 81st Congress, 1st and 2nd Session, January 12, 13. and 17, 1950.

----------------, "International Technical Cooperation Act of 1949 ("Point IV" Program)," *Hearings before the Committee on Foreign Affairs, House*, 81st Congress, 1st Session, September 27, 28, 30, October 3, 4, 5, 6, and 7, 1949.

----------------, "Economy and Efficiency of U.S. Participation in International Organizations," *Hearing before the Committee on Foreign Affairs, House*, 91st Congress, 2nd Session, September 18, 1970.

----------------, "Foreign Assistance Act of 1971," *Hearings before the Committee on Foreign Affairs, House*, 92nd Congress 1st Session, Part 1, April 27, 28, 29, May 4, 5, 6, 1971.

----------------, "Mutual Development and Cooperation Act of 1973," *Hearings before the Committee on Foreign Affairs, House*, 93th Congress, 1st Session, May 15, 17, 23, 24, 31, June 5, 6, 11-13, 1973.

----------------, "Review of the Task Force on Foreign Assistance," *Hearing before the Committee on Foreign Affairs, House*, 101th Congress 1st Session, February 28, 1989. [CIS-NO: 91-H381-37]

----------------, "Rewrite of the Foreign Assistance Act of 1961 and FY95 Foreign Assistance Request (Part 1)," *Hearings before the Committee on Foreign Affairs, House*, 103th Congress 2nd Session, February 3, 9, 23, 24, Mar. 15, 1994. [CIS-NO:

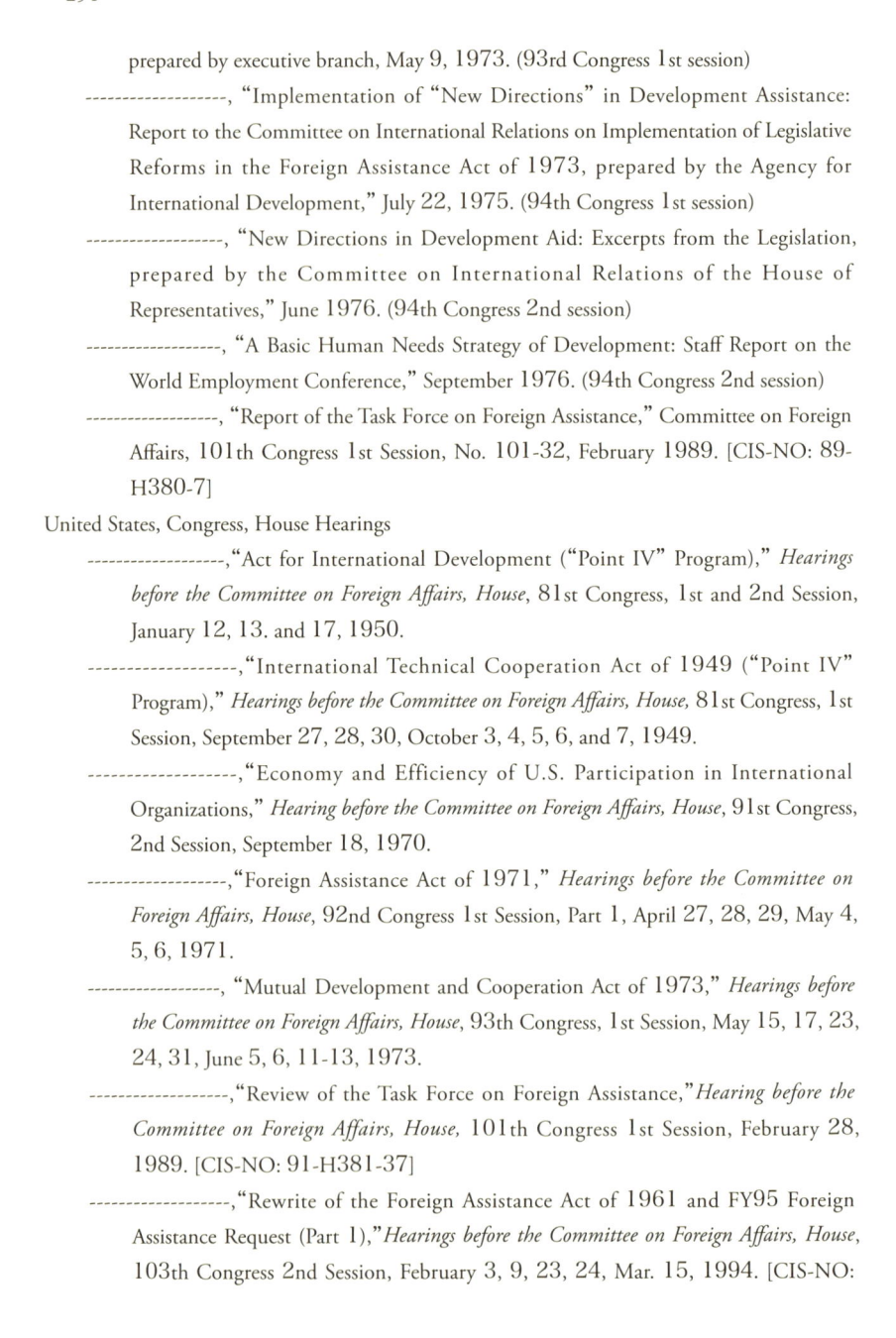

94-H381-63]

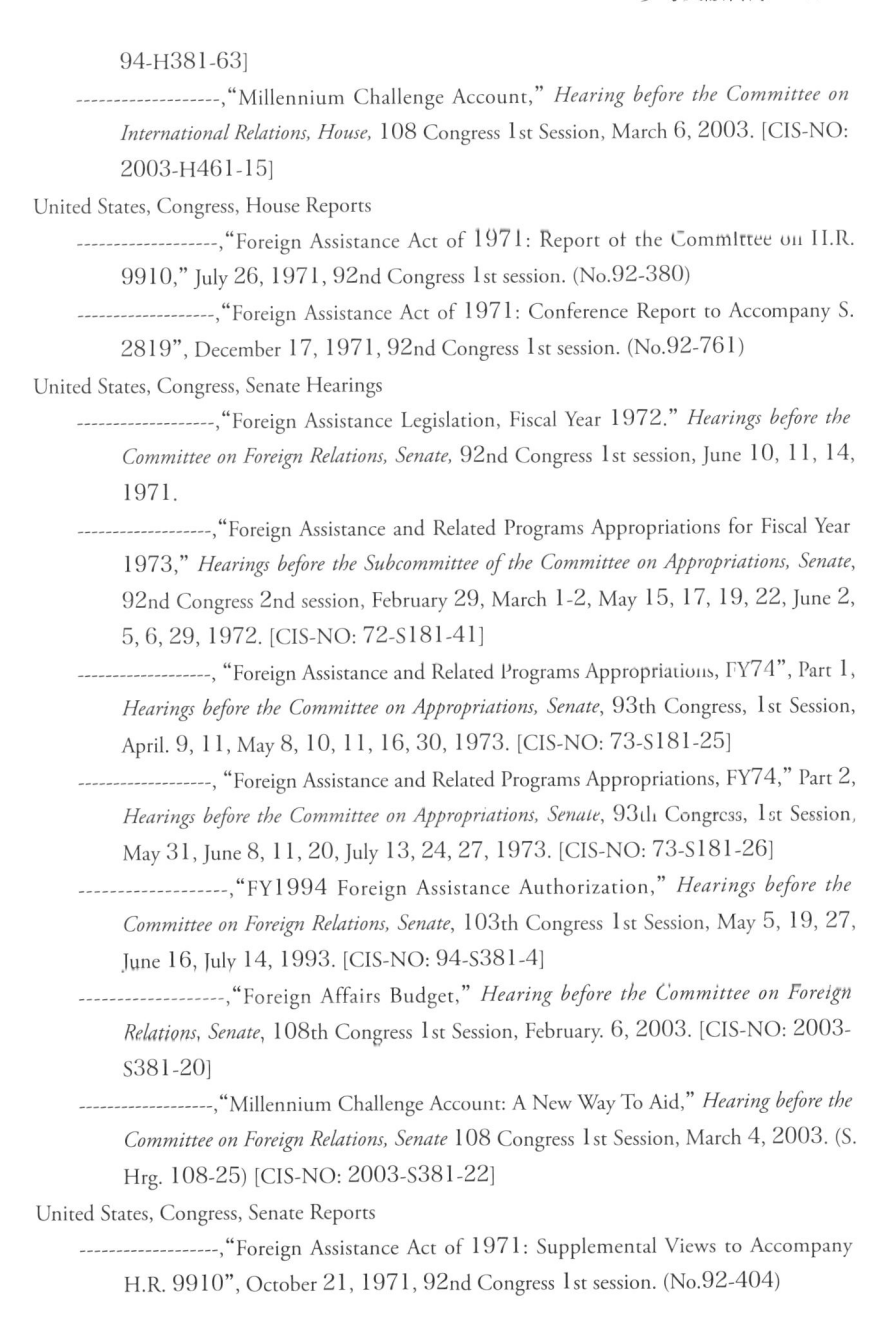

――――――,"Millennium Challenge Account," *Hearing before the Committee on International Relations, House,* 108 Congress 1st Session, March 6, 2003. [CIS-NO: 2003-H461-15]

United States, Congress, House Reports

――――――,"Foreign Assistance Act of 1971: Report of the Committee on H.R. 9910," July 26, 1971, 92nd Congress 1st session. (No.92-380)

――――――,"Foreign Assistance Act of 1971: Conference Report to Accompany S. 2819", December 17, 1971, 92nd Congress 1st session. (No.92-761)

United States, Congress, Senate Hearings

――――――,"Foreign Assistance Legislation, Fiscal Year 1972." *Hearings before the Committee on Foreign Relations, Senate,* 92nd Congress 1st session, June 10, 11, 14, 1971.

――――――,"Foreign Assistance and Related Programs Appropriations for Fiscal Year 1973," *Hearings before the Subcommittee of the Committee on Appropriations, Senate,* 92nd Congress 2nd session, February 29, March 1-2, May 15, 17, 19, 22, June 2, 5, 6, 29, 1972. [CIS-NO: 72-S181-41]

――――――, "Foreign Assistance and Related Programs Appropriations, FY74," Part 1, *Hearings before the Committee on Appropriations, Senate,* 93th Congress, 1st Session, April. 9, 11, May 8, 10, 11, 16, 30, 1973. [CIS-NO: 73-S181-25]

――――――, "Foreign Assistance and Related Programs Appropriations, FY74," Part 2, *Hearings before the Committee on Appropriations, Senate,* 93th Congress, 1st Session, May 31, June 8, 11, 20, July 13, 24, 27, 1973. [CIS-NO: 73-S181-26]

――――――,"FY1994 Foreign Assistance Authorization," *Hearings before the Committee on Foreign Relations, Senate,* 103th Congress 1st Session, May 5, 19, 27, June 16, July 14, 1993. [CIS-NO: 94-S381-4]

――――――,"Foreign Affairs Budget," *Hearing before the Committee on Foreign Relations, Senate,* 108th Congress 1st Session, February. 6, 2003. [CIS-NO: 2003-S381-20]

――――――,"Millennium Challenge Account: A New Way To Aid," *Hearing before the Committee on Foreign Relations, Senate* 108 Congress 1st Session, March 4, 2003. (S. Hrg. 108-25) [CIS-NO: 2003-S381-22]

United States, Congress, Senate Reports

――――――,"Foreign Assistance Act of 1971: Supplemental Views to Accompany H.R. 9910", October 21, 1971, 92nd Congress 1st session. (No.92-404)

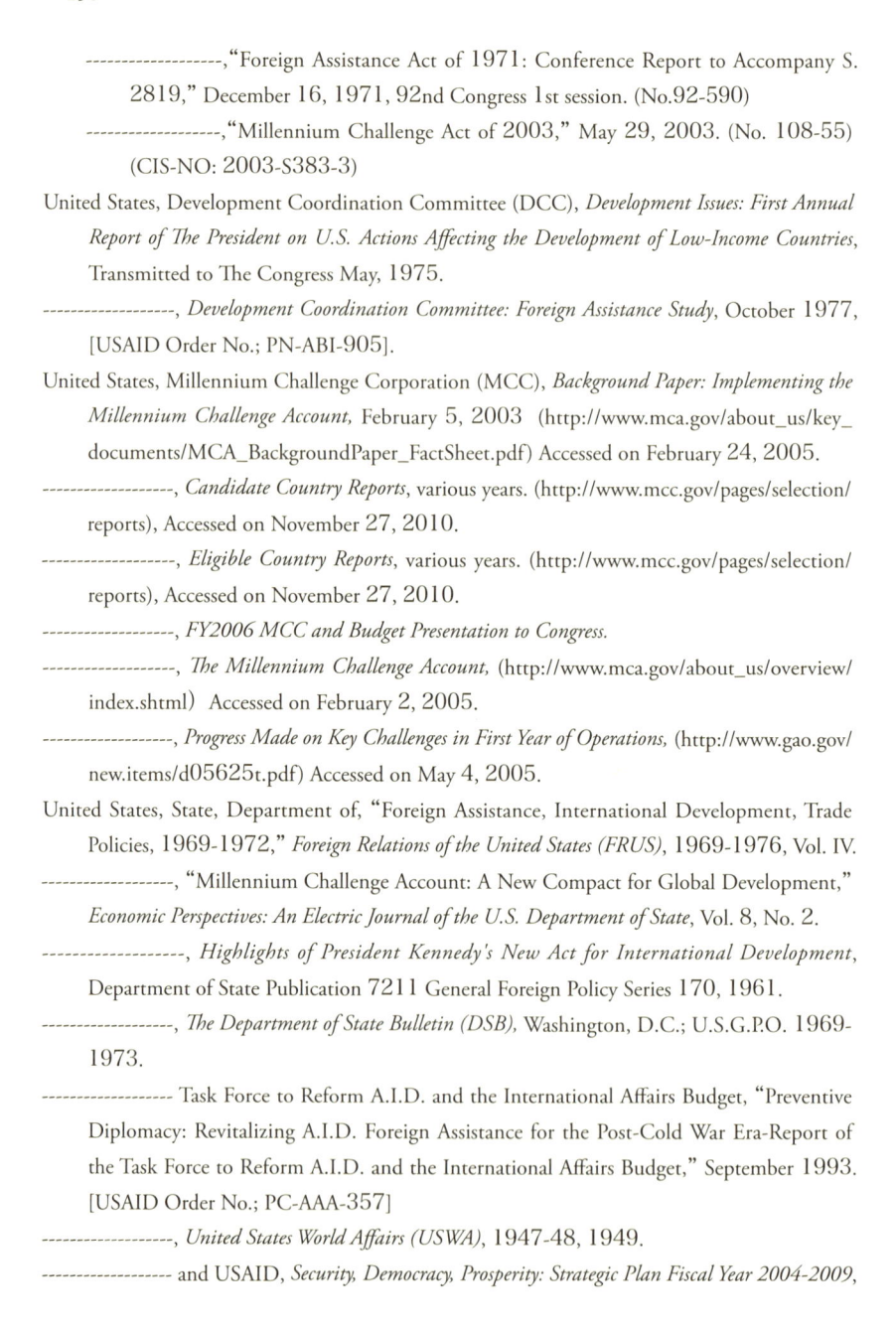

--------------------,"Foreign Assistance Act of 1971: Conference Report to Accompany S. 2819," December 16, 1971, 92nd Congress 1st session. (No.92-590)

--------------------,"Millennium Challenge Act of 2003," May 29, 2003. (No. 108-55) (CIS-NO: 2003-S383-3)

United States, Development Coordination Committee (DCC), *Development Issues: First Annual Report of The President on U.S. Actions Affecting the Development of Low-Income Countries*, Transmitted to The Congress May, 1975.

--------------------, *Development Coordination Committee: Foreign Assistance Study*, October 1977, [USAID Order No.; PN-ABI-905].

United States, Millennium Challenge Corporation (MCC), *Background Paper: Implementing the Millennium Challenge Account*, February 5, 2003 (http://www.mca.gov/about_us/key_documents/MCA_BackgroundPaper_FactSheet.pdf) Accessed on February 24, 2005.

--------------------, *Candidate Country Reports*, various years. (http://www.mcc.gov/pages/selection/reports), Accessed on November 27, 2010.

--------------------, *Eligible Country Reports*, various years. (http://www.mcc.gov/pages/selection/reports), Accessed on November 27, 2010.

--------------------, *FY2006 MCC and Budget Presentation to Congress.*

--------------------, *The Millennium Challenge Account*, (http://www.mca.gov/about_us/overview/index.shtml) Accessed on February 2, 2005.

--------------------, *Progress Made on Key Challenges in First Year of Operations*, (http://www.gao.gov/new.items/d05625t.pdf) Accessed on May 4, 2005.

United States, State, Department of, "Foreign Assistance, International Development, Trade Policies, 1969-1972," *Foreign Relations of the United States (FRUS)*, 1969-1976, Vol. IV.

--------------------, "Millennium Challenge Account: A New Compact for Global Development," *Economic Perspectives: An Electric Journal of the U.S. Department of State*, Vol. 8, No. 2.

--------------------, *Highlights of President Kennedy's New Act for International Development*, Department of State Publication 7211 General Foreign Policy Series 170, 1961.

--------------------, *The Department of State Bulletin (DSB)*, Washington, D.C.; U.S.G.P.O. 1969-1973.

-------------------- Task Force to Reform A.I.D. and the International Affairs Budget, "Preventive Diplomacy: Revitalizing A.I.D. Foreign Assistance for the Post-Cold War Era-Report of the Task Force to Reform A.I.D. and the International Affairs Budget," September 1993. [USAID Order No.; PC-AAA-357]

--------------------, *United States World Affairs (USWA)*, 1947-48, 1949.

-------------------- and USAID, *Security, Democracy, Prosperity: Strategic Plan Fiscal Year 2004-2009*,

August 2003. (http://www.usaid.gov/policy/budget/state_usaid_strat_plan.pdf) Accessed on February 22, 2005.

United States, Treasury, Department of, *Annual Report of the Secretary of the Treasury on the State of the Finances*, FY1970, 1971, 1972, 1973, 1974.

------------------, *Nixon Administration-Ford Administration (1969-1977) (NAFA)*, Original version: Frederich, Md.: University Publications of America, The U.S. National Economy, 1916-1981: Unpublished Documentary Collections from the U.S. Department of the Treasury, Part.5, 1984.

United States, White House, *The National Security Strategy of the United States of America*, September 2002 (http://www.whitehouse.gov/nsc/nss.pdf) Accessed on February 22, 2005.

------------------, "The White House Fact Sheet November 25, 2002." (http://www.ait.org.tw/infousa/enus/government/forpolicy/whfs.html), Accessed on Decmber 24, 2010.

Wade, Robert Hunter, "US Hegemony and the World Bank: the Fight Over People and Ideas," *Review of International Political Economy*, Vol.9, No.2, Summer 2002, pp.201-229.

Wendt, Alexander, *Social Theory of International Politics*, Cambridge; Cambridge University Press, 1999.

Williams, Maurice J., "U.S. Coordination of Economic and Development Cooperation Policies," Berg, Robert J., and David F. Gordon, eds., *Cooperation for International Development: The United States and the Third World in the 1990s*, Boulder & London; Lynne Rienner Publishers, 1989.

Wolfensohn, James D., "New Directions and New Partnerships: 1995 Annual Meetings Address." (http://web.worldbank.orG.W.BSITE/EXTERNAL/EXTABOUTUS/ORGANIZATION/EXTPRESIDENT2007/EXTPASTPRESIDENTS/PRESIDENTEXTERNAL/0,,contentMDK:20025722~menuPK:232083~pagePK:159837~piPK:159808~theSitePK:227585,00.html) Accessed on September 15, 2008.

------------------, "A Proposal for a Comprehensive Development Framework, January 21, 1999." (http://siteresources.worldbank.org/CDF/Resources/cdf.pdf) Accessed on September 20, 2008.

Wood, Robert E., *From Marshall Plan to Debt Crisis: Foreign Aid and Development Choices in the World Economy*, Berkeley and Los Angeles and London: University of California Press, 1986.

------------------, "Rethinking Economic Aid," Steven W. Hook, ed., *Foreign Aid Toward the Millennium*, Boulder and London: Lynne Rienner Publishers, 1996.

Woods, Ngaire, "The Challenges of Multilateralism and Governance," in Christopher L. Gilbert and David Vines eds., *The World Bank: Structure and Policies*, Cambridge; Cambridge University Press, 2000.

――――――, "The Shifting Politics of Foreign Aid," *International Affairs*, Vol.81, No.2, March 2005, pp.393-409.

World Bank, *Annual Report*, various years.

――――――, *World Bank Group Historical Chronology* (http://web.worldbank.org/WBSITE/EXTERNAL/EXTABOUTUS/EXTARCHIVES/0,,contentMDK:20035653~menuPK:56305~pagePK:36726~piPK:36092~theSitePK:29506,00.html) Accessed on April 15, 2007.

――――――, *World Development Indicators*, various years.

――――――, *World Development Report*, various years (http://www.worldbank.or.jp/00more/02highlight/highlight_pdf/wdre.pdf; http://www.worldbank.or.jp/00more/02highlight/highlight_pdf/wdrj.pdf) Accessed on April 15, 2007.

―――――― and IMF, *Global Monitoring Report*, various years. (http://web.worldbank.org/WBSITE/EXTERNAL/EXTDEC/EXTGLOBALMONITOR/0,,menuPK:2185108~pagePK:64168427~piPK:64168435~theSitePK:2185068,00.html) Accessed on April 15, 2007.

―――――― and IMF, *The Founding Fathers*, (http://external.Worldbankimflib.org/Bwf/60panel3.htm) Accessed on September 10, 2010.

Young, Oran R., "Regime Dynamics: The Rise and Fall of International Regimes," *International Organization*, Vol.36, No.2, Spring, 1982, pp. 277-297.

Zehfuss, Maja, *Constructivism in International Relations: The Politics of Reality*, Cambridge; Cambridge University Press, 2002.

Zimmerman, Robert F., and Steven W. Hook, "The Assault on U.S. Foreign Aid," in Steven W. Hook, ed., *Foreign Aid Toward the Millennium*, Boulder and London: Lynne Rienner Publishers, 1996.

Zoellick, Robert B., "A Republican Foreign Policy," *Foreign Affairs*, 79, January / February 2000.

邦語文献

秋山スザンヌ「主要国際機関の援助動向―世界銀行の近年の動向―」秋山孝允・近藤正規編著『モンテレー会議の世界のODAの変動』FASID、2003年。

――――――・加山美鶴「ミレニアム開発目標― Millennium Development Goals: MDGs ―」(http://dakis.fasid.or.jp/report/information/mdgs.html) Accessed on August 15, 2006.

秋山孝允・近藤正規「概観」秋山孝允・近藤正規編著『モンテレー会議の世界のODAの変動』FASID、2003年。

秋山孝允他著、速水祐次郎監修『開発戦略と世界銀行―50年の歩みと展望―』知泉書館、2003年。

青井千由紀「アメリカと国連―多角主義の今後―」山本吉宣・武田興欣編『アメリカ政治外交のアナトミー』国際書院、2006年。

有賀貞「ウィルソン政権とアメリカの参戦」「第一次世界大戦」『岩波講座世界歴史24』岩波書店、1970年。

有賀貞『アメリカ史概論』東京大学出版会、1987年。

有賀貞「アメリカ外交における人権」有賀貞編『アメリカ外交と人権』(財)日本国際問題研究所、1992年。

――――――・宮里政玄『概説アメリカ外交史[新版]』有斐閣、1998年。

浅川公紀『アメリカ大統領と外交システム』勁草書房、2001年。

芦田健太郎「米国対外援助をめぐる議会と大統領の確執―援助政策の動揺―」『神戸法学雑誌』第45巻第3号、1995年2月、507-531頁。

ジム・ネルソン・バーンハート「世論と特殊利害がアメリカ援助に与える影響」山澤逸平・平田章編『日本・アメリカ・ヨーロッパの開発協力政策』アジア経済研究所、1992年。

絵所秀紀『開発の政治経済学』日本評論社、1997年。

――――――「国際機関と開発思想の変遷（上）」『労働法律旬報』No.1503、2001年、44-50頁。

――――――「国際機関と開発思想の変遷（下）」『労働法律旬報』No.1504、2001年、60-64頁。

福田幸正「米国国際開発庁の組織」『基金調査季報』1984年11月、No.47、13-28頁。

古矢旬『アメリカニズム―「普遍国家」のナショナリズム―』東京大学出版会、2002年。

古矢旬『アメリカ―過去と現在の間―』岩波書店、2004年。

五味俊樹「第二の「アメリカの世紀」？」五味俊樹・滝田賢治共編『現代アメリカ外交の転換過程』南窓社、1999年。

濱田顕介「構成主義・世界政体論の台頭―観念的要素の（再）導入―」河野勝・竹中治堅編『アクセス国際政治経済論』日本経済評論社、2003年。

本間雅美『世界銀行と南北問題』同文舘、2000年。

池谷知明「社会化」猪口孝など編著『政治学事典』弘文堂、2000年。

稲田十一「国際開発援助体制とグローバル化―構造調整／貧困削減戦略レジームの展開―」藤原帰一他編『国際政治講座』第三巻、東京大学出版会、2004年。

石川滋「貧困削減か成長促進か－国際的な援助政策の見直しと途上国－」『日本学士院紀要』第56巻、2号、2002年1月1-33頁。

上村直樹「冷戦終結外交と冷戦後への模索」佐々木卓也編著『戦後アメリカ外交史』有斐閣、2005年。

川口融『アメリカの対外援助政策－その理念と政策形成－』アジア経済研究所、1980年。

紀谷昌彦「ブッシュ政権下の米国の援助政策」秋山孝允・近藤正規編著『モンテレー会議後の世界のODAの変動』FASID、2003年。

古城佳子「クリントン政権の対外援助政策－96年度対外援助予算の検討－」『アメリカの『経済安全保障』－アメリカ対外経済政策の系譜と実際－』日本国際問題研究所、1996年3月、28-36頁。

------------------「国際制度」久米郁夫他著『政治学』、2005年。

国際協力銀行(JBIC)ワシントン駐在員事務所「米国の二国間開発援助政策」『開発金融研究所報』第23号、2005年3月、139-154頁。

国連開発計画(UNDP)『人間開発報告』2003年、2005年。

------------------『人間開発って何？』(http://www.undp.or.jp/publications/pdf/whats_hd200702.pdf) Accessed on April 15, 2007.

河野勝「国内政治からの分析－日本の温室効果ガス削減の事例－」渡辺昭夫・土山實男編著『グローバル・ガヴァナンス－政府なき秩序の模索－』東京大学出版会、2001年。

久保文明「共和党の変容と外交政策への含意」久保文明『G・W・ブッシュ政権とアメリカの保守勢力－共和党の分析－』日本国際問題研究所、2003年。

久保文明「共和党の変容と外交政策への含意」久保文明編『G・W・ブッシュ政権とアメリカの保守勢力－共和党の分析－』日本国際問題研究所、2003年。

久賀みず保「MCCの援助動向」『最新開発援助動向レポート』No.18、2005年。(http://dakis.fasid.or.jp/report/pdf/report18.pdf) Accessed on September 1, 2005.

栗栖薫子「人間安全保障「規範」の形成とグローバル・ガヴァナンス－規範複合化の視点から－」『国際政治』第143号、2005年、76-91頁。

前田徹「米ユニラテラリズムと冷戦後の新秩序」『9.11以降の欧米関係』日本国際問題研究所、2003年、76-88頁。

松田武編著『現代アメリカの外交』ミネルヴァ書房、2005年。

三浦聡「複合規範の分散革新－オープンソースとしての企業の社会的責任（CSR）－」『国際政治』第143号、2005年、92-105頁。

宮岡勲「国際規範の正統性と国連総会決議－大規模遠洋流し網漁業の禁止を事例として－」『国際政治』第124号、2000年、123-136頁。

最上敏樹『国連とアメリカ』岩波新書、2005年。
本橋正『アメリカ外交史概説』東京大学出版会、1993年。
村川一郎『アメリカ共和党』教育社、1978年。
中田勝己『UNDP　国際連合システムにおける最大の技術協力推進機関』国際開発ジャーナル社、1985年。
中山俊宏「米国の理念外交とコソヴォ戦争－コソヴォ危機をめぐる米国のディスコース－」『コソヴォ危機が国際秩序再編に与えるインプリケーション』日本国際問題研究所、2000年。
──────「米国企業とシンクタンク」『米国のビジネス・カルチャー』日本国際問題研究所、2000年、102-110頁。
──────「保守系シンクタンクの台頭とその役割」『米国内政：共和党－現状と動向』日本国際問題研究所、2001年、117-128頁。
──────「アメリカ外交の規範的性格－自然的自由主義と工学的世界観－」『規範と国際政治』『国際政治』第143号、2005年、12-27頁。
西垣昭他『開発援助の経済学－「共生の世界」と日本のODA－（第三版）』有斐閣、2003年。
西村保男・広田幸紀「米国国際開発庁の海外組織」『基金調査季報』No.50、1985年、87-111頁。
西崎文子「世界人権宣言とアメリカ外交」有賀貞編『アメリカ外交と人権』(財)日本国際問題研究所、1992年。
──────「戦後外交の起点」佐々木卓也編著『戦後アメリカ外交史』有斐閣、2005年。
小川裕子「国際開発協力進展における国際規範の役割－ニクソン政権期におけるアメリカ対外援助政策を事例として－」「規範と国際政治」『国際政治』第143号、2005年、45-60頁。
──────「開発分野におけるレジームの動態―レジーム競合と調整の動因としてのアメリカ―」『国際政治』第153号、2008年、122-139頁。
岡仲　「福祉国家の国際比較」田中浩編『現代世界と福祉国家－国際比較研究－』御茶の水書房、1997年。
大野泉『世界銀行―開発援助戦略の変革―』NTT出版、2000年。
──────,「米国における世界銀行の改革論議と国際開発潮流―「メルツァー報告書」後の動き―」2002年5月、(http://www.grips.ac.jp/forum/pdf01/Discussion Paper2.pdf) Accessed on August 24, 2006.
──────・二井矢由美子「貧困削減戦略書（Poverty Reduction Strategy Paper: PRSP）」(http://dakis.fasid.or.jp/report/information/prsp.html) Accessed on August 15,

2006.

大野純一・立入政之「報告　主要援助国・機関の動向について―援助実施体制の合理化・分権化の動き―」『開発金融研究所報』第3号、2000年7月、25-52頁。

大津留(北川)智恵子「民主主義の普遍性とアメリカの利害」大津留(北川)智恵子・大芝亮編著『アメリカが語る民主主義－その普遍性、特異性、相互浸透性－』ミネルヴァ書房、2000年。

------------------「人権と民主主義」松田武編著『現代アメリカの外交』ミネルヴァ書房、2005年。

------------------「新しい秩序を模索するアメリカ外交」佐々木卓也編著『戦後アメリカ外交史』有斐閣、2005年。

------------------「秩序変動の双方向性―規範設定とその拘束力―」『国際政治』第147号、2007年。

大矢根聡「コンストラクティヴィズムの視座と分析－規範の衝突・調整の実証的分析へ－」『国際政治』第143号、2005年、124-140頁。

斉藤真・深谷満雄編『アメリカの対外政策決定と議会－その構造と展開－』日本国際問題研究所、1965年。

阪口功『地球環境ガバナンスとレジームの発展プロセス－ワシントン条約とNGO・国家－』国際書院、2006年。

佐々木卓也「アメリカの外交的伝統」佐々木卓也編著『戦後アメリカ外交史』有斐閣、2005年。

------------------「冷戦の変容とアメリカの蹉跌」佐々木卓也編著『戦後アメリカ外交史』有斐閣、2005年。

------------------「パクス・アメリカーナの揺らぎとデタント外交」佐々木卓也編著『戦後アメリカ外交史』有斐閣、2005年。

------------------「21世紀に入ったアメリカ外交」佐々木卓也編著『戦後アメリカ外交史』有斐閣、2005年。

------------------「アメリカ外交と単独主義の伝統」『東アジア安全保障の新展開』明石書店、2005年。

佐藤眞理子『アメリカの教育開発援助－理念と現実－』明石書店、2005年。

世界銀行『世界開発報告1997―開発における国家の役割―』東洋経済新報社、1997年。

------------------東京事務所「貧困削減戦略ペーパー」2004年11月。(http://www.worldbank.or.jp/04data/12brochure/pdf_brochure/prsp.pdf) Accessed on August 25, 2006.

四方敬之「冷戦終焉後の米国の対外援助政策」『外務省調査月報』No.2、1992年、

1-34頁。
篠田英明「アメリカ・ユニラテラリズム－国際刑事裁判所問題を題材にして－」押村高編『帝国アメリカのイメージ－国際社会との広がるギャップ－』早稲田大学出版部2004年。
白井早由里『マクロ開発経済学－対外援助の新潮流－』有斐閣、2005年。
杉浦光「米国における最近の援助政策改革論議の歴史的位置づけ」『開発援助研究』第2巻第2号、1995年、188-235頁。
鷲見一夫『世界銀行－開発金融と環境・人権問題－』有斐閣、1994年。
砂田一郎『新版 現代アメリカ政治－20世紀後半の政治社会変動－』芦書房、1999年。
田所昌幸『国連財政－予算から見た国連の実像－』有斐閣、1996年。
「対外援助政策の一大転換 米上院、法案を葬り去る」『世界週報』第52巻第46号、1971年11月、9-10頁。
高橋章「アメリカ外交の戦術」松田武編著『現代アメリカの外交』ミネルヴァ書房、2005年。
高畑昭男「「対テロ戦争」とブッシュ外交－忍び寄るアメリカ新帝国主義論－」『白鷗大学論集』第17巻第1号、2002年、147-171頁。
高佐知美「アメリカ」田中浩編『現代世界と福祉国家－国際比較研究－』御茶の水書房、1997年。
滝田賢治「現代アメリカの対外援助政策－構造と理念の変容－」『現代アメリカ外交の研究』中央大学出版部、1999年。
------------------「アメリカの冷戦政策と対外援助」『海外事情研究所報告』第31巻、1997年、141-148頁。
「特集 主要先進国援助機関調査」『基金調査季報』No.50、海外経済協力基金（OECF）、1985年10月、12-111頁。
戸矢哲朗著、青木昌彦監訳、戸矢理衣奈訳『金融ビッグバンの政治経済学－金融と公共政策策定における制度変化－』東洋経済新報社、2003年。
モーリス・ウィリアムズ「援助政策の決定過程」山澤逸平・平田章編『日本・アメリカ・ヨーロッパの開発協力政策』アジア経済研究所、1992年。
山田高敬「規範」猪口孝など編著『政治学事典』弘文堂、2000年。
------------------「「複合的なガバナンス」とグローバルな公共秩序の変容－進化論的コンストラクティビズムの視点から－」『国際政治』第137号、2004年、45-65頁。
山本吉宣「国際レジーム論－政府なき統治を求めて－」『国際法外交雑誌』第95巻、第1号、1996年4月、1-53頁。

山澤逸平・平田章編『日本・アメリカ・ヨーロッパの開発協力政策』アジア経済研究所、年、1992。
柳沢香枝『米国国際開発庁（USAID）における国別援助計画』国際協力事業団、1989年。
吉川元「国内統治を問う国際規範の形成過程」『社会科学研究（東京大学社会科学研究所紀要）』第55巻第5・6合併号、2004年、53-77頁。
吉原欽一「ブッシュ政権とその政策形成について－政策形成過程における「レーガン主義」の影響－」久保文明編『G・W・ブッシュ政権とアメリカの保守勢力－共和党の分析－』日本国際問題研究所、2003年。
オラン・R・ヤング著、土山實夫訳「グローバル・ガヴァナンスの理論－レジーム理論的アプローチ－」渡辺昭夫・土山實夫編『グローバル・ガヴァナンス－政府なき秩序の模索－』東京大学出版会、2001年。

あとがき

　21世紀に入ってもなお、世界には深刻な貧困問題が存在している。同時代に生きる人間として、この問題を解決するために何ができるだろうか。
　世界の深刻な貧困問題をめぐっては、今もなお、まず現状の悲惨さを知ることから始めよう、人々の善意に訴えかけよう、といった議論が目につく。もちろん貧困問題の解決には、現状認識も善意も重要である。しかしこれだけマスメディアが発達している現代において、世界に貧困問題が存在することを知らない人はほぼ皆無である。また確かに、人々の善意に訴えかけることで、多額の寄付が寄せられたり、ボランティア活動が開始されたりすることがある。しかし世の中は善意のある人ばかりではないし、それなりの善意をもっていても、世界の貧困問題よりも自分の生活を優先的に考慮せざるを得ない人が大半であろう。これまで、何度も繰り返されてきた貧困撲滅キャンペーンも、その直後には人々の同情心を煽り、寄付や活動を増加させるものの、暫くすると人々は世界の貧困問題を忘れ、再び日々の生活に埋没するのが常なのである。
　世界の貧困問題は深刻で根が深い。一時的な同情や単発的な取り組みに頼るのではなく、長い年月をかけた地道な取り組みの継続こそが求められる。人間の感情は移ろいやすく、人間は目先の利益を優先しがちだ。だからこそ、そのような思考態度に左右されない仕組みを国際社会において作り上げることが、貧困問題への持続的な取り組みを可能とするのではないか。そのような仕組みは、各国、各機関、非国家主体などが集まって作り上げなければならず、その営みは互いの利害が衝突し合う、まさに国際政治そのものであろう。

しかし、これまで国際政治学において、国際社会における貧困削減の仕組み（以下、国際開発協力体制）が理論的に分析されることはほとんどなかった。というのも、現実の国際開発協力体制が制度として未発達であるため、国際制度と各国行動の明確な因果関係を実証することが困難であったからである。開発援助活動を行う国際機関や様々な開発援助目標やルールは、各国の行動を規制するわけでもなく、国際制度とみなすことは難しい。国際開発協力活動の大部分が、国家ごとに行われているのである。

そこで、本書は援助超大国アメリカを中心に、どのような国際的な目標やルールが形成され、それらがアメリカを中心とする各国にどのような影響を与えたかを検討することにした。その際、国際政治学に馴染みの「国際レジーム」や「国際制度」といった概念に適合しない、開発協力に関する国際的な目標やルールを、「国際規範」という概念を用いて表すことにした。それによって、第二次世界大戦後から今日までのおよそ60年間におよぶ、国際開発協力の漸進的な進展過程を、政治的に分析することを試みた。その緩慢な進展過程の中に、政治的な因果関係を見出すことで、協力の進展を少しでも加速できたら、という思いからであった。

但し、当然のことながら、たとえ国際開発協力がより速いペースで進展するようになったとしても、必ずしも貧困問題の解決につながるわけではない。世界の貧困問題は多種多様で、事例ごとに適切な対応が求められるのであり、開発援助の規模の拡大が個々の対応の適切さを保証しないからである。しかし、個々の取り組みに関しては、開発経済学においてすでに多大な貢献が積み重ねられている。本書は、開発経済学の知見を活かすためには、国際政治的な基盤を発達させることが重要であると論じているのである。

そして、本書が抱える課題について述べておきたい。まず、国際規範の動態を集合的な期待の変遷として描くことを試みたものの、国際機関の報告書の作成過程を素描したことで、集合的な期待の変遷を実証的に十分裏付けたとは言い切れない。つぎに、G・W・ブッシュ政権の外交資料が未公開のため、政権内部の政治過程はブラックボックスのままにせざるを得なかった。そして、現在のオバマ政権になってからは、アメリカ外交はますます保守化して

きたと言われる。本書の知見が、オバマ政権の開発援助政策においてどれほど妥当するのかわからない。これらの課題については、今後も引き続き検討を重ねることにしたい。

　本書は、2007年に東京大学大学院に提出した博士論文に加筆・修正を加えたものである。
　筆者は働きながら大学院に通い、博士論文の執筆にとりくんだため、論文の完成までに実に長い歳月を要してしまった。そして働きながら博士論文を書き上げることは、予想以上に大変なことであった。思うように研究時間が取れず、研究は遅々として進まない。将来への不安や焦燥感から、何度挫折しかかったかわからない。このような筆者が博士論文を書き上げ、出版にまで漕ぎ着けられたのは、以下の方々からの示唆に富むアドバイスと温かい励ましとご親切によるものである。
　津田塾大学の牧野裕先生は、ゼミを通じて、国際政治経済学の面白さを教えてくださった。また牧野先生は東京大学大学院の受験を強く勧めて下さった。牧野先生の勧めがなければ、東京大学大学院を受験すらしていなかったであろう。
　東京大学大学院総合文化研究科では、古城佳子先生に指導教官をお引き受けいただいた。研究のイロハも分からなかった筆者の指導に、古城先生がどれほどの寛容さと忍耐を要したかは想像に難くない。博士論文を書くどころか、大学院に通い続けることさえ難しかった筆者に、古城先生は一貫して博士論文を書くことの意義を説き、適切な助言で博士論文の完成まで教え導いて下さった。
　博士論文審査委員会の審査委員を務めてくださった、東京大学の遠藤貢先生、加藤淳子先生、久保文明先生、青山学院大学の納家政嗣先生、山本吉宣先生（東京大学在職中）からは、論文執筆過程および口頭試問において、数々の有益なコメントをいただいた。遠藤先生には、古城先生のサバティカル中、筆者の指導教官も引き受けていただいた。
　同志社大学の大矢根聡先生は、博士論文の全文を読み、博士論文の修正箇

所とその修正方法について詳細なコメントをくださった。お忙しい大矢根先生が、上京の折、貴重な時間を割いて、丁寧なコメントと温かい励ましをくださったことは忘れられない。

　沖縄県文化振興会公文書主任専門員の仲本和彦さんには、アメリカ国立公文書館での資料収集をお手伝いいただいた。なお、仲本さんが収集してくださった、国際開発庁の機構再編に関する資料は、博士論文の中核となるものであった。

　博士論文の作成過程で、松下国際財団より研究助成金、イェール大学フォックス国際フェローシップより奨学金、東京大学より大学院学生学術奨励金および学術研究活動等奨励事業費を受給できたことは幸いであった。これらの奨学金・助成金のおかげで、アメリカの公文書館および大統領図書館での外交資料の収集、イェール大学図書館での議会資料の収集、国際開発庁図書館での資料収集が可能になった。

　本書の出版に際し、学術振興会から、2010年度科学研究費補助金研究成果公開促進費（学術図書）の交付（課題番号225131）を受けた。本書の刊行は、本助成金の交付によって可能になったものである。

　博士論文の作成および修正過程で、国際政治学会、日本政治学会、国際開発学会、国際関係論研究会、早稲田大学政治経済学術院ファカルティ・ワークショップ、早稲田大学日米研究機構において、研究報告の機会を与えていただいた。これらの報告に対していただいたコメントは貴重なものであった。

　古城ゼミの先輩である、三浦聡さん、阪口功さん、金暎根さん、杉之原真子さん、同輩の濱田顕介さん、後輩の板山真弓さん、鈴木一敏さん、多湖淳さん、西村もも子さん、吉田直未さん、冨田晃正さん、河東秀さん、吉本郁さん、宮崎彩さん、早川美也子さん、からは多くの示唆や有益なコメントをいただいた。また吉田直未さんには、最終原稿の全文に目を通し、修正作業をお手伝いいただいた。

　これらの多くの方々から有益なコメントをいただいたにもかかわらず、時間の制約と私の未熟さゆえに、十分に生かしきれなかったコメントも数多くあった。生かし切れなかったコメントは、今後の課題とすることでご容赦い

ただければと思う。

　この他、紙幅の関係で一人一人お名前を挙げられないものの、実に多くの方々から、様々な助言、励まし、ご親切を受けた。それら一つ一つが、筆者を勇気づけ背中を押してくださったのである。

　東信堂の代表取締役、下田勝司さんには、本書の出版を快くお引き受けいただいた。原稿の加筆・修正に際して最大限の裁量を認めてくださった上、下田さん自ら校正を担当してくださった。

　最後に、家族への感謝を述べさせていただきたい。父・小川浩、母・小川和子、弟・小川淳一は、我が家の苦しい経済状況にもかかわらず、大学院への進学を認め、研究の継続を見守ってくれた。そして、何より、夫・下津克己の力強い声援と全面的な協力がなければ、博士論文を書き上げることも、出版することもできなかったことは言うまでもない。

　ここに名前を挙げた方々そして挙げられなかった方々に、この場を借りて心よりお礼を申し上げたい。本当にありがとうございました。

2011 年 1 月

　　　　　　　　　　　　　　　　　　　　　　　　　小川　裕子

事項索引

DAC	3,5,9,13,30,31,55,58,65-67,69-71,87,94,102,134,139,140,188-190
ECOSOC	45,46,52,116
EPTA	47,126
G24	186
GATT	114
HDI	186,187,213
HIV/AIDS イニシアチブ	202
IBRD	97,172
ILO	46,56,84,98,142
IMF	57,82,114,159,186,189,191,192,197,206,207
MDGs	5,50,51,58,190,191,192
MDG プラス	192
NGOs	23,35,103,106,199,200
ODA	3,5,6,9,30,31,62,63,65-67,69-72,87,94,100,102,140,188,190,199,228,229
OECD	62,63,171,191
RIO レポート	171
SF	47
SUNFED	47,48
UNDP	5,47,48,57,98,99,141,151,153-155,159,160,164,186,187,192
UNEDA	46-48,117
UNICEF	46,186
USAID（国際開発庁も参照のこと）	4,21,23-25,27-30,35,64,87-89,104-107,129-133,146-149,152,153,155-160,162-170,172-174,179,180,197-204,206,208,209,211,222-226
WIDER	186

あ

アイデア	8,11-13,32,33,37-42,74,99,118-121,149,175,204,228
当たり前さ	11,15,40,41,51,55,59,60,144,146,227,231
アプローチ規範	3,14-16,27,30,33,50-54,59,61,62,75,77,229
アメリカ商工会議所（COC）	123
アメリカ対外援助政策	19,20,22,89,104,113,129,170,173,204,227
アメリカ的理念	79-82,88,193
アメリカ例外主義	80
アメリカ労働総同盟（AFL）	123
安全保障	19,22,85,89,90,92,105,114,126,150,153,178,194,198,204,205,207,209-212,214,216,223,226,232
イヤーマーク	85,198,200,211
因果的信条	38
インターアクション（InterAction）	106,199,200,201,208
インターフェイス・アクション（Interfaith Action for Economic Justice）	200
インフラ整備	35,45,58,62,63,75,132,146,152,156,212,213,226
オーナーシップ	189,206

か

海外開発評議会（ODC）	167,168
開発援助	14,46-48,85-90,93,94,104-106,113-116,118-122,125-130,132-134,139-142,145-147,149-151,153,156,158,159,162,164-168,171-173,175,185,186,194,

索引　271

197-202,204,205,207,208,211,
214,228,229
開発援助機関　44,46,49,113,
115-117,130,134
開発の最終目標としての貧困削減
15,58,59,189
開発融資基金（DLF）　128,129
改良主義　55,56
カセバウム修正　84
活動計画助成（OPG）　173
カトリック救済サービス
（Catholic Relief Services）　169
技術協力局（TCA）　21,24,64,125-127,
129,130,222,226
擬似レジーム　8
既得権益集団　26,170,174,197,199,
201-204,209,225,231,232
規範加工者　13
規範からの逸脱　4,21,79,83,85,
95,101,227
規範起業家　11-13,15,16,20,21,32,33,
37,40-42,49-53,74,79,83,88,
139,142,143,175,228-230
規範候補アイデア　11,12,20,32,33,
40-42,74,76,113,116,
117,139,142,185
規範主導国　11,12,14,18,20,21,
29,32-34,41,52,68,
70,79,83,88,188
規範追随国　41
規範の拡散　69,70,83,113,188
規範の作成　4,49,79,82,86,88,90
共産主義　89,124,193,196,197
行政管理予算局（OMB）　163
京都議定書　85
草の根援助　23,174,200,203
グッド・ガバナンス　58,190,206
国別予算編成　92,164
グローバル・モニタリング・レポート

192
軍事援助　91-93,105,118,126,129,
145,149,150,153,159-162,166,
167,169,170,198,223,226,228
経済インフラ　62,71,72,212
経済協力局（ECA）　124,129,200
形式的内面化　17,18,25,29,67,
68,126,231
結果の論理　41,42,60,63,64
原理的信条　38
構造主義　54,55,75
構造調整／貧困削減戦略レジーム　10
構造調整融資　56,57,185,186,197
候補国　205,206,209,211,220
国際開発援助レジーム　10,32
国際開発規範　3,4,12,14-18,20-22,
24,25,27,29,30,32,35,37,
42,48-51,54,58-68,70-73,
75,79,86,88,90-92,95,97,
102,107,191,210,214,221,
225-231,233
国際開発規範の実行程度　17,18,35,60,
63,65,68,70-73,102,221,227
国際開発規範の動態　12,15,27,58,59
国際開発庁（USAIDも参照のこと）
4,113,127,129,139,
157,160,163,166
国際開発協力　3-6,8-14,16-18,20,23,
28,37,42,43,48-51,53-55,
58,59,61,62,66-68,79,86-
89,142,159,174,189,190,
221,224,227,230,233,234
国際開発協力体制　3,20,139,141,
149,153,227,228,230
国際開発協力枠組み　37,42,230
国際開発目標（IDTs）　58,189-191
国際規範　3,4,8,10,11,12,16-18,20-
24,32,33,37-42,50,60,61,63,
64,67-70,73,79,82,83,85,86,

90,94,95,99-103,117,126,
137,160,221,227,230-234
国際協力局（ICA）　64,129,130
国際刑事裁判所（ICC）　85
国際主義　81,82
国際制度　7
国際通貨金融政策に関する国家諮問委員会（NAC）　164
国際連盟　46,81,82
国内政治アクター　22-24,103,104,106,107
国内規範との適合性　4,22,24,95,97,99,103,107
国務省　104-106,118-121,123,157,159-161,178,204,225
国連　5,6,8,13,14,32,33,42,45-52,54-56,58,59,66,74-76,82-84,88,89,98,99,105,113-117,120-124,134,139-144,154-156,164,171,176,185-192,194,214,228,229
国連開発の10年　89,134,144
国連開発能力の研究　141
国連憲章　46,82,116
国連総会決議　33,45,55,75,76,115,117,120-124
コソヴォへの軍事介入　85
孤立主義　80,81
コロンボ・プラン　127
コンストラクティビスト　11,12,38-40,60,101
コンディショナリティ　185,186

さ

財務省　33,43,82,85,87,88,104-106,123,204
サブ・レジーム　10,32
サンフランシスコ会議　82
ジェノサイド条約　84
下からの開発（bottom up）　55

実行体制の確立　95,107,155,210,226
実質的内面化　17,18,25,29,60,63,68,90,173,203,231
社会インフラ/社会・行政インフラ　63,71,72
社会化　11,16,17,38,41
社会的圧力　21-24,99-103,107,232
集合的期待　14,51,75
14カ条の講和原則　81
循環的優越　14,51,54,191
除外主義（exemptionalism）　83
新アメリカの世紀プロジェクト（PNAC）　192,193
新開発戦略　189,190
人権　82-85,90,95,99
人権外交　85
新古典派経済学　56,185
新制度学派　57
進歩の同盟　89
新路線　89,170
ストラテジック・コンパクト　187
スローガン規範　3,14-16,27,30,50-54,56,58,59,61,62,75,77,191
成長規範　3,14,35,50,52-54,57,58,61-63,72,73,77,91-94,97-99,102,103,105,113,186,189-191,204,206,207,210,212,214,226,229,230
成長規範（構造調整）　15,21,23,24,56-59,91,102,103,186-188,197-199,224,226,228
成長規範（資本投下）　4,15,21,24,25,27-30,54-59,76,91,113,116,117,125-130,132-134,137,139,142-144,146,152,153,156,157,159,160,163,164,168,170,221-223,226,228
成長を伴う再分配　51,56
制度的粘着性　4,24-26,29,113,125,

　　　　　　　　　127,132-134,160,170,221,224
セイブ・ザ・チルドレン
　（Save the Children）　　　　208
世界開発報告　　　　　171,187,205
世界観　　　　　　　　　　　　38
世銀　　　　13,14,32,33,42-45,47-52,
　　　　54-59,75,76,82-85,88,97-99,
　　　　105,113-117,120-126,137,
　　　　139-144,155,163,171,176,
　　　　185-189,191,192,197,205,
　　　　　　　　206,220,228,229
世銀の組織綱領　　33,45,54,76,115-
　　　　　　　　117,120-126,137
セクター別予算編成　　　　　164
絶対的な貧困の撲滅　　　　　　56
1950年国際開発法　　　21,24,64,91,
　　　　　　　125-129,222,226
1973年対外援助法　　　　4,21,23-30,
　　　　　64,89,91,92,105-107,167,
　　　　　170-174,203,204,223-226
1961年対外援助法　　　21,24,26,28,64,
　　　　　　89,91,105,128,129,133,
　　　　　　170,204,222,223,226
潜在能力アプローチ　　　　　　57
全米外国貿易評議会（NFTC）　122,123
相互安全保障庁（MSA）　64,126,129,
　　　　　　　　　　　130,222
相互安全保障法（MSA）89,91,126-128

　　　　　　　　た

対外活動局（FOA）　　　64,129,130
対外民間投資　　13,50,82,97,114-116,
　　　　122-125,151,155,158,222,226,228
対外民間投資公社（OPIC）　151,155
対人地雷禁止条約　　　　　　　85
対テロ戦争　　　　19,192,193,203,214
対米自律性　　　33,88,97,99,140,141
多国間主義　　　　　　　83,84,165
多国間枠組み　　　　　　151-161,168

脱政治化　　　　　　41,51,55,58,59
単独主義　　　　　　　　21,95,214
チャーチ・ワールド・サービス
　（Church World Service）　　200
超国家的枠組み　　9,10,37,232,233
適格国　　206,207,209,211,212,220
適切性の論理　　　　　41,42,60,63,64
テロ　　　　　　19,22,90,185,192-197,
　　　　　203,210,211,214,225-227
テロリスト　　　　　　　194,196
トリクル・ダウン（trickle down）　55,
　　　　　　　　　　　75,85,169

　　　　　　　　な

内面化　　　　16-18,20,21,24,25,38,40-
　　　　42,55,56,58,60,61,63-65,
　　　　67,69,70,79,95,125-127,
　　　　132-134,166,228,230,231,233
ナイロビ・スピーチ　　　　　143
二国間主義　　　　　　　　　165
二国間枠組み　　　　　124,157,158,
　　　　　　　　　　　165,168,170
人間開発報告書　　　　　　　　99
ネオコン　　　　　　　　192,193
納税者委員会　　　　　　　　145

　　　　　　　　は

パートナーシップ　　　　　　189
貧困規範　3,4,14,25,33,35,50,53,54,
　　　　58,61-63,72,73,77,79,86,
　　　　90,92,94,95,97-99,103-107,
　　　　139,166,185,187,189-191,
　　　　197,199,207,209,210,214,
　　　　　　　226,229,230,232
貧困規範（BHN）　4,15,21-25,27-30,55,
　　　　56,58,59,91,103,139,142,144,
　　　　147,149-161,163-174,190,197-
　　　　204,208,209,221,223-226,228

貧困規範（技術移転）　55,59,76,117
貧困規範（目標）　15,21,25,30,33,57,
　　　58,91,185,188,189,191,192,
　　　194,195-197,202-204,207,
　　　209-212,214,224-226,228
貧困削減　　　3,5,13,14,19,22,33,
　　　35,43,45,49,50,53,57,58,
　　　71-73,77,89,90,115,185,
　　　187,189,190,192,194-196,
　　　206-208,211,214,223,227
貧困削減戦略書（PRSP）　　50,51,
　　　58,189,190,192
フォスター・ペアレンツ
　（Foster Parents）　　　　　200
複合規範　　　　　　15,33,54,75
ブリッカー修正案　　　　　　83
ブルック修正案　　　　　　　197
ブレッド・フォー・ザ・ワールド
　（Bread for the World）　201,208
ブレトン・ウッズ会議　　　　82
米国通商代表部（USTR）　　　211
米国ボランティア団体評議会
　（American Council of Voluntary
　Agencies）　　　　　　　　169
平和・開発・民主主義法　　　201
平和部隊　　　　　　　　　　89
ベトナム戦争　　　　　　89,149
ヘブライ移民支援会
　（United HIAS Service）　　169
ポイント・フォア計画　　88,89,116,
　　　117,119,122,123,125,129
包括的開発のフレームワーク（CDF）189
包括的核実験禁止条約（CTBT）　85

ま

マーシャル・プラン　　45,115,118,
　　　125,129
マッチング・グラント　　　　173
ミレニアム挑戦公社（MCC）　21,22,25,
　　　64,90,205,206,208-213,220,225
ミレニアム挑戦会計（MCA）　194,202,
　　　204-209
ミレニアム挑戦法（MCA）　21,22,25,
　　　90,209-212,214,225,227
民間セクター推進計画（PEI）　197
民間ボランティア協力局（PVC）　173
民間ボランティア組織（PVOs）　23,28,
　　　35,104-107,111,169,173,
　　　174,199-201,203,208,209,
　　　223,224,226
民主化支援外交　　　　　　　90
民主主義　　　　　　6,19,80-82,85,
　　　95,99,133,202
免責主義（exemptionalism）　83
面目が潰れる（shaming）　　100
目的規範　3,13,50-52,54,55,58,59,61,
　　　62,125,142,144-146,162,226

ら

ライフサイクル / ライフサイクル仮説
　　　15,27,38,40,41,54,59
ラショナリスト　　　　　38,39,42
ルーティン化　　　　　　　　61
ルーテル世界救済
　（Lutheran World Relief）　169,200
レジーム　　　　　　3,6-10,31,32,
　　　34,42,232,233

人名索引

アクラム（T. Akram） 5,9
アチソン（Dean Acheson） 121
アップルガース（Paul V. Applegarth） 211
アトウッド（Brian J. Atwood） 202
アレジナ（A. Alesina） 5
稲田十一 10,32
ウィリアムズ（Maurice Williams） 157
ウィルソン（Woodrow Wilson） 81,82
ウェッブ（James E. Webb） 123
ウェント（Alexander Wendt） 38
ウォートン（Clifford Wharton） 201
ウォルフェンソン（James D. Wolfensohn） 187
ウォルフォウィッツ（Paul Wolfowitz） 193
ウッド（Robert E. Wood） 9,13
エルゼイ（George Elsey） 118
オーウェン（David Owen） 47
オヌフ（Nicholas Onuf） 38
カーター（James E. Carter, Jr.） 85,90
キー（John Kee） 121,124
キーファー（Jarold A. Kieffer） 169
キッシンジャー（Henry A. Kissinger） 155,159,160,162,177-179
金大中 195
ギルマン（Ben Gilman） 200
クラズナー（Stephen D. Krasner） 7,10
グラント（James P. Grant） 168
クリストル（William Kristol） 192,193
クリフォード（Clark Clifford） 118
クリントン（William J. Clinton） 199,201,202,226
クルーガー（Alan B. Krueger） 195
クルーガー（Anne Krueger） 98,185
ケインズ（John Maynard Keynes） 82

ケネディ（John F. Kennedy） 55,89,129,130,133,134,147,148,166,195,222,226
ケネディ（Richard T. Kennedy） 166
ゴア（Al Gore） 195
ゴールドステイン（Judith Goldstein） 38
コヘイン（Robert O. Keohane） 38
コリアー（P. Collier） 5
ザブロッキー（Clement J. Zablocki） 168-170
サマーズ（Lawrence Summers） 98
サラント（Walter S. Salant） 124
シアーズ（Dudley Seers） 142
シメルフェニグ（Frank Schimmelfennig） 99
ジャクソン（Robert Jackson） 48,141
G・W・ブッシュ（George W. Bush） 21,58,90,185,192-197,203,204,206,207,209-212,214,224-226
スコット（Huge Scott） 167
スターン（Ernst Stern） 163,164
スティールマン（John R. Steelman） 124
スティグリッツ（Joseph Stiglitz） 98
ストリーテン（Paul Streeten） 171
セン（Amartya Sen） 186,187
ソープ（Willard L. Thorp） 123
ターノフ（Curt Tarnoff） 19
タイソン（Laura Tyson） 195
ダム（Kenneth Dam） 195
ダラー（David Dollar） 5
チェイニー（Richard B. Cheney） 193
ティモンズ（William E. Timmons） 166
ティンバーゲン（Jan Tinbergen） 143,171
戸矢哲朗 25-27

トルーマン（Harry S. Truman）　81,87,
　　　　　88,117,118,120-123,
　　　　　162,221,226
ドレーズ（Jean Drèze）　186
ナイ（Joseph Nye）　195
ナチオス（Andrew S. Natsios）202,208
ニクソン（Richard M. Nixon）　30, 56,
　　　　　85,89,139,140,149-151,
　　　　　153-157,159-163,165-168,
　　　　　177,178,209,223,226
ノウェルズ（Larry Nowels）　19
ハーター（Christian Herter）　122,123
ハーディ（Benjamin Hardy）　119,120
パウエル（Colin L. Powell）　195
パオリオ（Charles Paolillo）　168
パッケナム（Robert A. Packenham）19
ハミルトン（Lee Hamilton）　200
ハル（Cordell Hull）　82
ハンナ（John A. Hannah）　157,158,
　　　　　162-170,180
ピアソン（L. B. Pearson）　143
ピーターソン（Rudolph A. Peterson）
　　　　　150,151,153,155,156,
　　　　　158,159,160,161,165
フォスター（Austin T. Foster）　123
フック（Steven W. Hook）　9,13
ブラウン（Mark Malloch Brown）　47
フラニガン（Peter M. Flanigan）　163
フルブライト（William Fulbright）162,
　　　　　166,167
ブレア（Tony Blair）　195
フレイザー（Donald Fraser）　168
ヘイグ（Alexander M. Haig）　163
ホフマン（Paul G. Hoffman）　47
ホワイト（Harry D. White）　43,82
マクナマラ（Robert S. McNamara）85,
　　　　　97,140,143
マクファーソン（M. Peter McPherson）
　　　　　197

マッキンレー（R. D. McKinlay）　19
マックロイ（John J. McCloy）　44
マレコヴァ（Jitka Maleckova）　195
ミュルダール（Gunnar Myrdal）　143
メイヤー（Eugene Meyer）　44,115
モーゲンソー（Henry Morgenthau）113
ラオ（V. K. R. V. Rao）　46
ラギー（John G. Ruggie）　8,9,38
ラタン（Vernon W. Ruttan）　19
ラッセル（Francis Russell）　119,120
ラムズフェルド（Donald H. Rumsfeld）
　　　　　193
ランカスター（Carol Lancaster）　196
リービー（Lewis Libby）　193
リチャードソン（Elliot L. Richardson）
　　　　　157,158
リトル（R. Little）　19
ルーズヴェルト（F. D. Roosevelt）　81,
　　　　　82,117
レイ（Brian Lai）　19
レーガン（Ronald W. Reagan）　84,85,
　　　　　90,193,197,198,
　　　　　216,217,224,226
ロヴェット（Robert Lovett）　119
ロジャーズ（William P. Rogers）　157,
　　　　　158,162,163,169,178
ロックフェラー（Nelson Rockefeller）
　　　　　119

著　者

小川　裕子（おがわ　ひろこ）

1972 年東京生まれ。1995 年津田塾大学学芸学部国際関係学科卒業。2002 〜 2003 年イェール大学国際関係・地域研究センター客員研究員。2007 年東京大学大学院総合文化研究科国際社会科学専攻国際関係論コース博士号 (学術) 取得。2009 年より早稲田大学政治経済学術院助教。

主要業績

「国際開発協力進展における国際規範の役割―ニクソン政権期におけるアメリカ対外援助政策を事例として―」「規範と国際政治」『国際政治』第 143 号、2005 年。「開発分野におけるレジームの動態―レジーム競合・調整の動因としてのアメリカ―」「グローバル経済と国際政治」『国際政治』第 153 号、2008 年。

国際開発協力の政治過程――国際規範の制度化とアメリカ対外援助政策の変容――

2011 年 2 月 28 日　初版　第 1 刷発行　〔検印省略〕

＊定価はカバーに表示してあります

著者 © 小川裕了　発行者　下田勝司　　　印刷・製本　中央精版印刷

東京都文京区向丘 1-20-6　郵便振替 00110-6-37828

〒 113-0023　TEL 03-3818-5521 (代)　FAX 03-3818-5514

発 行 所

株式会社 東信堂

Published by TOSHINDO PUBLISHING CO.,LTD.

1-20-6,Mukougaoka, Bunkyo-ku, Tokyo, 113-0023, Japan

E-Mail tk203444@fsinet.or.jp　http:w.w.w.toshinda pub.com

ISBN978-4-7989-0037-7 C3031　　©2011 by Hiroko Ogawa

東信堂

スレブレニツァ——あるジェノサイドをめぐる考察	長 有紀枝	三八〇〇円
2008年アメリカ大統領選挙——オバマの勝利は何を意味するのか	吉野 孝・前嶋和弘 編著	二〇〇〇円
オバマ政権はアメリカをどのように変えたのか——支持連合・政策成果・中間選挙	吉野 孝・前嶋和弘 編著	二六〇〇円
政治学入門	内田 満	一八〇〇円
政治の品位——日本政治の新しい夜明けはいつ来るか	内田 満	二〇〇〇円
日本ガバナンス——「改革」と「先送り」の政治と経済	曽根泰教	二八〇〇円
「帝国」の国際政治学——冷戦後の国際システムとアメリカ	山本吉宣	四七〇〇円
国際開発協力の政治過程——国際規範の制度化とアメリカ対外援助政策の変容	小川裕子	四〇〇〇円
医師・看護師の有事行動マニュアル——医療関係者の役割と権利・義務	仲島陽一	二三〇〇円
入門政治学——政治の思想・理論・実態	J・ピクテ 井上忠男訳	一〇〇〇円
解説 赤十字の基本原則——人道機関の理念と行動規範	井上忠男編訳	六五〇〇円
赤十字標章ハンドブック（第2版）	井上忠男	一二〇〇円
社会的責任の時代	飛矢崎雅也	二九〇〇円
国際NGOが世界を変える——地球市民社会の黎明	毛利勝彦編著	二〇〇〇円
国連と地球市民社会の新しい地平	功刀達朗・野村彰男 編著	三三〇〇円
大杉栄の思想形成と「個人主義」	功刀達朗 編著	三四〇〇円
実践 マニフェスト改革	松沢成文	二三〇〇円
実践 ザ・ローカル・マニフェスト	松沢成文	一二三八円
受動喫煙防止条例	松沢成文	一八〇〇円
〈現代臨床政治学シリーズ〉		
リーダーシップの政治学	石井貫太郎	一六〇〇円
アジアと日本の未来秩序	伊藤重行	一八〇〇円
象徴君主制憲法の20世紀的展開	下條芳明	二〇〇〇円
ネブラスカ州における一院制議会	藤本一美	一六〇〇円
ルソーの政治思想	根本俊雄	二〇〇〇円
海外直接投資の誘致政策——インディアナ州の地域経済開発	邉牟木廣海	一八〇〇円

〒113-0023 東京都文京区向丘1・20・6　TEL 03・3818・5521　FAX 03・3818・5514　振替 00110-6-37828
Email tk203444@fsinet.or.jp　URL:http://www.toshindo-pub.com/

※定価：表示価格（本体）+税

═══ 東信堂 ═══

国際法新講〔上〕〔下〕	田畑茂二郎〔上〕〔下〕	二九〇〇円／二七〇〇円
ベーシック条約集 二〇一〇年版	編集代表 松井芳郎	二六〇〇円
ハンディ条約集	編集代表 松井芳郎	一六〇〇円
国際人権条約・宣言集〔第3版〕	編集代表 松井芳郎	三八〇〇円
国際経済条約・法令集〔第2版〕	編集 松井芳郎・薬師寺・徳川	三八〇〇円
国際機構条約・資料集〔第2版〕	編集代表 安藤仁介 小寺彰・小畑郁程大雄	三九〇〇円
判例国際法〔第2版〕	編集代表 松井芳郎	三三〇〇円
国際環境法の基本原則	松井芳郎	三八〇〇円
国際機構法の研究	中村道	八六〇〇円
国際立法——国際法の法源論	村瀬信也	六八〇〇円
宗教と人権——国際法の視点から	元N・レルナー著／佐藤彦・徳川編訳	三八〇〇円
ワークアウト国際人権法——人権を理解するために	W・ベネディック編／中坂・徳川監訳	三〇〇〇円
難民問題と『連帯』——EUのダブリン・システムと地域保護プログラム	中坂恵美子	二八〇〇円
国際法から世界を見る——市民のための国際法入門〔第2版〕	松井芳郎	二八〇〇円
東京裁判、戦争責任、戦後責任	大沼保昭	二八〇〇円
国際法／はじめて学ぶ人のための〔新訂版〕	大沼保昭	三六〇〇円
国際法学の地平——歴史、理論、実証	中川淳司編著	一二〇〇〇円
国際法と共に歩んだ六〇年——学者として裁判官として	小田滋	六八〇〇円
21世紀の国際機構：課題と展望	寺谷広司	七一四〇円
グローバル化する世界と法の課題——EUのダブリン・システムと地域保護プログラム	編集 中村藤安位・松井・木棚・山形	八二〇〇円
国際社会の法構造——その歴史と現状〔21世紀国際社会における人権と平和〕（上・下巻）	編集 山手治之・香西茂	五七〇〇円
現代国際法における人権と平和の保障	編集代表 山手治之・香西茂	六三〇〇円

〒113-0023 東京都文京区向丘1-20-6　TEL 03-3818-5521　FAX 03-3818-5514　振替 00110-6-37020
Email tk203444@fsinet.or.jp　URL http://www.toshindo-pub.com/

※定価：表示価格（本体）＋税

東信堂

〈未来を拓く人文・社会科学シリーズ〉（全17冊・別巻2）

科学技術ガバナンス	城山英明編	一八〇〇円
ボトムアップな人間関係—心理・教育・福祉・環境・社会の12の現場から	サトウタツヤ編	一六〇〇円
高齢社会を生きる—老いる人／看取るシステム	清水哲郎編	一八〇〇円
家族のデザイン	小長谷有紀編	一八〇〇円
水をめぐるガバナンス—日本、アジア、中東、ヨーロッパの現場から	蔵治光一郎編	一八〇〇円
生活者がつくる市場社会	久米郁夫編	一八〇〇円
グローバル・ガバナンスの最前線—現在と過去のあいだ	遠藤乾編	二二〇〇円
資源を見る眼—現場からの分配論	佐藤仁編	二〇〇〇円
これからの教養教育—「カタ」の効用	葛西康徳・鈴木佳秀編	二〇〇〇円
「対テロ戦争」の時代の平和構築—過去からの視点、未来への展望	黒木英充編	一八〇〇円
企業の錯誤／教育の迷走—人材育成の「失われた一〇年」	青島矢一編	一八〇〇円
日本文化の空間学	桑子敏雄編	二二〇〇円
千年持続学の構築	木村武史編	一八〇〇円
多元的共生を求めて—〈市民の社会〉をつくる	宇田川妙子編	一八〇〇円
芸術は何を超えていくのか？	沼野充義編	一八〇〇円
芸術の生まれる場	木下直之編	二〇〇〇円
文学・芸術は何のためにあるのか？	吉岡洋・岡田暁生編	二〇〇〇円
紛争現場からの平和構築—国際刑事司法の役割と課題	城山英明・石田勇治・遠藤乾編	二八〇〇円
〈境界〉の今を生きる	荒川歩・川喜田敦子・谷川竜一・内藤順子・柴田晃芳編	一八〇〇円
日本の未来社会—エネルギー・環境と技術・政策	城山英明・鈴木達治郎・角和昌浩編	二二〇〇円

〒113-0023　東京都文京区向丘 1-20-6　　TEL 03-3818-5521　FAX03-3818-5514　振替 00110-6-37828
Email tk203444@fsinet.or.jp　URL:http://www.toshindo-pub.com/

※定価：表示価格（本体）＋税

東信堂

グローバル化と知的様式——社会科学方法論についての七つのエッセー	J・ガルトゥング 大澤真幸・澤口光太郎訳	二八〇〇円
組織の存立構造論と両義性論——社会学理論の重層的探究	舩橋晴俊	二五〇〇円
社会学の射程——ポストコロニアルな地球市民の社会学へ	庄司興吉編著	三二〇〇円
地球市民学を創る——変革のなかで	庄司興吉編著	三二〇〇円
社会階層と集団形成の変容——集合行為と「物象化」のメカニズム	丹辺宣彦	六五〇〇円
階級・ジェンダー・再生産——現代資本主義社会の存続メカニズム	橋本健二	三二〇〇円
現代日本の階級構造——理論・方法・計量分析	橋本健二	四五〇〇円
人間諸科学の形成と制度化——社会諸科学との比較研究	長谷川幸一	三八〇〇円
現代社会と権威主義——フランクフルト学派権威論の再構成	保坂稔	三六〇〇円
現代社会学における歴史と批判（上巻）——グローバル化の社会学	山田信行編	二八〇〇円
現代社会学における歴史と批判（下巻）——近代資本制と主体性	武川正吾編	二八〇〇円
インターネットの銀河系——ネット時代のビジネスと社会	M・カステル 矢澤・小山訳	三六〇〇円
自立支援の実践知——阪神・淡路大震災と共同・市民社会	似田貝香門編	三八〇〇円
[改訂版]ボランティア活動の論理——ボランタリズムとサブシステンス	西山志保	三六〇〇円
NPO実践マネジメント入門	パブリックリソースセンター編	二三八一円
貨幣の社会学——経済社会学への招待	森元孝	一八〇〇円
市民力による知の創造と発展——身近な環境に関する市民研究の持続的展開	萩原なつ子	三二〇〇円
個人化する社会と行政の変容——情報、コミュニケーションによるガバナンスの展開	藤谷忠昭	三八〇〇円
日常という審級——アルフレッド・シュッツにおける他者・リアリティ・超越	李晟台	三六〇〇円
日本の社会参加仏教——法音寺と立正佼成会の社会活動と社会倫理	ランジャナ・ムコパディヤーヤ	四七六二円
現代タイにおける仏教運動——タンマガーイ式瞑想とタイ社会の変容	矢野秀武	五六〇〇円

〒113-0023 東京都文京区向丘1-20-6
TEL 03-3818-5521　FAX 03-3818-5514　振替 00110-6-37828
Email tk203444@fsinet.or.jp　URL:http://www.toshindo-pub.com/

※定価：表示価格（本体）＋税

― 東信堂 ―

ハンス・ヨナス「回想記」	H・ヨナス 盛永・木下・馬渕・山本訳	四八〇〇円
責任という原理―科学技術文明のための倫理学の試み(新装版)	H・ヨナス 加藤尚武監訳	四八〇〇円
空間と身体―新しい哲学への出発	桑子敏雄	二五〇〇円
環境と国土の価値構造	桑子敏雄編	三五〇〇円
森と建築の空間史―南方熊楠と近代日本	千田智子	四三八一円
メルロ=ポンティとレヴィナス―他者への覚醒	屋良朝彦	三八〇〇円
堕天使の倫理―スピノザとサド	佐藤拓司	二八〇〇円
〈現われ〉とその秩序―メーヌ・ド・ビラン研究	村松正隆	三八〇〇円
省みることの哲学―ジャン・ナベール研究	越門勝彦	三二〇〇円
カンデライオ(ジョルダーノ・ブルーノ著作集 1巻)	加藤守通訳	三二〇〇円
原因・原理・一者について(ジョルダーノ・ブルーノ著作集 7巻)	加藤守通訳	三六〇〇円
英雄的狂気(ジョルダーノ・ブルーノ著作集 3巻)	加藤守通訳	三六〇〇円
ロバのカバラ―ジョルダーノ・ブルーノにおける文学と哲学	加藤守通	三六〇〇円
〈哲学への誘い―新しい形を求めて 全5巻〉		各三八〇〇円
自己	松永澄夫	
世界経験の枠組み	松永澄夫編	
社会の中の哲学	松永澄夫編	
哲学の振る舞い	松永澄夫編	
哲学の立ち位置	松永澄夫編	
哲学史を読むⅠ・Ⅱ	松永澄夫	各三八〇〇円
言葉は社会を動かすか	鈴木泉・松永澄夫編	三二〇〇円
言葉の働く場所	村松正隆編	三二〇〇円
食を料理する―哲学的考察	高橋克也編	三二〇〇円
言葉の力	松永澄夫編	三二〇〇円
音の経験《言葉の力第Ⅰ部》	伊東澄夫編	三二〇〇円
言葉はどのようにして可能となるのか《音の経験・言葉の力第Ⅱ部》	浅永淳一編	三二〇〇円
環境安全という価値は…	松永澄夫	二八〇〇円
環境設計の思想	松永澄夫編	二五〇〇円
環境文化と政策	松永澄夫編	二三〇〇円

〒113-0023 東京都文京区向丘 1-20-6
TEL 03-3818-5521 FAX03-3818-5514 振替 00110-6-37828
Email tk203444@fsinet.or.jp URL:http://www.toshindo-pub.com/

※定価：表示価格（本体）＋税

東信堂

人は住むためにいかに闘ってきたか［新装版］欧米住宅物語	早川和男	二〇〇〇円
イギリスにおける住居管理─オクタヴィア・ヒルからサッチャーへ	中島明子	七四五三円

〈居住福祉ブックレット〉

居住福祉資源発見の旅─新しい福祉空間、懐かしい癒しの場	早川和男	七〇〇円
どこへ行く、住宅政策─進む市場化、なくなる居住のセーフティネット	本間義人	七〇〇円
漢字の語源にみる居住福祉の思想	李 桓	七〇〇円
日本の居住政策と障害をもつ人	大本圭野	七〇〇円
障害者・高齢者と麦の郷のこころ─住民、そして地域とともに	伊藤静美	七〇〇円
地場工務店とともに…健康住宅普及への途	山田直樹	七〇〇円
子どもの道くさ	加藤秀人	七〇〇円
居住福祉法学の構想	水月昭道	七〇〇円
精神科医がめざす近隣力再建	吉田邦彦	七〇〇円
奈良町の暮らしと福祉─市民主体のまちづくり	黒田睦子	七〇〇円
住むことは生きること─鳥取県西部地震と住宅再建支援	中澤正夫	七〇〇円
最下流ホームレス村から日本を見れば	片山善博	七〇〇円
世界の借家人運動─あなたは住まいのセーフティネットを信じられますか？	ありむら潜	七〇〇円
「居住福祉学」の理論的構築	髙島一夫	七〇〇円
居住福祉資源発見の旅Ⅱ─地域の福祉力・教育力・防災力	張 秀萍柳 中権	七〇〇円
居住福祉の世界─早川和男対談集	早川和男	七〇〇円
医療・福祉の沢内と地域演劇の湯田─岩手県西和賀町のまちづくり	高橋典成	七〇〇円
「居住福祉資源」の経済学	金持伸子	七〇〇円
長生きマンション・長生き団地	神野武美	七〇〇円
高齢社会の住まいづくり・まちづくり	山下千代崎力佳夫蔵田力	八〇〇円

〒113-0023　東京都文京区向丘1 20 0　TEL 03-3818-5521　FAX 03-3818-5514　振替 00110-6-37828
Email tk203444@fsinet.or.jp　URL:http://www.toshindo-pub.com/

※定価・表示価格（本体）＋税

東信堂

〈シリーズ 社会学のアクチュアリティ：批判と創造 全12巻+2〉

クリティークとしての社会学——現代を批判的に見る眼 西原和久編	一八〇〇円
都市社会とリスク——豊かな生活をもとめて 宇都宮京子編	一八〇〇円
言説分析の可能性——社会学的方法の迷宮からポストコロニアルの地平へ 三浦正弘編	二〇〇〇円
グローバル化とアジア社会——ポストコロニアルの地平 武川正吾編	二〇〇〇円
公共政策の社会学——社会的現実との格闘 吉原直樹編	二三〇〇円
社会学のアリーナへ——21世紀社会を読み解く 友枝敏雄編	二三〇〇円
厚東洋輔編	一八〇〇円

〈地域社会学講座 全3巻〉

地域社会学の視座と方法 似田貝香門監修	二五〇〇円
グローバリゼーション/ポスト・モダンと地域社会 古城利明監修	二五〇〇円
地域社会の政策とガバナンス 矢澤澄子監修	二七〇〇円

〈シリーズ世界の社会学・日本の社会学〉

タルコット・パーソンズ——最後の近代主義者 中野秀一郎	一八〇〇円
ゲオルグ・ジンメル——現代分化社会における個人と社会 居安正	一八〇〇円
ジョージ・H・ミード——社会的自我論の展開 船津衛	一八〇〇円
アラン・トゥーレーヌ——現代社会のゆくえと新しい社会運動 杉山光信	一八〇〇円
アルフレッド・シュッツ——主観的時間と社会的空間 森元孝	一八〇〇円
エミール・デュルケム——社会の道徳的再建と社会学 中島道男	一八〇〇円
レイモン・アロン——危機の時代の透徹した警世家 岩城完之	一八〇〇円
フェルディナンド・テンニエス——ゲマインシャフトとゲゼルシャフト 吉田浩	一八〇〇円
カール・マンハイム——時代を診断する亡命者 澤井敦	一八〇〇円
ロバート・リンド——アメリカ文化の内省的批判者 園部雅久	一八〇〇円
アントニオ・グラムシ——『獄中ノート』と批判社会学の生成 鈴木富久	一八〇〇円
費孝通——民族自省の社会学 佐々木衛	一八〇〇円
奥井復太郎——都市社会学と生活論の創始者 藤本隆志	一八〇〇円
新明正道——綜合社会学の探究 山本鎮雄	一八〇〇円
米田庄太郎——新総合社会学の先駆者 中島弘二	一八〇〇円
高田保馬——理論と政策の無媒介的統一・家族・研究 川合隆男	一八〇〇円
戸田貞三——実証社会学の軌跡 蓮見音彦	一八〇〇円
福武直——民主化と社会学の現実化を推進	一八〇〇円

〒113-0023 東京都文京区向丘1-20-6
TEL 03-3818-5521 FAX 03-3818-5514 振替 00110-6-37828
Email tk203444@fsinet.or.jp URL:http://www.toshindo-pub.com/

※定価：表示価格（本体）＋税